한국의 방언과
방언학

한국의 방언과 방언학(개정판)

초판 1쇄 발행 2013년 2월 28일
초판 5쇄 발행 2019년 8월 22일
개정판 1쇄 발행 2022년 9월 1일
개정판 3쇄 발행 2023년 5월 15일

지은이 | 정승철

펴낸곳 | (주)태학사
등록 | 제406-2020-000008호
주소 | 경기도 파주시 광인사길 217
전화 | 031-955-7580
전송 | 031-955-0910
전자우편 | thspub@daum.net
홈페이지 | www.thaehaksa.com

편집 | 조윤형 여미숙
디자인 | 이영아
마케팅 | 김일신
경영지원 | 김영지

값 19,500원
ISBN 979-11-6810-088-6 (93700)

책임편집 | 조윤형
표지디자인 | 이영아
본문디자인 | 최형필

개정판

한국의 방언과 방언학

정승철 지음

태학사

머리말

대학원에 입학하면서, '방언음운론'에 관심이 있다고 자기소개를 했었다. 며칠 후 사석에서, 지도교수이신 이병근 선생님께서 물으셨다. "근데, '방언음운론'이 뭐지?" 그 말씀이 일생의 화두가 되었다.

음운론 속에 방언음운론이 있을 터인데, 방언음운론이 아닌 음운론은 어떤 것일까? 방언음운론이 그저 방언을 대상으로 한 음운론이라면 방언을 대상으로 하지 않은 음운론이란 대관절 무엇일까? 아니, 그러한 음운론이 정말 성립 가능한 것일까? 진정, 방언은 무엇이고 방언음운론은 도대체 어찌 해야 하는 것일까?

제주방언 음운론으로 석사논문을 쓰고 나서, 음운론자가 아니라 방언음운론자, 더 나아가 방언학자가 되고자 하였다. 방언의 개념부터 다시 생각해 보고 무엇이 방언학적 연구일지 고민하였다. 방언학을 통해서만 밝힐 수 있는 언어 현상 또는 원리로 어떤 것들이 있을지 생각했다. 그리고 제주방언 하나에만 관심을 두어서는 방언학을 제대로 할 수 없으리라는 판단을 했다.

그 이후 방언학이 무엇일지를 생각해 가는 과정에서, 한국방언학회 총무(2004. 9.~2008. 8.) 일을 하게 된 것은 적지 않은 도움이 되었다. 학회 살림을 맡아 하면서 만난 임원 및 수많은(?) 회원들과의 소통은 방언 및 방언 연구에 대한 다양한 관점을 접할 수 있게 해 주었다. 특히 창립(2004년 9월) 이후 4년간, 최명옥 선생님을 학회 회장님으로 모실 수 있었던 것은 필자에게는 매우 큰 행운이었다. 임원회 및 학술대회 장소를 오가며 선생님과 함께 하는 시간은, 한국의 방언 및 방언학에 대한 궁금증을 직접 해소할 수 있는 절호의 기회였다.

이 책을 내는 데는 여러 분들의 도움을 받았다. 지난 20년간 필자의 방언학 수업을 들은 인하대(11년)와 서울대(8년) 학생들(성심여대와 서울시립대에서는 강사로서 방언학 강의를 했다). 이 자리에서, 완성되지 않은 강의를 재미있게(?) 들어 준 데 대하여 고마운 마음을 전한다. 그리고 강의 및 논문 등을 통해 필자에게 방언학의 길을 열어 주신 선생님과 동학, 또 후학들께도 감사를 드린다(태학사의 지현구 사장님과 한병순 부장님께도 감사드려야겠다). 아울러 늘 우리 문하생들의 곁에 계시면서 방언학의 방향과 미래 등에 대해 다정히 말씀해 주시는 이병근 선생님께 특별한 감사의 인사를 올린다. 하지만 아직도 화두에서 맴돌고 있는 건, 전적으로 필자의 책임이다.

2013. 2. 20.

개정판을 내면서

초판을 간행한 지 근 10년이 지났다. 그동안 거의 매년, 방언학 강의를 하며 매번 조금씩 정정 · 보완해 둔 사항들이 쌓여 개정판을 낼 정도가 되었다. 단순한 오자 및 한자 표시 방식의 수정에서 일부 개념의 재정립과 서술 내용의 정돈 그리고 새로운 내용 및 자료의 보충에 이르기까지, 한국 방언학의 완전한 교재를 만들고 싶은 마음을 다 담아내고자 하였다. 그러는 가운데 해당 교재의 완성은 방언학의 여러 영역을 심도 있게 살핀 연구 업적들이 더 많이 산출된 이후에야 가능하리라는 생각이 들었다. 후학들의 역할을 기대해 본다.

2022. 8. 9.

차례

제5장 언어와 사회

제1장

방언과 방언학

'방언학方言學(dialectology)'은 '방언方言(dialect)'[1]에 나타나는 언어 현상을 비교 · 관찰하고 해당 현상의 양상과 원리를 체계적으로 기술 · 설명하는 데 목표를 둔다. 그러므로 방언학에서는 각 개별 방언에 대한 조사와 기술, 그리고 이를 바탕으로 한 언어 현상의 비교와 분석에 연구의 중점이 놓인다. 말하자면 방언학은 방언을 대상으로 한, 언어 비교 연구의 총체인 셈이다.

이 장은 그러한 방언학의 서설이 된다. 그리하여 제1절에서는 방언이란 무엇인지 또 그와 관련된 용어로는 어떠한 것들이 있는지 하는 용어나 개념 정의의 문제를 먼저 검토한다. 아울러 제2절에서는 앞서 살펴본 방언의 개념에 따라 방언학의 테두리 안에서 어떠한 연구 주제가 다루어질 수 있는지, 또 방언학의 성립 이후 지금까지 국내외에서 어떠한 연구들이 이루어져 왔는지 하는 연구 영역 및 내용의 문제를 살핀다.

1 기독교에서 말하는 '방언方言/放言'은 우리의 '방언方言'과 원어가 다르다. 성경에 나오는 '방언'의 원어는 'dialect'가 아니라 'glossolalia'(=speaking in tongues≒language)다.

1.1 방언이란 무엇인가

통상적 의미에서 방언은 한 언어의 분화체다. 본래 거의 같은 특징을 가진 한 언어였으나 어떠한 이유로 인해 말이 서로 달라져 여러 방언으로 나뉘게 되었다는 것이다. 이러한 방언은, 시간의 흐름에 따라 그것들 사이의 언어차가 매우 커져 서로 다른 언어로 분화되기도 한다.

언어와 방언

어떤 두 말이 서로 다른 언어인지, 한 언어에 속하는 두 방언인지 하는 것은 쉽사리 결정하기 어려운 문제다. 그리하여 그동안 이를 구별하는 기준으로 '상호 의사소통 여부(mutual intelligibility)', '국경선의 개재 여부', '표준어나 성문화된 정서법의 존재 여부' 등이 제안되어 왔다. 화자들끼리 서로 말을 이해할 수 있는지 없는지, 그리고 해당하는 두 말이 서로 다른 국가에서 쓰이는 것인지 아닌지, 또 한 국가 안에서 쓰이더라도 서로 다른 표준어 또는 정서법을 가지고 있는지 그렇지 않은지에 따라 언어 또는 방언으로서의 지위가 결정된다는 것이다.

하지만 상호 의사소통 여부에 대한 판단은 다분히 주관적이며, 국경선의 개재 또는 표준어나 정서법의 존재라는 기준은 언어와 방언을 언어 외적 특히 정치적으로 구분하자는 것이나 다름없다. 그렇다고 이들을 대신할 만한 기준을 쉽게 떠올릴 수 있는 것도 아니다. 어쩌면 언어와 방언의 2분법을 포기하고 '언어(outer-language), 준언어(inner-language), 방언'의 3분법을 상정하는 일이 더 유용할 수도 있다(그리했다고 용어 구분상의 모든 문제가 깔끔하게 해결되는 것은 아니다).

| 깁고 더하기 | 방언 연속체

언어와 방언을 상호 의사소통 여부에 의해 구분하는 일이 어려운 이유는, 인접하고 있는 방언들이 의사소통이 불가능할 정도로 지리적·사회적으로 단절되는 경우가 거의 없기 때문이다. 이처럼 인접하여 있으면서 점진적인 언어차를 보이는 방언들의 연속을 '방언 연속체(dialect continuum)'라 부른다.

이러한 방언 연속체에서, 인접한 두 방언은 뚜렷한 차이를 드러내지 않지만 양쪽 끝에 위치한 두 방언은 매우 큰 차이를 드러내게 된다. 경우에 따라, 다른 언어들 심지어 상이한 어족에 속하는 언어들이 아주 오랜 기간 서로 인접해 있음으로써 그것들이 상호 이해 가능한 방언 연속체를 이루기도 한다.

그러기에 언어와 방언의 구분은, 그 말을 쓰는 화자 집단의 언어 내적·외적 판단에 전적으로 의지한다고 하는 편이 옳을는지도 모른다. 정치적 의도가 관여치 않을 때 어떤 말에 대해 가지는 해당 화자들의 생각에 따라 서로 다른 언어인지, 한 언어에 속하는 두 방언인지가 결정되리라는 말이다. 우리가 전혀 알아듣지도 못하고 국가 경계나 표준어·정서법을 달리하는 함경북도 육진 지역의 어느 마을 또는 중국 연변 두만강변의 어느 조선족 마을에서 쓰는 말을 한국어의 방언이라 부르는 것도 이러한 차원에서 이해된다.

| 깁고 더하기 | 고구려어·백제어·신라어는 서로 다른 언어인가, 당시 한국어의 세 방언인가

신라어에 비해 고구려어나 백제어에 관한 정보는 그리 많이 남아 있는 편이 아니다. ≪삼국사기≫(1145)와 ≪삼국유사≫(1281)를 비롯한 일부 문헌 또는 당시의 비문에 기록되어 있는 지명이나 인명 등 소수의 단어들이 그러한 정보의 거의 전부다. 확보한 자료가 제한적이므로 이를 통해 세 말이 보이는 차이의 정도를 거론하는 작업 자체가 무리임은 분명하다.

하지만 그렇다고, 별다른 증거 없이 당시의 고구려어·백제어·신라어가 방언적 차이를 보였다고 주장하는 것은 타당하지 않다. 그러한 주장 자체도 현대적 편견으로, 현재의 상태에 의지해 과거의 상태를 미루어 짐작한 데서 범한 잘못일 수도 있기 때문이다.

1.1.1 방언의 정의

기원적으로 방언方言은 '오방지언五方之言'의 준말이다.[2] 이때의 오방五方은 '동방東方, 서방西方, 남방南方, 북방北方'의 사방四方과 '중방中方(=중앙中央)'을 합쳐 이르는 말이다. 이러한 개념에 따르면 방언은 결국, 각 지역에서 쓰이는 말을 가리키게 된다. 그러하기에 본래의 '방언'은 중앙과 지방의 이분법적 사고가 강력해지기 이전에 생성된 개념으로, 오늘날의 지역어와 그 뜻이 유사했었다고 할 수 있다.

| 깁고 더하기 | dialect

이는 그리스어의 'dialektos'에서 기원한 단어다. 그리스어에서 'dia-'는 'across(-를 넘어서)', 'lektos(>lect)'는 'speech, talk(말)'을 의미한다고 한다. 결국 'dialektos(>dialect)'란 '경계 너머의 말'을 가리킨다고 할 수 있다. 철학 용어로 쓰이는 '변증법辨證法(dialectic)'의 원어가 'dialektos'에서 기원했다는 사실도 기억해 둘 만하다.

지역어와 방언

지역어와 방언은 모두, 한 언어에서 분화된 변종을 전제하는 개념이다. 따라서 한국에서 일본어를 가리켜 '일본 지역어'나 '일본 방언'이라 부르는 일은 성립하지 않는다. 좀더 특수한 경우지만, 요즘의 한국 방언 연구에 자주 등장하는 '연변 지역어, 연변 방언'이 중국 한어漢語의 한 방언을 가리키지 않는 것도 마찬가지의 이유에서다.

지역어란 한 언어의 분화체로, 단순히 어떤 지역에서 쓰이는 말을 가리키는 용어다. '황간 지역어'나 '연변 지역어' 등이 바로 그러한 뜻으로 사용

2 지금은 방언을 '지방地方 언어言語'의 준말로 인식하는 사람들이 제법 많다.

된 예다. 전자는 어떤 방언권에 속하는지와 관계없이 충청북도 영동군 황간면에서 쓰는 한국어를 가리키며 후자는 이주 이전의 원 방언이 무엇이었느냐에 관계없이 중국 연변조선족자치주에서 쓰는 한국어를 가리킨다. 이로써 보면 지역어는, 방언권의 확립 없이 잠정적으로 '○○ 지역에서 쓰는 한국어'를 언급할 때 사용하는 표현이 된다.

이와 달리 방언은 해당 언어에서 어느 정도의 방언권이 상정되었을 때 사용할 수 있는 용어다. 그러므로 '동남방언, (강원도) 영동방언, 동북방언'이나 이들을 모두 아우르는 '동부방언' 등은 한국어에서 그러한 방언구획이 이미 성립되어 있음을 시사한다(이때의 '방언'은 '방언권'을 이른다). 그러기에 태백산맥의 대관령을 중심으로 영서 지역과 영동 지역이 매우 다른 방언적 특징을 보이는 강원도 말 전체에 대해 '강원도 방언' 또는 '강원 방언'이란 표현을 사용하는 것은 적절하지 않다. 한국어의 방언구획에서 그러한 방언권이 상정되지 않기 때문이다.

물론 덜 엄격한 의미에서 '방언'은 '지역어'를 대신하여 쓰이는 표현이 되기도 한다. '연변 방언, 강화도 방언' 등이 바로 그러한 용법으로 쓰인 예다.

| 깁고 더하기 | 양웅의 ≪유헌사자절대어석별국방언輶軒使者絶代語釋別國方言≫

중국 한나라 때의 양웅揚雄(기원전 53~기원후 18)이 지었다고 알려진, 현전하는 세계 최고最古의 방언 연구서. 약칭으로 ≪방언方言≫이라 한다. 양웅은 27년 동안, 중국 여러 지역에서 쓰이는 말들을 조사·연구하여 이 책을 집필하였다. ≪방언≫에는 총 659개 항목에 대해 각지의 어형 및 풀이, 사용 지역 등이 밝혀져 있다(이연주 2012).

이 책에서는 '좀 더 넓은 지역에서 통용되는 말'(이를 '통어通語, 범어凡語, 범통어凡通語'라고 함.)과 '어느 한 지역에서 쓰이는 말'을 구별하고 있는데 후자의 지역명 속에 '진秦, 초楚, 조선朝鮮' 등의 나라 이름이나 '양주揚州, 양梁, 기冀' 등 주군현州郡縣의 이름이 포함되어 있다. 이로 미루어 보건대 양웅의 '방언'은 '어느 한 나라 또는 일정 지역에서 쓰이는 말'을 뜻했다고 하겠다.

방언의 종류

현대적 정의에 따르면 방언은 독립된 체계를 가지고 있는, 한 언어의 분화체를 의미한다. 이러한 개념은 두 가지 정보를 포함한다. 하나는 같은 언어에서 갈라져 나온 변종이라는 것이며 다른 하나는 독립된 언어체계를 가지고 있다는 것이다.

먼저, 방언은 한 언어에서 분화된 변종이다. 이러한 점에서 중국의 '조선어'나 중앙아시아의 '고려말'은 분명히 한국어의 방언이다. 또 과거 양반층의 후예들이 집단적으로 거주하여 형성한 경상북도 안동의 '반촌어'도 한국어의 방언임에 틀림없다.

좀더 특수한 예로, 두 언어 사이의 접촉으로 형성된 피진(pidgin=다른 언어 사용자와의 의사소통을 위해 일시적으로 만들어진, 두 언어의 요소가 혼합된 언어)이나 크리올(creole=피진이 모국어로 습득되어 완전한 언어의 지위를 얻게 된 것)도 방언의 범주에 포함된다. 생성 원인이야 어찌되었든, 한쪽 언어에서만 보면 그것이 해당 언어에서 갈라져 나온 변종이 될 터이기 때문이다. 아울러 어떤 지역에서 사용되었던 이전 시기의 말(가령, 15세기의 서울말)도 현용되는 말과 마찬가지로 해당 언어의 방언이 된다.

| 깁고 더하기 | 조선어와 고려말

- 조선어 : 중국의 조선족이 쓰는 한국어 변종의 하나. 조선족은 주로 19세기 중기에서 20세기 전반 사이에, 한국 각지에서 중국의 동북 3성(길림성·요녕성·흑룡강성) 지역으로 이주해 온 사람들 또는 이의 후예들이다. 그러한 까닭에 조선어는, 그들이 이주 이전에 쓰던 모어 방언이 무엇이었는지에 따라 여러 변종으로 나뉜다.
- 고려말 : 중앙아시아의 우즈베키스탄과 카자흐스탄, 키르기스스탄 등지에서 쓰이는 한국어 변종의 하나. 이 말을 쓰는 사람들은 1937년 러시아(구소련)의 강제 이주 정책에 의해 연해주沿海州 지방에서 이 지역으로 옮겨 와 살게 되었다. 현지인들은 자신들을 '고렷사람'(문어로는 '고려인'도 사용함.)이라 하고 자신들이 쓰는 말을 '고려말'이라 부르는데, 대체로 이 지역의 노년층만 함경북도 방언에 기층을 둔 한국어를 구사한다.

아울러 방언은 그 자체로 독립된 언어체계를 갖는다. 다시 말해 방언이라면 음운 · 문법 · 어휘의 면에서 하나의 언어로서 완전한 모습을 갖추고 있어야 한다는 말이다. 이러한 차원에서 은어(argot)는 방언일 수 없다. 보통 '은어'라 하면, 특수한 사람들이 특정 상황에서 일상어를 대체하여 사용하는 일부 단어나 표현만을 가리키기 때문이다. 이른바 표준어가 공식적인 상황에서 사용되는 일부 단어나 표현만을 포괄한다면 이것 역시, 독립된 체계를 갖추었다고 말하기 어려우므로 방언이라 할 수 없다. 이와 달리 표준어의 모태가 되는 현대 서울말은 명백히 방언이다.

이러한 방언은 사람들 사이의 접촉이 많으면 많을수록 비슷해지고 접촉이 적으면 적을수록 달라지기 마련이므로 사람들 사이의 교류를 방해하는 요소가 곧 방언을 분화하는 요인이 된다. 따라서 그 분화 요인에 따라 방언은 크게 셋으로 나뉜다.

우선, 사는 지역이 다르면 사람들 사이의 교류가 적어지므로 방언차를 보이게 된다. 이렇게 해서 생겨난 언어의 변종을 지역방언이라 부른다. '부추(경기도), 분추(강원도), 세우리(제주도), 솔(전라도), 염지(함북), 정구지(경상도 및 충북), 졸(충남), 푸초(평안도)' 등은 도道별로 아주 선명한 경계를 보인다고 알려진 지역방언의 대표적인 예다.

다음으로, 서로 다른 사회집단에 속하는 사람들도 서로 간에 교류가 잘 이루어지지 않아 방언차를 드러낸다. 예를 들어 옛날 한마을에 살던 양반과 평민, 또 종교나 직업을 달리하는 사람들 사이, 심지어 어떤 고등학교나 대학교같이 작은 사회집단에 속하는 사람들에게서도 말의 차이를 발견할 수 있다. 서울대 학생들의 경우, '서울대입구역(전철)'을 '설입'이라 하고 '공대 간이식당'을 '공깡'이라 부르는 등 교내 학생들만 공유하는 독특한 단어들을 수시로 사용한다(이러한 단어는 거의 모든 대학교에 다 있다). 이와 같은 말의 변종들을 특정 사회집단의 방언이라는 뜻으로 사회방언이라고 부른다.

세 번째는 특정 시기 또는 세대의 방언이란 뜻으로 사용되는 시간방언이다. 이는 대체로 시간의 흐름에 따른 사회의 변화가 언어변화로 나타나게 된 것이다. 가령 옛날 한옥의 '대청(=안방과 건넌방 사이에 있는 큰 마루)'은 오늘날의 아파트 구조에서는 '거실'에 대응한다. 한때, 아파트가 아니라 양옥집이 대세였을 시절에는 그것을 '응접실'이라 불렀다. 이처럼 시간이 흐르면서 언어체계나 사회제도 또는 문물의 변화가 생기고 그로 인해 음운 · 문법 · 어휘상의 변화가 일어났을 때 시간방언을 달리하게 되었다고 말한다.

이에서 보듯 사용자들의 지리적 영역이 달라 언어차를 보일 때 그에 따른 변종을 지역방언이라 하며 사회적 범주를 달리하여 언어차가 나타날 때는 사회방언, 시간적 영역을 달리할 때는 시간방언이라 한다. 그리하여 특정 지역의 '조선어'나 '고려말'을 서울말과 비교하여 기술하면 지역방언을 연구한 것이 되며 반촌어를 민촌어와 비교 · 기술하면 사회방언을 연구한 것, 그리고 15세기의 서울말을 현대 서울말과 비교하면 시간방언을 연구한 것[3]이 된다.

방언과 상황변이어

우리는 간혹, 어떤 말을 듣고 그 말을 쓰는 사람의 고향을 알아챌 때가 있다. 동향 사람들끼리는 고저(pitch)나 강세(stress) 등의 억양(accent)만으로도 서로의 출신 지역을 금세 확인할 수 있지만(약간의 언어적 감각이 필요하다.) 그렇지 않은 경우에는 일부 단어나 표현 및 어미 그리고 이들과 관련된 음운 현상 등에 의지하여 상대방의 고향을 짐작하는 것이 보통이다(상당한 방언 지식과 언어적 감각이 필요하다).

가령, '어서, 얼른'이란 뜻으로 부사 '퍼뜩'[4]을 쓰면 그는 경상도 사람이

3 통상적으로는 이러한 경우를 '국어사 연구'라 한다.

고 '혼저' 또는 '혼저'를 쓰면 제주도 사람이다. 또 상대에게서 청자존대의 어미 '-ㅂ니꺼/습니꺼'를 들으면 그는 경상도 사람일 테고 '-어라(우)'를 들으면 상대방은 전라도 사람이다. '-수다'는 제주도 말,[5] '-유, -슈'는 주로 충청도 말에서 들을 수 있는 청자존대의 어미다. 특별한 경우가 아니라면, 태어나 자란 지역이 어디냐에 따라 자신의 말에서 이러한 방언 특징들이 저절로 드러나게 된다.[6]

이처럼 대개의 사람들은 출신 지역에 따라 다른 말씨를 쓴다. 그리하여 우리는 그들이 쓰는 말을 가리켜, 해당 지역의 명칭을 붙여 '○○○ 방언'(또는 '○○○ 사투리')이라 부른다. 화자가 지닌 고유의 특성(이 경우에는 '지역')에 따라 나타나는 언어의 변종에 대하여 '방언'(또는 '사투리')이란 표현을 써 일러 말하는 것이다.

| 잡동사니 | (유머) 가장 빠른 충청도말

- 표준어 - 어서 오십시오.
- 경상도 말 - 퍼뜩 오이소.
- 전라도 말 - 언능 오씨요.
- 제주도 말 - 혼저 옵서예.
- 충청도 말 - 어여 오슈.

- 표준어 - 돌아가셨습니다.
- 경상도 말 - 죽었다 아입니꺼.
- 전라도 말 - 죽어버렸어라.
- 제주도 말 - 가불엇수다게.
- 충청도 말 - 갔유.

그뿐만 아니다. 우리는 화자의 사회적 범주가 달라 차이를 드러내는 언어 변종에 대해서도 '방언'이란 표현을 쓴다. '계급 방언, 계층 방언'[7] 할 때의 방언이 바로 그러한 경우에 해당한다.

---

4 이 단어가 '갑자기' 정도의 뜻을 나타낼 때는 표준어다.

5 평안도 말에서도 '-수다'를 쓴다.

6 물론 표준어를 써서 이야기하려 할 땐 해당 방언 특징들이 잘 나타나지 않아 말을 통해 고향을 짐작하는 일이 그리 쉽지 않다.

7 세습 여부에 따라 '계급 방언'을 '계층 방언'과 구분하기도 한다.

한국어에서, 이의 대표적인 예는 반촌어다. 양반의 후예들이 집단적으로 거주하여 형성된 반촌은 민촌과 말이 다르다. 대개, 양자 사이에는 친족명칭이나 호칭어 등 어느 특정 어휘체계에서만 상위相違를 보이지만[8] 그 차이가 한두 단어에 국한하지 않고 어느 정도 구조적일 때에는 이를 '민촌어'와 구별하여 '반촌어'[9]라 부른다.

| 깁고 더하기 | 안동 지역의 반촌어班村語와 민촌어民村語

1970·80년대의 일부 보고들에 따르면 반촌어와 민촌어는 친족명칭, 경어법, 서법 등의 면에서 약간의 차이를 드러내었다. 그중에 두드러진 것만을 제시하면 다음과 같다.

- 2대 이상의 직계존속을 가리키는 '큰-'(반촌)과 '할-'(민촌) : '할아버지/할머니'에 대해 '큰아배/큰어매'(반촌)와 '할부지/할매'(민촌) 등
- 친동기 중의 장長을 가리키는 '맏-'(반촌)과 '큰/맏-'(민촌) : '큰아버지/큰어머니'에 대해 '맏아배/맏어매'(반촌)와 '큰아부지/맏엄니'(민촌) 등
- 부계父系의 모든 여자 존속에 대한 '하게'체 말투(반촌)와 '해라'체 말투(민촌) : '할머니, 장에 가세요?'에 대해 "큰어매, 자아 가는가?"(반촌)와 "할매, 자아 가나?"(민촌) 등
- 청자존대의 의문 어미 '-니껴'(반촌)와 '-니꺼'(민촌) : '아침 잡수셨습니까?'에 대해 "아침 자셌니껴?"(반촌)와 "아침 자셌니꺼?"(민촌) 등

물론 지금은 이러한 차이가 거의 사라져 버렸다(그래도 일부, 이를 의식하고 있는 사람이 아직 존재하기는 하리라). 이는 '안동'뿐 아니라 오늘날까지 남아 있는 대부분의 반촌 지역에 공히 해당하는 상황이다.

또한 대부분의 전통 마을로서의 농촌과 비교하여 어촌은, 그에 인접해 있을지라도 여러 부면에서 말이 다를 수 있다. 만일 양자 사이에 드러나는 말의 차이가 상당하다면 우리는 그들을 각각 '농촌 방언'과 '어촌 방언'으

---

8 극히 드물지만, 반촌어와 민촌어가 어미체계에서 차이를 드러내기도 한다.

9 이에 대해 '양반 말투, 반촌 말투'란 표현을 쓰기도 한다.

로 구분해 부른다(한국의 경우에 양자는 위계를 달리하는 계층 방언으로 간주되는 경향이 더 강하다). 그리고 여성어와 남성어를 가리키는 성별 방언에서부터 이제까지 언급한 예들을 통칭하는 용어로서의 '사회방언'[10]에 이르기까지, 이때의 '방언'은 모두 화자가 속해 있는 사회적 범주에 따른 언어 변종을 이른다.

이와 같이 '방언'이란, 한 사회 구성원으로서의 화자가 지니고 있는 고유 특성에 의해 분화된 언어의 변종[11]이다. 그리하여 우리는 출신 지역이 다르다거나 사회계층 또는 성별이 다른 데에서 언어 특징의 차이가 드러날 때 각기 다른 방언을 쓴다고 말한다.

하지만 언어 특징의 상위가 언제나, 화자의 고유 특성에 의해 좌우되는 것만은 아니다. 어떠한 화자도 항상, 같은 말투만을 써서 이야기하지는 않기 때문이다. 서울말을 쓰는 동일 화자의 다음 두 발화를 예로 들어보자(청자도 동일하다고 가정하자).

(1) 자네, 어디 가?

(2) 김 선생, 어디 가(요)?

(1)에 비해 (2)는 더 격식적인 상황에서 사용된다. 화자가 교수고 청자(=김 선생)가 그의 제자라면 대체로 (1)은 둘만 있는 상황, (2)는 그 자리에 '김 선생'의 학생이 있다거나 하여 제자(=김 선생)를 대우해야 하는 상황에서 쓰이는 표현이다. 화자는 (2)에서, '자네'를 '김 선생'으로 바꾸어 좀 더 격식적으로 상대를 대우하고 있음을 드러낸다.

이처럼 대화가 이루어지는 상황에 따라 언어 표현이 달라졌을 때 이들

---

10 이를 농촌 중심의 전통적인 '방언'과 대조적인 관점에서 '도시 방언'이라 부르기도 한다.

11 이는 물론, 해당 사회의 화자 집단이 공유하는 것이어야 한다. 그러한 점에서 개인어個人語(ideolect)와 구별된다.

표현을 상황변이어 또는 레지스터(register)[12]라고 한다. (2)의 '선생(=성姓이나 직함 따위에 붙여 남을 높여 이르는 말)'은 일상어로도 사용되는 표현이지만 이 경우에는 대화의 배경(또는 분위기) 특히 격식성을 나타내는 상황변이어로 쓰였다.

| 깁고 더하기 | '자네'의 용법 변화

'자네'는 상대를 대우해야 하는 특정 상황에서 '너'를 대신하여 선택·사용되는 말이다. 특히 호칭어의 규범적 용법에서 '자네'는, '성인'들 사이에서만 쓰이는 '너'의 대체어로 규정된다. 통상적으로 '자네'란 말은, 화자가 일정한 연령 단계에 이르렀을 때 사용하는 사회방언인 셈이다.

하지만 서울·경기도 출신의 청장년층 화자들에게서 '자네'라는 말을 듣는 것은 매우 드문 일이 되어 버렸다. 특정 사회집단(대체로 '교수'나 '교사')이 아니라면 이젠, '자네'란 말을 쓰는 화자가 거의 사라졌다 해도 과언이 아니다. 따라서 이들 청장년층에게 '자네'는, 화자의 고유 특성 특히 직업(구체적으로는 '교육자')에 따른 사회방언으로 그 사용 영역이 축소되었다고 할 수 있다.

이로써 '자네'란 말이 세대에 따른 언어변화를 겪고 있음을 알게 된다. 지금 현재, '자네'가 가지는 기능에는 변화가 없으나 그것의 사용자가 다수의 '성인'에서 소수의 '특정 사회집단' 구성원으로 한정되어 가고 있는 것이다.

시간의 흐름에 따라, 이 호칭어의 사용자층은 급속도로 축소될 것으로 여겨진다. 그리하여 가까운 시일 내에 '자네'는, 이해는 하지만 사용하지는 않는 단어(즉 이해어)로 자리매김하게 되리라 짐작된다. 물론 이는 아직까지 '자네'의 활발한 쓰임을 보이는 서남방언을 제외하고서의 일이다.

이러한 차원에서 볼 때, 은어(argot=같은 직업이나 계급의 구성원들 사이에서 쓰이는 특수어)는 방언이 아니라 상황변이어다('욕'도 그러하다). 그것이 특정 상황에서만 일상어를 대체하는 표현으로 한정되어 쓰이기

12 이를 '사용역使用域'으로 번역하기도 한다. 하지만 '사용역'은 대화가 이루어지는 상황의 하위 영역을 가리키므로 그러한 영역에서 교체되어 쓰이는 표현을 가리키는 '상황변이어'와 뜻이 다르다. 한편 상황변이어(register)를 단어 차원으로 한정하여 어구나 문장 차원의 '문체(style)'와 구별하는 연구자도 있다.

때문이다. 이는 은비성을 바탕으로 해당 구성원들이 속한 집단을 타 집단과 구분하게 하고 그 결과로 해당 집단의 결속을 강화하는 기능을 한다.

가령 예전의 대학생들은 은어로 'F학점'을, 그 모양을 본따 '권총'이라 하였는데 보통 F학점을 둘 이상 받으면 총 평점과 관계없이 '학사경고'를 받았으므로 'F학점 둘' 즉 '학사경고'[13]를 '쌍권총'이라 불렀다. 하지만 어떠한 대화 상황에서도 그들이 이러한 은어를 사용했었던 것은 아니다. 그들은 일단, 동료들 사이라는 제한된 상황 안에서만 이들 은어를 썼다(이 '쌍권총'의 숨겨진 뜻을 아는 부모님이나 짝사랑하는 사람이 바로 옆에 있는 걸 모르는 상황에서 이 말을 썼을 때의 참담한 결과를 상상해 보자).

이처럼 은어는 분명히, 대화가 이루어지는 상황에 따라 일상어와 교체되어 쓰이는 언어 표현이므로 전형적인 상황변이어다. 이 경우는, 대화의 상황 특히 은비성隱秘性(=감추어 비밀스럽게 만드는 성질)을 필요로 하는 상대에게 사용하는 상황변이어가 될 터이다.

이와 평행한 관점에서 일부 전문어도 상황변이어다. 동일한 화자가 특정 상황에서만 이들 전문어를 사용하기 때문이다. '운동장'에 대한 군대 용어 '연병장', '일요일'에 대한 종교 용어 '주일', '소금'에 대한 화학 용어 '염화나트륨' 등이 바로 그러한 예다(물론 '연병장, 주일, 염화나트륨'을 일상어로 쓰는 이들에게는 이 단어가 상황변이어일 수 없다).

이들은 대화의 주제가 무엇이냐에 따라 일상어를 대신하여 사용되는 표현이므로 대화 주제에 따른 상황변이어라 할 수 있다(화기애애한 이야기 도중에, 갓 제대한 복학생이 '연병장' 등의 군대 용어를 써 이야기의 분위기를 달라지게 한 탓에 썰렁해지는 상황을 떠올려 보자). 아울러 이들은 일상어와 상황변이어가 동의 관계를 유지하면서 하나의 어휘체계 속

---

13 F학점 및 총 평점에 의한 학사경고제가 몹시 완화된 어떤 대학교에서는 '학사경고'의 은어로 '샤프심학점'이란 말이 쓰이기도 한댄다.

에 공존하는 예이기도 하다.

| 깁고 더하기 | 전문어와 상황변이어

전문어는 흔히 '전문 용어'라 하는데 학술이나 기타 전문 분야에서 특별한 의미로 쓰이는 말을 가리킨다. 대개의 전문어는 통상적으로, 단 하나의 의미를 갖는다. 그런데 모든 전문어가 상황변이어인 것은 아니다. 동의 관계를 맺은 일상어와 공존하지 않는 대부분의 전문어들은 상황변이어가 될 수 없다. 이들은 다른 관련 단어들과 체계를 이루어 존재하는, 해당 방언 속의 한 단어일 뿐이다.

일부 전문어들은, 일상어로서의 용법과 전문어로서의 용법이 다의어 양상을 띠면서 하나의 형태로 존재하기도 한다. '커트'란 단어를 보자.

① 일상어
　㉠ 전체에서 일부를 잘라 내는 일.
　㉡ 미용을 목적으로 머리를 자르는 일 또는 그 머리 모양.
② 전문어
　㉠ 야구 용어 : 투수가 던진 공이 타자가 바라던 공이 아니거나 치기 거북할 때 배트를 살짝 대어 파울 볼로 처리하는 일.
　㉡ 탁구 용어 : 라켓을 비스듬히 한 채로 깎아 쳐서 공에 회전력을 주는 일.
　㉢ 기타 운동 용어 : 농구 따위에서, 상대방의 공을 가로채는 일.

위의 예에서 보듯, '커트'란 말은 영역에 따라 그것이 나타내는 의미가 다르다. 문맥에 따라 이 단어가 각기 다른 뜻으로 사용된다는 말이다. 이를테면 '커트'는 일상어와 다의 관계를 보이면서 하나의 어휘체계 속에 자리한 전문어의 예가 되는 셈이다. 물론 전문어로서의 '커트'는 동의 관계를 이루는 둘 이상의 형태가 전제되지 않으므로 상황변이어가 아니다.

한편 구어口語와 문어文語는 전달 매체와 관련된 상황변이어다. 음성을 매체로 하는 구어와 문자를 매체로 하는 문어가 대화의 상황 특히 전달 매체에 따라 변이를 보이는 상황변이어의 관계를 맺고 있는 것이다. 가령, 문어로 쓰는 '-에게'는 일상적 구어에서 '-한테'로 나타나는데[14] 이러한 변이의 출현이 매체의 차이에서 비롯하였으리라는 말이다.

---

14 예를 들어 "나에게 줘."는 일상 구어에서 "나한테 조(←줘)."로 쓰인다.

이처럼 상황변이어는, 화자 고유의 특성에 의해 분화된 방언과 달리 대화 상황에[15] 의해 교체를 보이는 언어 표현의 일종이다. 대화가 이루어지는 상황이란, 근본적으로 사회적 상황일 수밖에 없으므로 상황변이어를 사회방언과 함께 사회언어학에서 다루는 것은 매우 당연한 일이다. 이를테면 이때의 방언은 한 언어에서 분화된 변종의 의미로 확대[16] 사용된 셈이다.

그러하기에 시골에서 쓰이는 표준어나 서울에서 쓰이는 사투리 등 사용 배경('격식성'이나 '친밀성')에 따른 상황변이어뿐 아니라 '유아어(baby talk)'와 같이 아이들과의 대화에서 쓰이는 상황변이어 등 사용 맥락[17]에 따라 교체되는 언어 표현 모두가 사회언어학의 탐구 대상이 된다. 결국 한 방언에서 상황변이어로 어떠한 것들이 있고 또 어떠한 사회적 조건에 따라 교체하는지, 그리고 그것이 해당 언어사회에서 어떠한 기능을 담당하는지를 탐구하는 작업이 사회언어학의 중요한 영역이 되리라는 말이다. 이에 덧붙여 상황변이어의 지역적 차이를 탐구하는 작업은 지역방언론의 영역에 속한다는 사실도 함께 기억해 두자.

| 깁고 더하기 | 문어/구어, 유아어

- 일제강점기의 대표적인 국학 연구자 안확安廓(1886~1946)은 비교적 이른 시기에 문어와 구어의 차이에 대해 언급한 인물이다. 그는 〈조선어원론〉(1922: 193)에서 "조사助詞 '-하노니, -진뎌, -건대, -호니' 등은 구어로는 보통 쓰지

15 이때의 '상황'을 어찌 정의하고 분류하느냐에 따라 상황변이어는 그 외연이 넓어지기도 하고 좁아지기도 한다.

16 독립된 언어체계를 갖추고 있지 않지만 '방언'이라 부르겠다는 말이다.

17 이때의 사용 맥락은 메시지가 사용되는 배경 또는 분위기(ex. 격식성, 친밀성), 메시지가 담고 있는 주제(ex. 전문성), 메시지가 담겨 있는 매체(ex. 구술성), 메시지의 소통에 참여하는 인물(ex. 유아성) 등에 따라 구분된다. 이 중에 '배경/분위기, 주제, 매체'는 사회적 상황과 관련되며 '인물'은 대화 참여자와 관련된 조건이라 할 수 있다.

않고 특히 글로 쓰는 문장에만 나타나는 것이다. 이러한 문어와 구어의 구별은 서양 제국諸國에도 모두 있다."라 하고 ≪수정조선문법≫(1923: 88-90)에서 "문어와 구어에 통용通用치 않는 것" 다시 말해 문어와 구어의 변이를 보이는 예로 '-에'와 '-한테~-더러', '-와/과'와 '-하고', '-고로'와 '-길래~-기에', '-뇨'와 '-냐', '-소서'와 '-시오', '하옵나이다'와 '합니다', '하옵나이까'와 '합니까', '하옵'과 '하게' 등의 예를 든 바 있다.

- 유아어는 유아 또는 어린아이들과 관련하여 사용되는 특수한 어휘 항목을 가리킨다. 이때의 '유아어'를 보통 '아기말'이라 부르는데, 유아들이 쓰는 발화어로서의 '아기말(baby talk)'과 유아들에게 쓰는 대상어로서의 '엄마말(motherese)'을 구별하기도 한다.

  이에 따르면 '곤지곤지, 옹알이' 등은 '엄마말'이지만 '맘마, 까까' 등은 '아기말'이다. 이때의 '엄마말'은 대개 일상어인 반면, 어른도 사용하는 '아기말' 중에 '맘마(=먹을 거), 까까(=과자)'처럼 일상어와 공존하는 것은 상황변이어다. '엄마, 아빠'와 같이 아기말에서 발달하여 일상어로 완전히 정착한 단어도 존재한다.

방언과 사투리

방언은 한 언어의 분화체로서 해당 언어체계 전반을 가리키는 데 반해 사투리[18]는 표준어가 아닌 것, 즉 해당 언어체계의 일부로서 특정 지방에서만 사용되는 말을 가리킨다.[19] 좀더 명료한 표현을 위해 수학 기호를 써 다시 말하면 '사투리=표준어^c('사투리'는 '표준어'의 여집합), 방언⊃사투리('사투리'는 '방언'의 부분집합)'이다.

가령, 강화도 어딘가에서 "어디 가이꺄?"란 문장을 듣고 이를 '어디 갑니까?'와 비교하여 "어미 '-이꺄'는 강화도 사투리다."라고 말했다면 이때의 '사투리'가 바로 그러한 뜻으로 쓰인 예가 된다. 하지만 강화 토박이의 언어체계 전반이 다 방언이므로 '-이꺄'만을 "강화도 방언"이라 함은 적절한 표현이 되지 못한다. 어미 '-이꺄'뿐[20] 아니라 부사 '어디'나 동사 '가-' 모두,

---

18 전통적으로, '이어俚語'라 불리기도 했다.

19 '방언'과 '사투리'의 이러한 구분은 최현배(1894~1970)의 〈중등 조선말본 길잡이-대중말(표준어)〉(1934)에서 처음 언급되었다.

틀림없이 강화도 방언의 한 요소가 될 터이기 때문이다.

| 깁고 더하기 | 강화 지역어의 어미 '-이다'와 '-이꺄'

오래전의 강화도 답사에서 그 지역 사람들이 동네 어르신께 "어디 가시꺄?" 하는 것을 듣고 그 어미에서 느껴지는 폭력(?)적 인상으로 인해 무척 놀라 했던 적이 있다. 그리고 당시 방언 조사를 하면서 처음엔, 활용형 '묻시다, 묻시꺄'를 듣고 단박에 이 어미의 기본형이 '-시다, -시꺄'라 생각했었다. 하지만 곧, 그렇지 않다는 사실을 깨달았다. 다음 활용형을 보자.

묻시다~묻으이다(묻습니다, 埋)/가이다(갑니다, 去)/머이다(멉니다, 遠)
묻시꺄~묻으이꺄(묻습니까)/가이꺄(갑니까)/머이꺄(멉니까)

이로부터 '-시다, -시꺄'는 자음으로 끝나는 어간('ㄹ'말음 어간 제외)에만 결합되는 어미임을 알게 되었던 것이다. 강화도 지역어에서 모음 어간 및 'ㄹ'말음 어간 뒤에는 '-이다'와 '-이꺄'가 연결된다(물론 자음 어간 뒤에 '-시다, -시꺄' 대신 '-으이다, -으이꺄'가 결합되기도 한다). 그렇다면 "어디 가시꺄?"의 '-시-'는 무엇이었을까? 그것이 '묻-(埋)'에 연결된다면 어떠한 활용형이 만들어질까?

방언학의 목표가 방언에 나타나는 언어 현상을 체계적으로 기술·설명하는 데에 있음을 감안하면 '사투리'는 방언 연구에서 그다지 효용적이지 않은 개념이다. 어떤 지역에서 표준어와 차이를 보이는 단어 즉 사투리를 상당량 수집했다 하더라도 이들만을 가지고서 해당 지역의 언어 현상을 심도 있게 논의하기란 매우 어려운 일이기 때문이다.

예를 들어, 전라남도의 어느 지역에서 '몰(=말, 馬), 보르-(=바르다, 塗), 폴(=팔, 腕)' 등과 같이 표준어의 '아'가 '오'로 대응하는 예를 모두 모았다고 하자(이것도 그리 쉬운 일은 아니다). 이를테면 해당 현상과 관련된 '사투리'를 수집한 셈이다.

20 사실, '-꺄'는 황해도방언의 대표적인 의문 어미다.

이러한 예들을 통해 우리는 관련 음운 현상에 대해 무엇을 이야기할 수 있을까? 그것은 "해당 지역에서 '몰, 보르-, 폴' 등의 단어는 표준어와 다르게 변화했다. 이러한 변화를 보이는 예는 'ㅁ, ㅂ, ㅍ' 등의 양순음으로 시작하는 단어로 한정되는 경향이 있다." 정도의 진술에 불과하지 않을까.

하지만 해당 지역에서 '말(言), 바르-(正), 팔(八)' 등 유사한 음운 형식을 갖추었으면서도 표준어와 동일한 모습을 보이는 예마저 수집되어 있다면 그 논의에 깊이가 더해진다(이 정도면 해당 현상과 관련하여 '방언 수집'을 했다 할 만하다). 다음과 같은 질문이 상정된다.

왜 이 지역에서는 '말(馬), 바르-(塗), 팔(腕)' 등은 '오'로의 대응을 보이고 '말(言), 바르-(正), 팔(八)' 등은 '오'로의 대응을 보이지 않을까? 다시 말해, 왜 이 지역에서 '말(馬), 바르-(塗), 팔(腕)' 등의 모음은 '오'로 변하고 '말(言), 바르-(正), 팔(八)' 등의 모음은 '오'로 변하지 않았을까? 그것은 혹시, 전자의 모음과 후자의 모음이 기원적으로 동일하지 않은 데에서 비롯한 것은 아니었을까?

여기에다가 '날(刃), 자르-(剪)' 등에서 보듯, 이 지역에서 초성으로 양순음('ㅁ, ㅂ, ㅍ' 등)을 가지지 않은 단어는 이와 같은 대응을 보이지 않는다는 사실을 발견하기에까지 이르면 이 현상의 본질[21]에 좀더 근접해진다(이제야 제대로 된 '방언 조사'를 했다 할 수 있다). 즉 '몰(馬), 보르-(塗), 폴(腕)' 등은 이전 시기에 'ᆞ'를 가진 단어였기 때문에 그렇지 않은 '말(言), 바르-(正), 팔(八)' 등과 다른 변화를 보였으며 또 'ᆞ'의 원순모음화는 양순음 뒤에서만 일어났기 때문에 '날(刃), 자르-(剪)'와 달리 '몰(馬), 보르-(塗), 폴(腕)' 등이 모음 '오'를 가진 단어로 바뀌었다는 결론에 도달할 수 있게 되는 것이다. 표준어와 상이한 모습을 보이는 예(즉 사투리)뿐 아니라 그와

21 이를 이해하기 위해, '말(馬), 바르-(塗), 팔(腕)'과 '날(刃), 자르-(剪)' 등은 이전 시기에 'ᆞ'를 가진 단어였고 '말(言), 바르-(正), 팔(八)'은 그렇지 않은 단어였다는 약간의 국어사 지식도 필요하다.

동일한 모습의 예도 방언 연구에 각기 유효한 근거를 제공한다는 점을 확인하였으므로 이로써 방언학에서 '사투리'보다 '방언'이 훨씬 유용한 개념임을 단적으로 보게 된다.

그렇더라도 '사투리'의 개념이 없었다면 일반 재야 연구자들의 방언 조사는 거의 기대하기 어려웠으리라는 점도 생각해 둘 일이다. 그들이 수집한 사투리 자료가 그동안의 한국 방언 연구에 상당 부분 기여한 만큼, 표준어와 다른 형태의 단어만을 모았다고 그들의 자발적인 노력의 결과물을 결코 폄훼해서는 안 된다. 방언학 자체가, 자신이 쓰는 말과 다른 모습의 말을 발견하는 데에서 흥미를 느껴 발을 들여놓게 되는 학문 분야이기에 더욱 그러하다.

| 깁고 더하기 | 표준어 및 방언에 대한 오해와 편견

우리는 흔히, 서울말이 곧 표준어이고 표준어가 곧 서울말이라 생각한다. 또 한편으로는, 방언이 서울말(나아가 경기도 또는 충청도의 말)에 비해 열등하다고 생각한다. 이러한 인식은 방언에 대한 "오해와 편견"(최명옥 1998: 194)에서 비롯한 것임에 틀림없다.

왜냐하면 '허구(=하고), 몰르다(=모르다)' 등과 같이 서울말 중에 표준어가 아닌 요소도 종종 발견되며 '밥, 봄(春)' 등처럼 서울뿐 아니라 어느 방언에나 나타나는 표준어 요소도 존재하기 때문이다. 더구나 방언이 표준어(또는 서울말)보다 열등하다거나 표준어(또는 서울말)가 방언보다 우월하다는 주장은 애초에 그 근거를 전혀 찾아볼 수 없는 편벽된 견해에 불과하다.

하지만 이러한 인식은 우리 사회에 꽤 오래전부터 있어 온 것으로 여겨진다. 소설가 홍명희洪命喜(1888~1968)의 아들이자 일제강점기의 유명한 언론인이었던 홍기문洪起文(1903~1992)은 〈표준어 제정에 대하야〉(「조선일보」 1935.1.16.)란 글에서 "일찍부터 조선朝鮮에서는 서울말 이외의 각지방어各地方語를 사투리라고 배척"해 왔다고 언급하고 있다. 1936년의 표준어 사정査定 이전에도 '방언'에 대한 "오해와 편견"이 이미 존재해 있었음을 확인해 주는 진술이다.

1.1.2 '방언'의 개념 변천

'방언'이란 말이 '지역어'로서의 의미를 확고히 하게 된 것은 개화기開化期[22]에 들어서서의 일이다. 그 이전, 즉 근대 이전 시기의 방언은 주로 '중국의 변방어'를 뜻하였다.

개화기 초기에는 그 의미가 약간 평준화하여 '어느 한 나라의 언어'를 가리켰으나 근대 외래 요소의 영향을 받으면서 '지역어'를 나타내는 말로 뜻이 바뀌어 쓰이게 되었다. 이러한 의미는 일제강점기 및 현대에 이르기까지 지속되었다. 하지만 일제강점기의 한국 사회에 '표준어' 개념이 강력히 대두하면서, 일반 대중들에게 방언은 '표준어가 아닌 말(=사투리)' 또는 '그 지방에서만 쓰는 말'의 의미로 한정, 정착되었다.

개화기 이전 시기에 '지역어'는, 서울말(또는 '중앙어')과 대비되는 차원에서 '향언鄕言, 방어方語, ᄉᆞ토리' 등으로 불렸다. 개화기를 거치면서 이들은 '사투리'로 단일화되는 경향을 보였는데 방언이 지역어를 뜻하게 됨에 따라, '방언'과 '사투리'가 동일한 대상을 가리키는 말이 되었다.

| 깁고 더하기 | '사투리'의 어원

사투리는 19세기 이후의 문헌에 'ᄉᆞ토리, 사토리/사투리' 또는 '辭吐俚, 辭土俚, 辭套俚' 등으로 표기되어 나타난다. 이 단어는 어두음절에서 'ᆞ'가 실현되는 제주방언의 'ᄉᆞ투리/ᄉᆞ토리'를 마저 고려할 때 'ᄉᆞ辭+토리'에서 기원한 형태로 여겨진다.

이때의 '토리(=민요나 무악 따위에서 지방에 따라 독특하게 구별되는 노래 투)'는 민요계에서 '경토리(경기도 민요), 서도토리(평안도 민요), 동부토리(경상도·강원도·함경도 민요), 남도토리(전라도 민요)'처럼 '지역명+토리'의 구성이나 '난봉가토리(=서도토리), 메나리토리(=동부토리), 육자배기토리(=남도토리)'처럼 '악곡명+토리'의 구성으로 쓰이는 말이다(≪한국민족문화대백과사전≫). 만일 '자

22 통상적으로 1894년에서 1910년까지를 가리킨다.

투리(=자로 재어 팔거나 재단하다가 남은 천의 조각)'도 이들과 기원을 같이하는 단어라면 결국 '토리'(또는 '도리')는 짐작건대 '조각' 또는 '토막'을 뜻하는 말이었다고 할 수 있다.

하지만 일제강점기에 등장한 '표준어'로 인해 이들 사이에는 새로이 개념 정립을 해야 할 필요가 생겼다. 그리하여 일부의 사람들은 방언을 '한 언어의 분화체'의 전체 체계, 그리고 사투리를 일정 지역에서만 쓰는 '비표준적인 말'로 달리 정의하여 양자를 구분하기도 하였다. 이렇게 볼 때 '방언'은 한국어 공통어에 대비되는 개념(더 정확히는 한국어의 하위 개념)을 가리키는 말, '사투리'는 표준어와 대비되는 개념을 가리키는 말이었다.

근대 이전의 '방언'

'방언方言'이란 말이 우리나라의 문헌에 등장하기 시작한 것은 대체로 12세기부터라고 할 수 있다(인용하는 모든 예를 현대어로 바꾸어 제시한다).

(1) ㄱ. 고려 … '방언'으로 '천天'을 '하늘'이라 한다.(高麗 … 方言天曰漢㮈)

ㄴ. '방언'으로 구경을 읽었다.(以方言讀九經)[23]

(1ㄱ)은 송나라의 손목孫穆이 지은 ≪계림유사≫(1103~4)에 나오는 예인데 중국 사람이 고려의 말을 '방언'이라 부르고 있다. (1ㄴ)은 김부식

23 이는 ≪삼국사기≫ 권46의 〈설총〉조에 실려 있다. 이때의 '방언'을 '이두吏讀'로 해석하는 연구자도 있다.

(1075~1151)의 ≪삼국사기≫(1145)에 나오는 진술이므로 한국 사람이 신라의 말을 '방언'이라 부른 예가 된다. 따라서 이때의 '방언'이란 중국의 변방어로서, 직접적으로는 한국어를 가리킨다고 할 수 있다.

(2) ㄱ. 김대문[24]이 말하기를 '차차웅次次雄'은 '방언'인데 무당을 이른다. … '마립麻立'이란 것은 '방언'인데 말뚝을 이른다.(金大問云 次次雄方言謂巫也 … 麻立者方言謂橛也)[25]

ㄴ. 원효는 역시 '방언'이다. 당시 사람들은 모두 그를 향언鄕言으로 불렀다. '시단始旦'이란 뜻이다.(元曉亦是方言也 當時人皆以鄕言稱之 始旦也)[26]

(2)는 일연一然(1206~1289)의 ≪삼국유사≫(1281)에 나타나는 예인데 이에서 보듯, 왕을 지칭하는 말(2ㄱ) 또는 그에 버금가는 사람의 이름(2ㄴ) 등 이른바 국가적인 인물에 대한 명칭에서 방언이란 말을 사용하였다. 이때의 방언은 모두 신라어를 가리키는데 여기서도 역시 '방언'은 중국의 변방어를 의미했다고 하겠다.

'방언'의 이러한 용법은 조선시대에 들어서도 면면히 유지된다. 다음 진술들이 이를 확인해 준다.

(3) ㄱ. 시詩는 모름지기 마음으로 이해하는 것인데 어찌 주해해야 할 필요가 있겠는가. 주해할 일도 없는데 하물며 '방언'으로 번역하리오.(詩須心會 何事箋解 解猶無所事 況譯之以方言乎)

ㄴ. '아사阿斯'는 방언으로 '아홉'이며 '달達'은 방언으로 '달(月)'이다.

24 신라 중기의 학자 · 문장가.

25 이는 ≪삼국유사≫ 권1의 〈제2대 남해왕〉 조에 실려 있다.

26 이는 ≪삼국유사≫ 권4의 〈얽매이지 않은 원효(元曉不羈)〉 조에 실려 있다.

그러므로 '아사달阿斯達'[27]은 '9월'의 '방언'이다.(阿斯者方言九也 達者方言月也 阿斯達九月之方言也)[28]

ㄷ. 세종은, 여러 나라가 각기 문자를 만들어 그 나라의 '방언'을 기록했는데 오직 우리나라에만 문자가 없다고 생각했다.(世宗以爲諸國各製文字以記其國之方言獨我國無之)[29]

(3ㄱ)은 장유(1587~1638)의 〈중각두시언해서〉에 '방언'이 나타나는 예이고, (3ㄴ)은 이긍익(1736~1806)의 ≪연려실기술≫, 그리고 (3ㄷ)은 이유원(1814~1888)의 ≪임하필기≫에 나타나는 예이다. (3ㄱ)은 17세기, (3ㄴ)은 18세기, (3ㄷ)은 19세기 문헌의 출현 예이므로 이로써 조선 말기에 이르기까지, 중국의 변방어를 뜻하는 용어로서 '방언'이 활발히 사용되고 있었음을 알게 된다.

| 깁고 더하기 | 중각두시언해서重刻杜詩諺解序

장유張維의 ≪계곡집谿谷集≫ 권6에 실려 있다. 여기에서 그는 새로 시를 배우는 어린아이들을 위해 '방언方言'으로의 번역이 필요하다고 하였다. ≪두시언해≫(1481)의 중간본 ≪중각두시언해≫는 1632년에 간행되었다.

하지만 방언이 언제나 이러한 용법으로만 사용되었던 것은 아니다.

(4) ㄱ. 조정에서 사역원[30]을 설치하여 한어, 만주어, 몽골어, 일본어 '방언'을 익히게 하였다.(朝廷設置司譯院肄習漢淸蒙倭之方言)

---

27 단군이 도읍으로 삼았다는 '고조선'의 지명. ≪삼국유사≫에 기록되어 있다.

28 ≪연려실기술≫ 별집 권19의 〈단군조선〉조에 실려 있다.

29 ≪임하필기≫ 권18의 〈훈민정음〉조에 실려 있다.

30 조선 시대에 외국어의 통역·번역·교육을 담당하던 관청.

ㄴ. 한어, 만주어, 몽골어, 일본어 '방언' 중에 지금 사용되는 것들을 널리 채집하고 부류별로 나누어 우리나라 언문으로 그것을 풀고 또 중주中州 향어鄕語를 덧붙여 그 이름을 '방언유석方言類釋'이라 하였다.(博采漢淸蒙倭之方言今時所用者 分門彙類以我國諺文釋之且附以中州鄕語名曰方言類釋)

(4)는 서명응(1716~1787)의 〈방언유석서〉에 나오는 진술인데 여기에서는 '한어漢語'마저도 '방언' 속에 포괄되어 있다. 이를 감안하면 ≪방언유석≫(1778)의 '방언方言'은 단지 '중국의 변방어'가 아니라 '어느 한 나라에서 쓰는 말' 정도를 의미하게 된다. 특히 (4ㄴ)의 '향어'는 문맥상으로 중국 한어 안에서의 지리적 분화체를 뜻하는바 지리적 위계를 기준으로 '방언'과 '향어'를 구별하고 있다는 점에서 매우 흥미롭다.

| 깁고 더하기 | 방언유석方言類釋

홍명복洪命福 등이 정조 2년(1778)에 편찬한 4권 2책의 필사본. 한자 표제어(漢語) 밑에 한글로 해당하는 뜻을 적고 그에 대당하는 한어(漢), 만주어(淸), 몽골어(蒙), 일본어(倭) 단어를 순서대로 한글 표기해 제시한 일종의 외국어 사전이자 외국어 학습서다. 그 서문을 서명응徐命膺이 썼다. 이 책에서 이전과는 다른 용법의 '방언(=어느 한 나라에서 쓰는 말)' 개념을 보이게 된 것은 양웅이 지은 ≪방언方言≫의 영향 때문으로 여겨진다.

(5) ㄱ. 키는 '쳥이'라 ᄒᆞ고 옥슈슈는 '강남슈슈'라 ᄒᆞ고 지팡이는 '쟉지'라 ᄒᆞ고 지룡이는 '거싱이'라 ᄒᆞ고 쇼로개는 '솔방이'라 ᄒᆞ고 다리우리는 '다립이'라 ᄒᆞ니 이런 '방언'이 처엄 들을 적은 귀의 서더니 오래 들으니 닉어가더라.

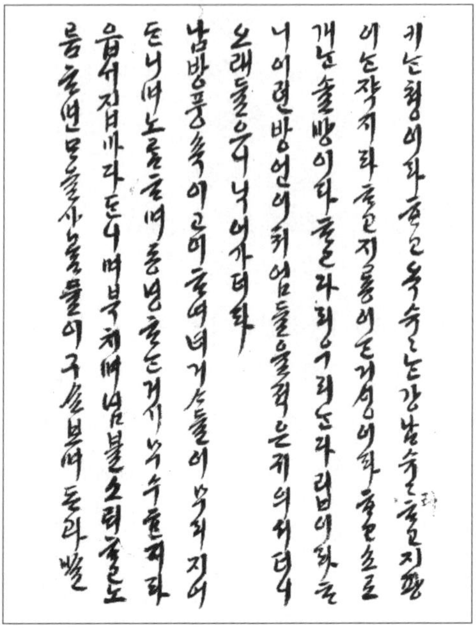

사진 1. ≪남해문견록≫ 제46면(국립중앙도서관 소장)

ㄴ. 나도 방언을 익혀서 드디어 백성을 대할 때 '방언方言'을 사용하게 되었다. … '거치居穉'가 온전하지 않으면 '나락羅洛'이 새게 된다. '청이請伊'로 까분 뒤에 '사창귀沙暢歸'로 단단히 묶어서 '정지간丁支間'에 들여놓아라.(余頗習方言遂以方言臨民 … 居穉不完則羅洛必漏 以請伊簸颺然後堅縛沙暢歸納于丁支間)

(5ㄱ)은 유의양(1718~1788)[31]이 한글로 쓴 ≪남해문견록南海聞見錄≫

31 유의양은 영조英祖 말년에 시파(=사도세자 지지파)와 벽파(=사도세자 반대파) 사이에 벌어진 당쟁의 혼란 속에서 파직과 서용敍用이 반복되었다. 그로 인해 1771년에는 경남 남해도(6개월)로, 1773년에는 함북 종성(4개월)으로 유배를 갔다. 그는 유배지에서 각각, 해당 지역의 산천 · 풍속 · 제도 · 문물 · 언어 등을 기록한 한글 필사본 ≪남해문견록≫(1책)과 ≪북관노정록≫(4권 4책)을 써서 남겼다.

(1771)의 제46면(**사진 1** 참조), (5ㄴ)은 이덕무(1741~1793)의 ≪청장관전서靑莊館全書≫(1795)에 실려 있는 〈한죽당섭필〉[32]의 '신라방언'에 나오는 진술이다. 이 두 진술에 나타난 "방언" 또는 "方言"은 '지방에서 쓰는 말'을 뜻하는바 매우 독특하게도 이들은 개화기 이전 시기에 '방언'을 '지역어' 정도의 의미로 사용한 아주 드문 예에 해당한다.

| 잡동사니 | 〈한죽당섭필〉의 '신라방언新羅方言'

지방의 관리가 되어 방언을 알면 그 지방의 사정事情을 쉽게 알 수 있다. 내가 처음 사근역沙斤驛(지금의 경남 함양)에 부임했을 때, 아전이나 종의 말을 듣고 무슨 말인지 도무지 알 수 없었다. 이는 대개 그들이 '신라방언'을 사용했기 때문이었다. 그들 또한 내 말을 잘 알아듣지 못해서 착오를 일으키는 일이 많았다. 얼마 지나 나도 방언을 익혀서 드디어 백성을 대할 때 방언을 사용하게 되었다.

한번은 환곡還穀을 거두어 창고에 들일 때 시험 삼아 하인들에게 방언으로 말하였다. "거치居穉가 온전하지 않으면 나락羅洛이 새게 된다. 청이請伊로 까분 뒤에 사창귀沙暢歸로 단단히 묶어서 정지간丁支間에 들여놓아라."

때마침 서울에서 온 손님이 옆에 앉아 있다가 입을 가리고 웃으면서 무슨 말이냐고 묻기에 다음과 같이 일일이 풀이해 주었다. "거치는 '섬(苫=곡식 따위를 담는 가마니)'이고 나락은 '벼'이며 청이는 '키(箕)'입니다. 그리고 사창귀는 '새끼', 정지간은 '곳간'을 가리키지요."

요약건대, 이 시기까지의 '방언'은 주로 '중국의 변방어'를 뜻하는 용법으로 사용되었다. 매우 드물지만 '방언'이 '어느 한 나라에서 쓰는 말' 또는 '어느 지방에서 쓰는 말' 정도를 뜻하는 경우도 있었다. 어떻든지 이 시대에는, '방언'이 현대적 개념의 방언 즉 한 언어의 분화체를 가리키는 말로는 그리 잘 쓰이지 않았던 셈이다.

---

32 이덕무가 경상도 함양군 사근역의 찰방察訪(=역참을 관장하던 종6품의 관직)으로 부임(1781)한 이후에 지은, 영남 지방의 명승 · 고적 · 인물 · 풍속 등에 관한 견문록. '한죽당寒竹堂'은 사근역 관아의 동헌 이름이다.

하지만 용어상으로는 비록 그러했더라도, 우리의 역사 속에서 현대적 의미의 '방언'이 아예 인식된 적이 없었던 것은 아니었다. 이러한 차원에서 ≪훈민정음≫ 해례본(1446) 〈합자해〉의 다음 기록은 매우 중요하다(**사진 2** 참조).

(6) 'ㅣ'가 앞에 와서 'ㆍ'나 'ㅡ'와 결합된 소리는 국어國語에서 쓰이지 않으나 아이들말이나 변두리시골말에는 간혹 있다.(· ㅡ起ㅣ聲於國語無用 兒童之言邊野之語或有之)

萬物舒泰。上聲和而擧。夏也。萬物
漸盛。去聲擧而壯。秋也。萬物成熟。
入聲促而塞。冬也。萬物閉藏。初聲
之ㆆ與ㅇ相似。於諺可以通用也。
半舌有輕重二音。然韻書字母唯
一。且國語雖不分輕重。皆得成音。
若欲備用。則依脣輕例。ㅇ連書ㄹ
下。爲半舌輕音。舌乍附上腭。ㆍㅡ

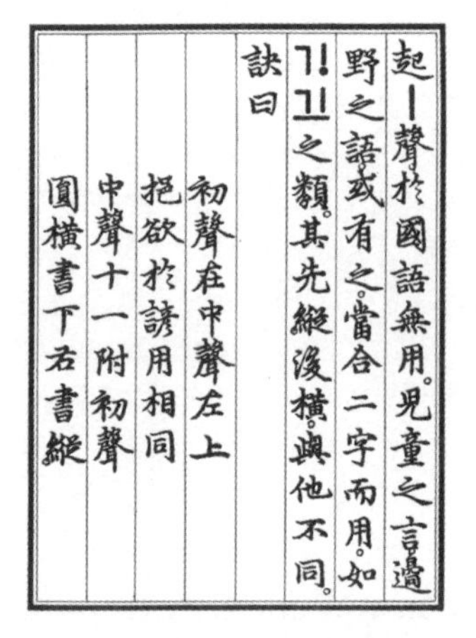

起ㅣ聲。於國語無用。兒童之言。邊
野之語。或有之。當合二字而用。如
ᄀᆝᄁᆜ之類。其先縱後橫。與他不同。
訣曰
初聲在中聲左上
挹欲於諺用相同
中聲十一附初聲
圓橫書下右書縱

사진 2. ≪훈민정음≫ 해례본(간송미술관 소장)

위에서 보듯 'ᆝ[yʌ]'와 'ᆜ[yɨ]'의 존재[33]를 기술하면서 '국어國語'와 '아이들말兒童之言, 변두리시골말邊野之語'을 구별하고 있는 것이다. 이때의 '국어'는 오늘날의 중앙어[34]에 대응하며 '아이들말'과 '변두리시골말'의 구분

33 현대 국어 음운론에서는 이를 각각 'ᆝ'와 'ᆜ'로 표기한다.

34 이 시기의 방언은 대체로 중국의 변방어를 뜻하였지만 더 정확히는 중국의 변방 사회 또는 국가에서 사용되는 '중앙어'를 의미하였다.

은 오늘날 사회방언과 지역방언의 구분과 평행하다. 이로써 한 언어에서 분화된 변종들이 존재한다는 사실을 이미 인식, 기록하였던 것만은 분명해진다.

한편 조선 후기의 실학자 위백규魏伯珪(1727~1798)[35]는 그의 문집 ≪존재집≫에서 '경음京音'과 '향음鄕音'을 구분하고 있다. 이 또한, 한 언어의 분화체로서 '방언'의 존재를 언급한 것임은 의심할 여지가 없다.

(7) 지금 '경음'을 기준으로 '향음'을 비웃고 시골 사람이 서울에서 유학遊學할 때는 반드시 '경음'을 본받고자 하니 모두 다, 잘못된 관습을 따르는 일이다.(今以京音而譏笑鄕音 鄕人遊京者必欲效京音 皆固陋者也)[36]

이때의 '경음'은 중앙어로서의 서울말, '향음'은 지역방언으로서의 사투리를 의미한다. 아울러 이는 당시에 서울말이, 본받아야 할 대상어 즉 중앙어로서 자신의 지위를 확고히 하고 있었음을 시사해 주는 진술이 되기도 한다.

(8) 그런 말은 경상도 사람의 사투리지 서울 사람이 하는 말은 아니니 말을 배울지라도 서울 사람에게 배우게 하오.

(8)은 ≪인어대방隣語大方≫(1790)[37]에 실려 있는 문장이다(**사진 3** 참조). 이에서는 외국인이 한국어를 습득할 때 서울말을 배워야 함을 강조

---

35 과거科擧를 단념하고 고향인 전남 장흥에서 '영농 운동'을 벌인 실학자.

36 이는 ≪존재집存齋集≫의 권13 〈격물설格物說〉에 실려 있다.

37 정조 14년(1790)에 편찬된 한국어 또는 일본어 학습서. 이 책에는 일본어와 한국어가 병기되어 있다.

하고 있는데 이 진술에서 서울말이 가진 중앙어로서의 지위가 분명히 드러난다. 역시, 서울말에 대비되는 '방언'의 존재가 당시 사람들의 인식 속에 확실히 자리하고 있었다는 사실을 보여 준다고도 할 만하다.

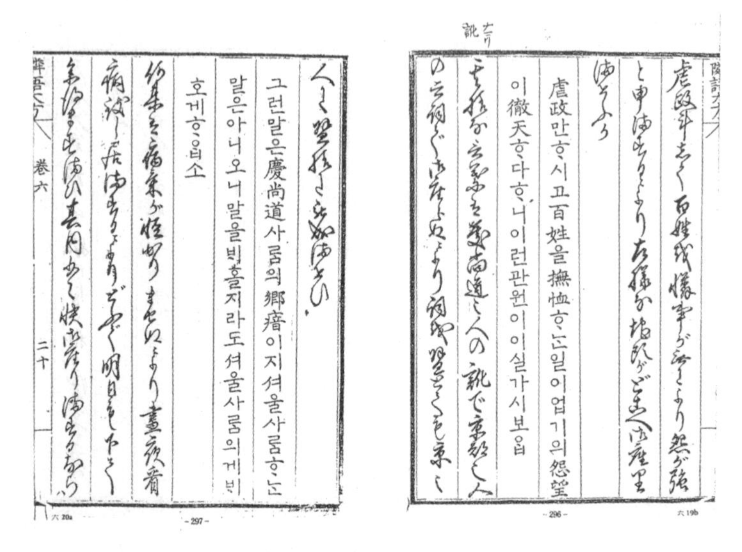

虐政만ᄒᆞ시고百姓을撫恤ᄒᆞᄂᆞᆫ일이업기의怨望
이徹天ᄒᆞ다ᄒᆞ니이런관원이이실가시보ᄋᆞᆸ

-296-

그런말은慶尙道사ᄅᆞᆷ의鄉癖이지셔울사ᄅᆞᆷᄒᆞᄂᆞᆫ
말은아니오니말을빌흘지라도셔울사ᄅᆞᆷ의게비
호게ᄒᆞᄋᆞᆸ소

-297-

사진 3. ≪인어대방≫(서울대 규장각 소장)

개화기의 '방언'

개화의 시기, 근대화 과정에서 언문일치가 사회적 과제로 떠올랐다. 이 과제는 대체로 두 가지 방향에서 추진되었는데 하나는 문어文語로서 한문을 폐지하는 것이었으며 다른 하나는 그러한 한문을 대신할 글쓰기 언어를 새로 정립하고 그것으로의 통일을 추구하는 것이었다. 이러한 언문일치는 결국 중국적인 것에서의 탈피를 의미하였는데, 이 과정에서 '방언'의 개념이 바뀌게 된 것은 매우 자연스러운 일이었다. '중국'이 세계의 중심에서 물러남에 따라 더 이상 '방언'이 중국의 변방어를 가리킬 수 없게 되었기 때문이다.

(9) ㄱ. 나라마다 '방언'과 의관만 다를 뿐 아니라 사람의 종류가 또한 같지 아니하여(「독립신문」 1899.5.12.)

ㄴ. 만국이 다 '방언方言'과 문자가 각유各有하니(≪초등소학≫ 6:3b)

ㄷ. 대한국 '방언'으로 번역하여 말하면(「대한매일신보」 1908.3.10.)

(9ㄱ)은 「독립신문」(1899), (9ㄴ)은 ≪초등소학≫(1906),[38] (9ㄷ)은 「대한매일신보」(1908)에 나오는 예인데 보이는 대로 이들에서는 '방언'이 '언어' 또는 '국어(=나라말)'를 뜻하고 있다. 이를 고려할 때, 개화기의 '방언'은 기본적으로 '어느 한 나라의 언어' 정도의 의미로 사용되었다고 하겠다.

| 깁고 더하기 | 「독립신문」과 「대한매일신보」

- 독립신문 : 미국에서 귀국한 서재필(1864~1951)이 1896년 4월 7일에 창간한 순 한글 신문. 1899년 12월 4일에 폐간되었다.
- 대한매일신보 : 1904년 7월 18일, 서울 전동(지금의 종로구 수송동)에서 영국인 베델(Bethell 1872~1909)을 발행인 겸 편집인으로, 양기탁梁起鐸(1871~1938)을 총무로 하여 창간된 일간 신문. 현 「서울신문」의 전신이다.

하지만 일부 문헌에서, 그 용법이 이와 다른 경우가 발견된다.

(10) ㄱ. 방언方言 Idiome, accent, langage spécial d'un lieu(≪한불ᄌᆞ뎐≫)

ㄴ. accent provincial ouplutôt accent corrompu des provinces ᄉᆞ토리, 방어, 방언(*Dictionnaire Français-Coréen*)

(10ㄱ)은 리델(1830~1884) 주교의 ≪한불ᄌᆞ뎐≫(1880)에 나타나는 '방언' 항목이다. 이에서 보는 대로 '방언'은 '한 지역에서 쓰이는 특별한 관용

38 국민교육회國民敎育會에서 국한문혼용체로 간행한 8권 4책의 소학교용 국어교과서.

적 표현, 억양, 말(Idiome, accent, langage spécial d'un lieu)'을 뜻하므로 현대적 의미의 '방언(dialect)' 즉 '지방어'에 상당히 근접해 있음을 알 수 있다.

(10ㄴ)은 페롱(1827~1903) 신부의 불한사전(*Dictionnaire Français-Coréen*)에 나오는 '방언' 항목이다. '방언'이 'ᄉᆞ토리' 등과 더불어 '지방의 말, 더 정확히 말하면 지방의 타락한 말(accent provincial ouplutôt accent corrompu des provinces)'로 풀이되어 있어 흥미롭다. 이러한 풀이가 당시의 쓰임을 그대로 반영한 것이라면 이 책은 '방언'이란 말의 비하적 용법을 직접 보고한 최초의 기록이 된다.

| 깁고 더하기 | 한불사전과 불한사전

- 한불ᄌᆞ뎐(Dictionnaire Coréen-Français) : 파리 외방 전교회(La Société des Missions Étrangère de Paris)의 리델(Ridell) 주교가 간행한 최초의 한불사전. 초고는 1868년경에 만들어진 것으로 추측된다.

  이 책에 나타나는 '방언'의 '지방어'적 용법은 중국어의 영향에서 비롯했을 듯하다. 당시 대부분의 천주교 신부들은 중국어를 배우고 입국했었는데 당시 중국어에서는 '방언'이 '여러 지방에서 사용되는 말'을 뜻하였다.
- Dictionnaire Français-Coréen : 프랑스의 페롱(Féron) 신부가 1868년과 1869년 사이에 집필했을 것으로 추정되는 최초의 불한사전(필사본). 한국교회사연구소에서 2004년에 ≪한국교회사연구자료≫ 제23집으로 영인하였다.

(11) 국내 각처 '방언方言'에 대하여 'ᄋᆞ'자와 같이 그 쓰임이 적당한 것이 없다. (예) 서울말=허고, 사투리=하고. 각지 '방언'에 따라 달리 말하나 쓸 때에는 반드시 'ᄒᆞ고'로 쓰니 'ᄋᆞ'를 쓰는 법이 매우 적당하다고 생각한다.

(11)은 이능화李能和가 쓴 ≪국문연구≫(1909)의 일부분이다.[39] ≪국문

39 이는 ≪국문연구≫의 〈중성 중에 'ᆖ'자 창제, 'ᄋᆞ'자 폐지의 옳고 그름〉에 실려 있다.

연구≫는 국문연구소(1907~1909)[40]의 연구 결과 보고서인데 여기에서 그는, '방언'에 '허고'와 '하고'가 모두 쓰이므로 이를 'ᄒᆞ고'로 통일시켜 적기 위해 'ᆞ'가 필요하다고 주장하고 있다. 이능화가 평생 '법어法語(=불어)' 교육에 진력했음을 고려할 때 그의 '방언'도 ≪한불ᄌᆞ뎐≫에서 연유했으리라는 점은 어렵지 않게 예측된다.

| 깁고 더하기 | 이능화(1869~1943)

충북 괴산 출신의 한국 역사학자 및 민속학자. 1897년에 관립법어학교官立法語學校를 졸업한 뒤 관립한성법어학교 교장(1906~1908) 및 관립한성외국어학교 학감(1909~1910) 등을 역임하였다.

한편, 이와 같은 '방언'의 현대적 용법을 일본 근대 문화[41]의 수용 과정과 관련지어 설명하는 일도 필요하다.

(12) ㄱ. 경상북도 안동군읍安東郡邑 근처 이삼십 리里 동안에 '-껑'이란 '방언方言'이 있으니 서울말로 하면 '-심니가'의 뜻이라. … 그리하여 경상도의 공통적인 '방언'을 몇몇 보고하오리다. 숫가락=술, 소=쇠, 함지박=방퉁이, 아버지=아배, 어머니=어매(경북 봉화奉化의 강희목姜熙木 보고)[42]

ㄴ. 우리 시골서는 서울말의 '눈바라'(風雪)라 하는 것을 '눈분배'라 하는데 이는 호남 지역의 공통적인 '방언方言'일 듯하오. 그리하여 '호남방언湖南方言'을 몇몇 보고하오. 조곰=쬐깨, 저즘게=

'ᆞ'자 폐지 불가의 견해를 밝히면서 그 근거를 제시한 부분이다.

40 대한제국의 학부 안에 설치되었던 국문 연구 기관.

41 당시 일본에서는 '방언方言'이 '지방어'의 의미로 사용되고 있었다. 일본에서 '方言'이란 말이 문헌에 등장하는 것은 헤이안 시대(794~1185) 초기부터라고 한다.

42 이는 ≪소년≫ 2-1(1909.1.1)의 〈소년통신〉에 실려 있다.

아래, 하얏소=하얏지라오, 슴니가=겟는거라오, 뫼(山)=매, 허리띄=괴알이(혹 '괴알띄'), 다님=꼿댐이(전북 익산益山의 △△△ 보고)[43]

(12)는 ≪소년少年≫(1909)에 '방언方言'이 출현하는 예이다. 이 책에서 '방언'이 '지방어'를 뜻하고 '호남방언'이란 말이 자연스레 쓰였던 것도 역시, 한 언어의 분화체를 가리키는 '방언' 개념이 일본에서 유입된 데에 기인했다고 할 수 있다. 이 잡지는 일본 문화에 친숙한 최남선(1890~1957)이 편집·발행한 것이므로 '방언'의 '지방어'적 용법을 일본어의 직접적인 차용으로 이해하는 것을 가능하게 해 준다.

이제까지의 논의를 요약건대, 개화기의 '방언'은 처음에는 '어느 한 나라의 언어'를 뜻하였는데 나중에는 이전 시기의 '지방어'적 용법이 계승된 바도 없지 않으나 ≪한불ᄌᆞ뎐≫ 등의 영향과 일본어의 직접적인 차용으로 '방언'이 '한 언어의 분화체' 즉 '지방어'를 나타내는 말로 뜻이 바뀌어 쓰이게 되었다. 그렇다면 '방언'이 '어느 한 나라의 언어'를 뜻하였을 때, 당시 사람들은 '한 언어의 분화체' 특히 지역방언을 직접 언급할 때에는 어떤 표현을 사용하였을까?

(13) ㄱ. 미국에서는 법적으로 영어를 국어로 규정하였으나 결코 국민 전체가 영어를 사용하는 것이 아니다. 실제로는 유럽 각국의 언어, 심지어 지방의 '방어方語'까지도 사용된다.[44]

ㄴ. 국내의 '방음方音'에서 'ㄷ'이 'ㅣ, ㅑ, ㅕ, ㅛ, ㅠ'의 초성으로 쓰이면 'ㅈ'으로 변하니 경기도·황해도의 방음이 그러하다. 국내

43 이는 ≪소년≫ 2-4(1909.4.1)의 〈소년통신〉에 실려 있다.

44 이는 「황성신문」(1902.12.25.)의 외보外報 〈각국各國 어문語文의 통행通行〉에 실려 있다.

의 방음에서 'ㅈ'이 'ㄷ'으로 변하는 것은 평안도의 방음이다. (〈말〉 12)

ㄷ. 표기는 같은데 발음은 다르다. … 각지 '사토리辭吐俚'를 따라 … (예) ox : 옥스=영국인 발음, 악스=미국인 발음 // 馬 : 몰=전라남도 발음, 말=서울 발음

(13ㄱ)은 「황성신문」(1902), (13ㄴ)은 주시경의 〈말〉(1906~7), 그리고 (13ㄷ)은 이능화의 ≪국문연구≫(1909)의 예이다. 이들 모두에서 한 언어의 지역적 분화체가 언급되었는데 이로부터 당시의 사람들 사이에 '방어方語'나 '방음方音', '사토리辭吐俚'가 약간의 의미차를 동반하면서 '방언'을 대신하는 말로 사용되었음을 알 수 있다.

| 깁고 더하기 | 「황성신문」의 '방언'

「황성신문皇城新聞」은 1898년 남궁억(1863~1939) 등이 창간한 일간신문이다. 1910년 일제의 강제합병 이후, '한성신문漢城新聞'으로 이름이 바뀌어 발행되다가 그해 9월에 폐간되었다. 이 신문에는 '방언'과 관련된 다음과 같은 기사가 실려 있다.

> 한 언어 속어에 상언常言이 많되 하층민의 말투에 제일 자주 쓰이는 '네미'라 하는 말은 전국에 고질痼疾이 된 '방언方言'이라 쉽게 없애기 매우 어렵다. (「황성신문」 1900.10.9.)

이 기사는 하층민들이 쓰는 '네미'(현재는 '니미')란 말이 고칠 수 없을 정도로 널리 퍼진 상언(=욕)이 되었다는 내용이다. 이 경우의 '방언'은 '지방어'가 아니라 '계층어'의 뜻으로 사용되었다는 점에서 특징적이다.

일제강점기의 '방언'

개화기를 거치면서 '지방어'로서의 의미를 확정한 '방언'은, 일제강점기를 지나 현대에 이르기까지 그 기본 의미의 변화를 크게 경험하지는 아니

하였다.

(14) ㄱ. 方言(방언) 或地方のみに行はるる言語

ㄴ. 방언(方言) ㊀ 사투리 ㊁ 그 地方 말

ㄷ. 방언(方言) 명 사투리

사투리 명 어떠한 지방에서만 쓰는 말

(14ㄱ)은 조선총독부의 ≪조선어사전≫(1920), (14ㄴ)은 심의린(1894~1951)의 ≪보통학교 조선어사전≫(1925), 그리고 (14ㄷ)은 문세영(1895~1952?)의 ≪조선어사전≫(1938)에 나타나는 '방언' 항목이다. (14ㄱ)의 '어떤 지방에서만 쓰이는 말(或地方のみに行はるる言語)' 등을 통해, 일제강점기에는 '방언'이 '지방어'로서의 의미를 확고히 하고 있었음을 알 수 있다.

그런데 이 시기의 '방언'이 이전 시기 즉 개화기의 '방언'과 완전히 동일한 의미를 가지는 것은 아니었다. 1910년의 일제 강점 초기, 한국 사회에 '서울말'을 중심으로 한 '표준어' 개념이 새로 도입되면서 '방언'이 표준어와의 대립 관계 속에서 파악되기 시작했기 때문이다.

(15) ㄱ. 만일 이러한 '방언方言'의 발달을 자유롭게 방임하면 한 민족의 말이 여럿으로 나뉘어 사상을 교류하는 것이 불가능해진다. 그러므로 '표준어標準語'를 세우고 '방언方言'을 축출해야 하니 이는 언어를 자유롭지 않게 만드는 데 목적이 있는 것이 아니라 한 나라의 언어를 통일하여 사상을 단합하여 국어를 보전할 수 있게 하는 데 목적이 있는 것이다.[45]

---

45 이는 자산自山 안확安廓이 쓴 ≪조선문학사朝鮮文學史≫(1922)의 부록 〈조선어원론朝鮮語原論〉(제186면)에 실려 있다.

ㄴ. 그 하나 만들어진 말은 다른 여러 가지의 시골말(방언方言)에 대하여 바른 대중(표준標準)이 되나니, 이것이 곧 그 나라의 대중말(표준어標準語)이란 것이 된다. … 대중말은 반듯이 사람의 이상적 다듬질(조탁彫琢)을 말미암아서 생기는 것이다. 이렇게 하여 성립한 대중말은 다른 여러 가지의 시골말에 대하여 우월한 권위를 가지고 그 여러 가지의 시골말을 다스려가는 말이 되는 것이다.[46]

(15ㄱ)에서 안확(1886~1946)은 방언을 서울말 또는 표준어와 구별해야 하며 심지어 '축출'해야 할 것을 주장하고 있다. 그리고 (15ㄴ)에서 최현배(1894~1970)는 더 '진화'한 표준어가 방언에 비해 '우월'한 지위를 갖고 방언을 지배해 나감을 논하였다. 물론 그러한 진화한 표준어는 서울말을 기준으로 하되 "이상적 다듬질"을 거쳐서만 성립할 수 있는 것이었다. 이에서 보면 '방언'은 대부분 지방어이면서 표준이 아닌 것 나아가, 없어져야 할 것을 의미하게 된다.

| 깁고 더하기 | 서울말 중의 사투리

김창제金昶濟(1879~1947)는 일찍이, ≪청춘靑春≫에 기고한 〈연설법요령演說法要領〉(1917)에서 모든 서울말이 다 표준어가 되는 것은 아니라는 사실을 언급하였다.

> 다시 한마디 덧붙이면 어전語典의 상식이란 게 있으니 힘써 야비野卑한 방언方言(사투리)을 쓰지 말지어다. 모름지기 어떤 나라를 막론하고 표준어는 곧 그 나라 수도의 말로 정하나 서울말(경성어京城語)이라고 반드시 다 완전한 것은 아니니다. 그러니 가령 '짜장, -설랑은, -니깐두루' 등의 말은 제아

46 이는 최현배崔鉉培가 ≪한글≫ 2-3(1934)에 게재한 〈중등 조선말본 길잡이-대중말(표준어)〉에 실려 있다.

무리 서울말이라도 공개적으로 연설할 때에는 사용하기에 적당치 않다고 할 것이다.(109~110면)

즉 아무리 서울말이라도 '짜장, -설랑은, -니깐두루' 등은 '야비野卑한 방언'이니 공개적으로는 사용하지 말 것을 당부하고 있다. 연설할 때 주의해야 할 사항 중에 언어 사용의 문제를 지적하면서 모든 서울말이 다 표준어가 될 수는 없다는 사실을 더불어 이야기한 셈이다.

이때의 '짜장'은 '과연 정말로'를 나타내는 부사이며 '-설랑은'은 '가설랑은(=가서)', '-니깐두루'는 '오니깐두루(=오니까)'의 연결어미 '-(으)니깐두루'를 나타내는 듯하다. 흥미롭게도 '짜장'이나 '-설랑은'은 현재 표준어로 인정받고 있다.

그런데 '방언'을 없어져야 할 대상으로 파악할 때 심각한 문제가 발생한다. 표현이 아예 불가하다거나 어감의 미묘한 차이를 살리지 못한다거나 하여, 사고나 표현의 다양성 및 적합성을 제한하는 사태에 흔히 부딪히게 되기 때문이다. 당시의 문학자들은 이를 매우 절박하게 받아들였던 모양이다.

(16) ㄱ. 〈창조〉 동인들은 … 겁 많은 춘원이 감히 생각해 내지 못한 지방 사투리 - 특히 평안도 사투리를 지문에 잡아넣으며 일변으로는 전인前人이 '점잖지 못하다'고 일고도 하지 않던 토어土語들을 모두 지면상에 부활시키어서 조선어를 풍부케 하기에 전력을 다하였다.[47]

ㄴ. 나는 방언을 많이 쓴다. 방언인 줄 알고 쓰는 것도 있고 방언인 줄 모르고 쓰는 것도 있고 표준어로는 몰라서 할 수 없이 방언을 그대로 쓰는 것도 있고 아무튼 많이 쓰기는 쓴다.[48]

(16)에서 보듯 김동인(1900~1951)을 필두로 채만식(1902~1950) 등의

47 이는 김동인金東仁이 ≪삼천리≫에 쓴 〈춘원연구春園硏究〉(1935)에 실려 있다.
48 이는 채만식蔡萬植이 ≪민성民聲≫ 5-4(1949)에 쓴 〈한글 교정, 오식, 사투리〉에 실려 있다.

소설가들이 방언과 표준어의 문학적 공존에 대해 활발한 논의를 전개한 것이다. 이를 통해 볼 때 당시의 몇몇 문학자들은 방언의 효용성 문제를 고민하는 가운데, 방언을 표준어와 어느 정도 대등한 개념으로 인식하고 있었던 것으로 판단된다.

이는 문학인만의 고민은 아니었던바 '방언'의 개념 자체가 다시 논란이 된다. 방언을 '비표준어'로 이해하는 한, 애초부터 방언은 표준어와 대등해질 수가 없기 때문이었다. 그리하여 최현배는 이론적으로, '방언'과 '사투리'를 다음과 같이 구분하게 된다.

> (17) 서울말이라고 해서 의례이 곧 다른 시골말보다 낫다는 이치는 없는 것이다. … 방언(시골말)이란 것은 그 지방(시골)의 어떠한 남다른 말씨만을 가리킴은 아니요, 그 시골(지방地方)의 말씨 전체를 가리켜 이름이다. 그러하고 대중말에 맞지 아니하는 다른 말씨를 사토리라 함(방언이라 하지 않고)이 옳을 것이다.[49]

위 (17)에서 보듯, 최현배는 방언을 '한 언어의 분화체' 전체, 그리고 사투리를 '일정 지역에서만 쓰는 비표준적인 말'로 달리 정의하면서 표준어와의 대립 구조에서 "방언(시골말)"을 제외하고 "사토리"를 위치시켰다. 그 결과, 없어져야 할 대상을 '방언'이 아니라 공적 영역에서의 '사투리'로 제한하는 일이 비로소 이론적으로 가능해졌다. 하지만 그것은 "방언(시골말)"에서 "사토리"를 제거하면 거의 '표준적인 말'밖에 남지 않는다는 사실을 외면한 판단이었다.

---

49 이는 앞서 언급한바, 최현배의 〈중등 조선말본 길잡이-대중말(표준어)〉에 실려 있다.

현대의 '방언'

20세기 초기에 이루어진 '방언' 개념의 정립을 바탕으로 1936년, 조선어학회의 주도 아래 표준어 사정이 이루어졌다. 하지만 이들 표준어 사정의 주체들에게 있어서, 당시의 대중들이 '방언'과 '사투리'의 개념 구분을 이해하고 받아들였는가 하는 점은 표준어의 실제적 사정 작업과는 완전히 별개의 문제였다. 결국 일반 대중들에게 '방언'은, 현대에 이르기까지 여전히 '표준어가 아닌 말'(다시 말해 '그 지방에서만 사용하는 말'), 그러기에 '없어져야 할 말'로 인식되는 결과가 초래되었다. 그러한 인식이 '방언'의 지위를 약화시키는 한 요인이 되었음은 물론이다. 이러한 상황은 비교적 최근에 이르기까지 별반 달라지지 않았다.

1.2 방언학이란 무엇인가

'방언'은 지리적 · 사회적 · 시간적으로 분화된, 한 언어의 변종을 가리킨다. 따라서 이를 연구 대상으로 하는 방언학은 궁극적으로, 지리적 · 사회적 · 시간적 경계와 관련된 방언분화의 양상과 구조를 해명하는 것을 목적으로 한다. 이러한 방언학의 작업 절차를 좀더 구체적으로 밝혀 제시하면 다음과 같다. 물론 이 중에 한두 단계만 수행해도 방언학의 영역에 드는 업적이라 할 수 있다.

㉠ 방언을 구분 지을 수 있게 해 주는 방언 특징들을 찾아낸다.

㉡ 그러한 특징에 따라 하나의 언어를 몇 개의 방언(또는 방언권)이나 말투로 구분하는 방언구획을 시도한다.

㉢ 체계를 고려하면서 방언과 방언을 비교한다.

㉣ 방언 비교를 바탕으로 통시적 방언분화의 과정과 원리를 밝힌다.

㉤ 분화된 방언들 사이에서 관찰되는 언어 간섭 현상을 구명한다.

| 깁고 더하기 | 언어유형론과 방언학

언어유형론(Linguistic Typology)은 언어 계통과 관계없이, 언어 구조에 근거하여 언어 특징들을 유형별로 분류·연구함으로써 인간 언어의 보편적 원리를 탐구하고자 하는 언어학의 한 분야를 가리킨다. 언어유형론에서는 흔히, 언어에 따른 개념 공간의 분할 양상 즉 특정 언어에서 개념들이 구분되거나 합쳐지는 양상을 언어 대조적으로 드러낸 의미지도(semantic map)를 바탕으로 개념들의 밀착성 정도를 경험적으로 알아내고자 한다. 구체적인 예를 들어 이를 설명하면 다음과 같다.

세계 언어를 대상으로 하여 유형 분류를 할 수 있는 언어 특징으로 '털(hair)'을 선정한다. '털'의 의미지도를 통해 '머리-얼굴-인간의 몸-동물의 몸'을 각각 구별하거나 아예 구별하지 않는 언어, 그리고 '(머리)카락-(얼굴)수염-(인간/동물의 몸)털'로 나누는 한국어처럼 몇 개 하위 영역으로 구별하는 언어 등 유형에 따라 분류한다. 그 결과, 네 영역을 모두 구별하는 언어(스와힐리어가 이에 속한다고 함.)를 제외할 때 '인간 몸'의 털과 '동물 몸'의 털을 구별하는 언어가 없다는 점에 근거하여 해당 의미지도에서 이 두 개념이 가장 밀접한 관계를 이루고 있으리라는 구조적 차이를 밝혀 서술한다.

이로써 보면, '언어유형론'은 '방언학'과 연구 방법상으로 대단히 유사하다. 그러하기에 두 분야의 연구 성과가 공유될 여지가 상당히 많은 것도 사실이다. 방언학에 관심을 가진 이라면, 언어유형론의 방법과 결론이 어떠한 면에서 방언 연구에 기여할 수 있을지 폭넓고 주의 깊게 살펴볼 일이다.

1.2.1 방언학의 영역

방언학을 크게 구분하면 방언들의 현 상태를 연구하는 영역과 방언들의 변화 양상을 연구하는 영역으로 나뉜다.[50] 각각의 하위 영역과 연구 내용을 간략히 서술하면 다음과 같다.

① 방언의 분포에 대한 연구

- 방언구획론 : 방언들 사이의 경계를 찾고 그것을 바탕으로 구역을 나눔.
- 개별방언론 : 음운 · 문법 · 어휘론적으로, 또 공시적 · 통시적으로 하나의 방언[51] 또는 한 지역어의 전체 체계나 부분 체계를 기술함.
- 방언대비론 : 방언의 대비를 통해 방언들 사이에 발견되는 공통점과 차이점을 서술함.

② 방언의 변화에 대한 연구

50 최명옥(2005)의 '공시방언론'과 '통시방언론'이 대체로 이에 대응한다.

51 지역방언과 사회방언이 모두 포함된다.

■ 방언분화론 : 방언들의 역사를 재구하고 그 분화의 과정을 설명함.[52]

■ 방언접촉론 : 방언들 사이에 나타나는 언어 간섭 현상의 양상과 원리를 밝힘.

방언의 분포에 대한 연구에서든, 방언의 변화에 대한 연구에서든 하나의 단어 또는 형태소가 논의의 중심에 설 수 있다. 그리하여 하나의 단어를 중심으로 방언구획을 하기도 하고 한 단어에 대한 방언형들의 대비를 통해 방언분화론이나 방언접촉론을 전개하는 일도 가능하다. 따라서 이 경우의 '방언'은, 앞서 1.1절에서 언급했던 '방언'의 정의(특히 '독립된 언어체계'를 가져야 한다는 것)에 꼭 들어맞는 것은 아니다. 이때의 '방언'은 오히려 '방언형'과 동일한 의미로[53] 사용되었다 할 만하다.

하지만 한 단어를 중심으로 한 연구가 '언어체계' 자체에 대한 것은 아닐지라도, 체계에 바탕을 두고 있다면 그것은 방언학의 훌륭한 업적이 된다. 이로써 '방언구획론'이나 '방언분화론' 또는 '방언접촉론'에서 그 연구의 대상을 '체계'로 한정하는 엄격성을 완화할 수 있게 된 셈이다. 이는 그러한 엄격성이 초래할 수 있는 방언학 영역의 위축을 미연에 방지하고자 함이다.

방언구획론

차를 타고 고속도로나 국도를 달리다가 어떤 도道 경계를 넘어서면서 갑자기, 라디오에서 흘러나오는 방송의 주파수가 흐트러지거나 프로그램이 바뀌는 것을 경험할 때가 있다. 거기에다 바뀐 프로그램에 출연한

52 이는 기존의 '지리방언학, 언어(방언)지리학, 단어지리학' 등을 포괄한다.
53 "제주도 방언 세 개만 가르쳐 주세요." 할 때의 '방언'이 이러한 용법으로 쓰인 것이다.

진행자의 말씨마저 달라져 있다면 비로소 남의 구역에 들어왔음을 실감하게 된다(인간의 경우에는 대개, 자신의 방언 구역을 침범했다고 해를 입히지는 않으니 안심해도 좋다). 이처럼 우리는 말을 통해 자신의 영역을 확인하고 자신과 남을 구분해 주는 경계를 식별한다.

방언구획론은 '말'을 통해 경계를 찾고 그러한 경계에 의지해 구역을 나누는 작업이다. 즉 말이 달라지는 경계가 어디인지 그리고 그러한 말이 사용되는 범위가 어디까지인지를 확인하는 방언학의 하위 영역이 바로 방언구획론이라는 말이다. 그러므로 방언구획론에서 무엇보다 중시되는 것은, 말이 같고 다름을 판단하는 데 대해 얼마나 객관성을 확보할 수 있는지 여부다. 이를 위해서는 방언차의 체계성과 방언 자료의 균질성을 갖추는 것이 가장 중요하다.

하나의 방언은 다른 방언과 구별되는 그 나름대로의 특징을 갖게 마련이다. 그런데 이러한 방언 특징 중에, 어떤 것은 다른 방언과의 구별에서 중요한 역할을 하는 데 반해 어떤 것은 그다지 중요한 역할을 하지 않는다. 이를테면 방언 특징마다 방언구획에 기여하는 정도에서 차이를 보이는 셈이다. 대체로 음운 · 문법 · 어휘 등의 체계와 관련된 특성은 그렇지 않은 것보다 방언구획에 기여하는 정도가 크다. 해당 방언차가 한 형태의 발음 특성에 한정되는 것이라면 그 기여 정도가 매우 미미해지기도 한다.

예를 들어, 닭들이 먹는 '모이'와 '모시'의 방언차는 '개구리'와 '깨구리'의 방언차보다 방언구획에서 더 중요하게 받아들여진다. 그것은 전자가 자음체계상의 음소로서 'ㅿ'의 존재 여부와 관련된 차이인 반면, 후자는 단순히 한 형태의 발음 특성과 관련된 차이에 불과하기 때문이다.

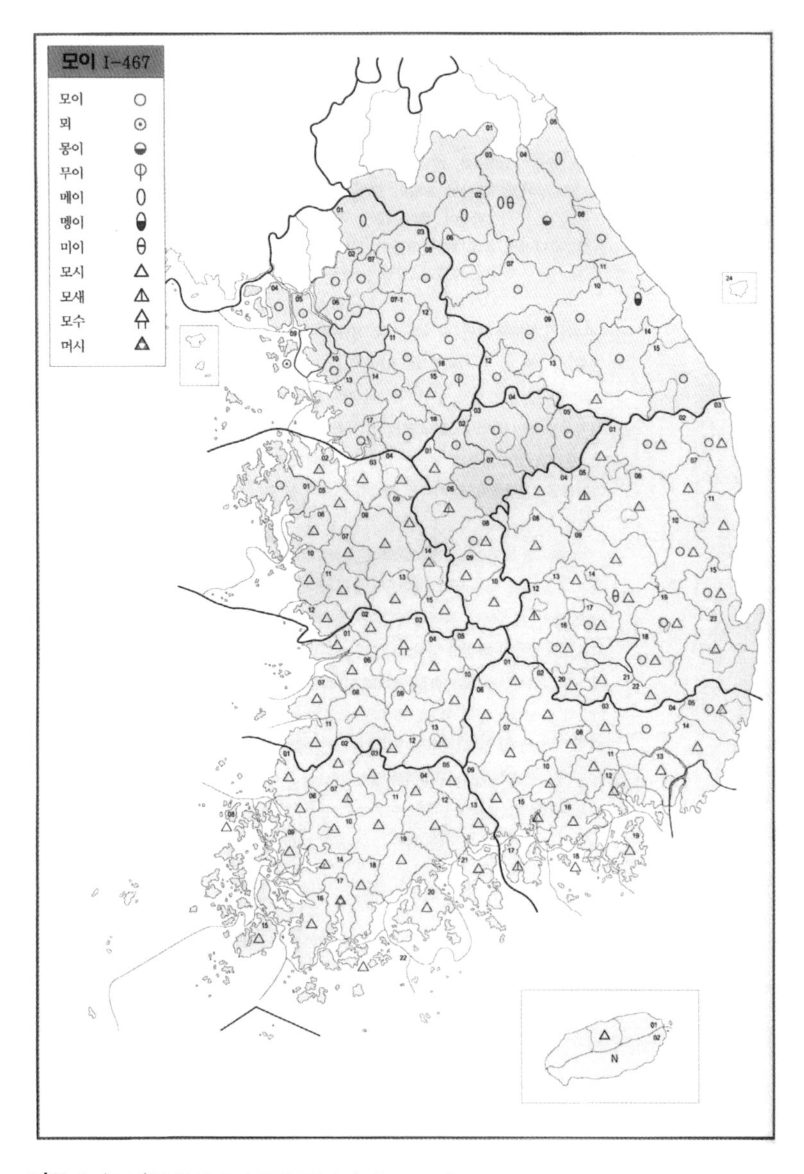

지도 1. '모이'의 방언지도(≪한국언어지도≫ 246면)

| 잡동사니 | 모이

≪표준국어대사전≫(1999)의 '모이'는 '닭이나 날짐승의 먹이'로 정의되어 있다('날짐승'은 '날아다니는 짐승을 통틀어 이르는 말', '짐승'은 '사람이 아닌 동물을 이르는 말'로 뜻풀이된다). 이 정의에 따르면 '닭'은 날짐승이 아니다('동물'이 아닐 수도 있겠다). 또 '독수리, 꾀꼬리, 익룡翼龍'은 모이를 먹지 않을 터이므로 날짐승이 되지 못한다. '모이'를 어찌 정의하여야 대상을 가장 정확히 표현할 수 있을지 생각해 보자.

실제의 방언분포에서도 [모이]는 '모이'를 쓰는 지역(경기도 · 강원도)과 '모시'를 쓰는 지역(충청도 · 전라도 · 경상도 · 제주도)이 뚜렷이 남북으로 갈리는 모습을 보여 준다(**지도 1** 참조). 이에 반해 [개구리]는 두 형태가 전국적으로 산발하는 모습을 보여 준다(굳이 지도를 제시하진 않는다). 이전 시기에 'ㅿ'을 가졌던 단어라면 대개, '모이'형과 유사한 분포를 나타내므로 이러한 방언차는 체계성을 보인다고 할 만하다.

이와 같은 방언차는 화자의 출신 지역뿐 아니라 화자의 나이나 학력, 계층 및 성별 등이 달라도 발생할 수 있다. 또 '반촌어'와 '민촌어'에서 보듯, 화자가 속한 지역의 사회적 차이가 그러한 상위를 유발하기도 한다. 그러기에 방언구획에서 이용되는 방언 자료는 이들 여러 요소에서 전반적으로 균질적인 성격을 지녀야 한다. 광역의 방언구획을 1차 목표로 한 전통적인 방언 조사에서 '60대 이상의 무학無學인 농촌 출신의 토박이 남자'로 제보자를 엄격히 한정했던 것도 이러한 균질성을 확보하기 위한 차원에서 이루어진 현명한 선택이었다.

한편 사회언어학에서 언어 변종의 구분을 위해 이용되는 방언 자료는 이들 여러 요소 중 하나에서만 상이할 뿐, 전반적으로 균질적인 성격을 지녀야 한다. 이는 해당 변수 이외의 다른 요소의 간섭을 배제하고자 함이다.

가령, 학력에 따라 한 지역사회의 언어가 어떻게 구분되어 있는지를 살피려면 동일한 지역에서 나이 · 계층 · 성별을 같이하는 주민들을 대상으로 조사를 수행해야 한다. 일정한 연령층 · 계층 · 성별의 제보자로 조사 대상을 제한하지 않으면 '학력'에 따른 언어 변종의 적절한 구분이 가능하지 않을 수밖에 없다. 아울러 해당 지역의 언어 현실을 효과적으로 반영하기 위해 균등할당 조사[54]도 염두에 둘 일이다.

| 깁고 더하기 | 제보자提報者(informant)

방언 자료를 제공해 주는 사람. 요즈음, 외국의 조사 연구에서는 'informant' 대신에 'consultant'라는 용어를 쓰는 경향이 점차 늘어가고 있다고 한다.

한편 전통적인 지역방언론에서 통상적으로 언급되어 온 제보자 선정 조건은 Norm이다. 다소 차별적 요소가 없는 바는 아니지만, 이를 우리말로 풀어 설명하면 '시골에 사는(Rural) 나이 든(Old) 토박이(Nonmobile) 남자(Man)'를 이른다.

일단 방언구획이 이루어지면 대상 지역은 크고 작은 여러 개의 방언 또는 방언권方言圈(=언어 특징을 공유하는 개별 방언들의 묶음)으로 나뉜다. 방언구획은 언어상의 공통점과 차이점에 기반하여 한 언어를 하위 방언으로 구분하는 작업이므로 당연히, 방언권을 달리하는 방언은 차이가 크며 방언권을 같이하는 방언은 상대적으로 유사하다. 또 방언권의 크기가 작으면 작을수록 그에 속한 방언들은 유사해지며 그 크기가 클수록 해당 방언들의 상대적인 방언차는 더욱 커진다.

★ 방언구획론의 절차

㉠ 조사항목을 선정한다. 이때의 조사항목은 방언의 체계적 차이를 드러낼 수 있고 대상 지역을 적절한 크기로 나눌 수 있게 해 주는

---

54 '학력'을 예로 들면, 해당 지역의 학력별 인구수를 토대로 제보자의 수를 그것에 맞추어 할당하여 수행하는 조사.

것이어야 한다.

㉡ 조사지점 및 제보자를 선정하여 방언 조사를 한다. 그 대상이 되는 조사지점이나 제보자는, 공간적으로나 사회적으로 어느 정도 균질적이어야 한다.

㉢ 조사 · 수집된 자료를 바탕으로 방언지도方言地圖(=일정 지역 내에서 나타나는 언어적 차이를 한눈에 알아볼 수 있도록 지도 형식을 빌려 표시한 것)를 작성한다(사회방언 연구에서는 표나 그래프를 작성한다). 이미 수집된 자료를 바탕으로 방언지도를 그리는 경우에는 방언구획의 기여도가 상대적으로 큰 방언형들을 선별하는 일이 필요하다.

㉣ 방언지도에 나타난 등어선等語線(=어떤 언어 특징에 대하여 차이를 보이는 두 지역을 가르는 분계선) 또는 등어선속等語線束(=등어선 여러 개가 거의 같은 지점을 통과함으로써 만들어지는 등어선의 다발)의 굵기를 측정하여 방언 경계를 찾고 이를 바탕으로 방언구획을 한다(사회방언 연구에서는 표나 그래프에 나타난 진폭의 크기를 바탕으로 말투를 구분한다). 인접하고 있는 방언 사이에 차이점이 많으면 많을수록 그 사이를 지나는 등어선속의 굵기는 굵어진다.

※ 이 영역에 속하는 연구는 '○○도의 언어지리/언어지도'나 '○○도의 방언분화' 등의 제목을 가진 업적이 대부분이다. 하지만 '분화'의 의미를 감안할 때, 단순한 방언구획론 업적에 대해 '○○도의 방언분화'란 제목을 사용하는 것은 적절한 처사가 아니다.

개별방언론

하나의 방언은 독립된 언어체계를 갖는다. 방언이라면 완전한 모습의 음운 · 문법 · 어휘체계를 간직하고 있다는 말이다. 물론 이들 각 체계는 여러 개의 하위 체계로 구성된다. 자음 · 모음 등의 음소나 운소, 시제나 서법, 호칭어나 친족명칭 등이 각각 하위 체계를 이루면서 하나의 방언 속에 자리해 있는 것이다. 그러므로 이러한 체계의 전모를 드러내는 일은 결국, 해당 방언의 특징을 구명하는 작업이 된다. 예를 들어 보자.

제주방언의 어휘체계에서 친족명칭 체계는 다른 방언과 비교하여 그리 특이하거나 복잡한 편이 아니다. 하지만 그 하위 체계인 '백숙伯叔' 관련 체계에서 제주방언은 매우 독특한 모습을 보여 준다.

(1) 제주방언의 백숙伯叔 관련 체계

ㄱ. 2형제 : 큰아방-족은아방

ㄴ. 3형제 : 큰아방-셋아방-족은아방

ㄷ. 4형제 : 큰아방-셋아방-말젯아방-족은아방

ㄹ. 5형제 : 큰아방-셋아방-큰말젯아방-족은말젯아방-족은아방

ㅁ. 6형제 : 큰아방-셋아방-큰말젯아방-셋말젯아방-족은말젯아방-족은아방[55]

제주방언에서 '아방'은 '아버지'이고 '셋-'은 '둘째', '말젯-'은 '셋째'를 뜻하는 접두사이므로 '셋아방'은 '둘째아버지', '말젯아방'은 '셋째아버지'가 된다. 다른 방언과 달리, 아버지의 서열이 명칭의 변경을 가져오지도 않으며 결혼 여부에 따른 명칭의 변경도 없다. 그러므로 실제 사용할 때는 위의 체계에서, 자기 아버지의 서열에 해당하는 명칭을 그저 제외해 버리면 그뿐이다. 이처럼 개별방언론에서는 체계의 일부분을 드러내는 것만

---

55 7형제일 경우에 백숙伯叔 관련어가 어찌 나타나는지 주위의 제주 출신 화자들에게 물어보자.

으로도 해당 지역방언의 특징 한 가지가 자연스럽게 부각된다.

| 깁고 더하기 | '셋아방'과 '말젯아방'

제주방언의 백숙伯叔 관련어들의 발음은 다음과 같다: 큰아방[크나방]-셋아방[셷따방]-말젯아방[말젣따방]-족은아방[조그나방]. 이때의 '셋-'은 '셋아덜[셷따덜], 셋똘' 등에 보이는 접두사로, '세(<ᄉᆞ이, 間)+ㅅ(속격)'에서 기원한 말이다. 그리고 '말젯-'은 '말末제+ㅅ(속격)'에서 기원한 말이다. '셋-'과 평행하게, '말젯아덜[말젣따덜], 말젯똘' 등도 나타난다.

한편 '셋아방→셷다방[셷따방], 말젯아방→말젣다방[말젣따방]'은 선행 폐음절 어간의 말음 즉 'ㄷ'(←ㅅ)이 후행어의 초성 자리에 첨가(즉 '아방→다방')되는 복사 현상을 겪은 것이다. 이러한 복사 현상은 제주방언 화자를 규정짓는 가장 현저한 특징 중의 하나다(정승철 2001).

이와 대비해, 다음의 백숙伯叔 관련 체계는 제주방언과 가장 대척적이다.

(2) 전남 일부 지역방언[56]의 백숙伯叔 관련 체계(4형제 기준)

ㄱ. 아버지가 첫째 : 아부지-큰 작은아부지/큰 삼춘-가운데 작은아부지/가운데 삼춘-작은 작은아버지/작은 삼춘

ㄴ. 아버지가 둘째 : 큰아부지-아부지-큰 작은아부지/큰 삼춘-작은 작은아부지/작은 삼춘

ㄷ. 아버지가 셋째 : 큰 큰아부지-작은 큰아부지-아부지-작은아부지/삼춘

ㄹ. 아버지가 넷째 : 큰 큰아부지-가운데 큰아부지-작은 큰아부지-아부지[57]

---

56 ≪한국방언자료집≫ Ⅵ(전라남도편)에 따르면 대체로 '완도' 지역이 이러하다.

57 해당 방언에서 아버지가 5형제의 막내일 경우에 백숙伯叔 관련어가 어찌 나타날지 생각해 보자.

이 지역방언에서는 아버지의 서열이 명칭의 변경을 가져오며 결혼 여부에 따른 명칭의 변경(작은아부지/삼춘)도 발견된다. 이를 통해 볼 때 제주방언의 '백숙伯叔' 관련어는 절대적 고정형 체계, 전남방언의 경우는 상대적 변동형 체계를 이루고 있다 할 만하다.

이와 같이 개별방언론에서는 한 방언의 전체 또는 부분 체계를 정밀하게 기술하는 데 중점을 둔다. 그것은 사회방언일 경우에도 마찬가지다. 어떤 지역의 어촌 방언에 나타나는 '백숙伯叔' 관련 체계를 살폈다면 체계 (1) 또는 (2)와 동일한지의 여부와 관계없이 관찰한 체계 전체를 그대로 기술해 주면 된다. 특히 어휘체계의 기술을 위해 개별방언론에서는 각 방언을 구성하는 어휘장들이 고려된다.

'친족명칭'과 같이 한 무리의 단어들이 어휘장(lexical field=일정한 의미를 공유하는 단어들의 체계)을 이루는 것으로 '신체/색채/일칭日稱/물때 관련어' 등을 들 수 있다. 동사나 형용사로는 '요리/감각 관련어' 등이 그러한 관계를 보이는 계열어들이다. 해당 지역의 산업 등을 감안할 때, 개별방언론의 중심 주제로 좀더 풍부한 단어를 포괄한 어휘장을 선택·상정하는 일이 가능하다.

| 깁고 더하기 | 진도 지역어의 '물때'

'물때'는 사전적으로, 아침저녁으로 밀물과 썰물이 들어오고 나가고 하는 때를 가리킨다. 이는 곧 바다의 상태를 이르는바 어촌 생활과 매우 밀접한 관련을 가진다. 그러기에 대부분의 어촌 방언에서는, 세밀히 구분된 물때에 대해 별개의 명칭이 부여되어 있게 마련이다. 그 예로서, 왕한석(2010)에 의지하여 전라남도 진도의 물때 관련어를 제시하면 다음과 같다.

진도 지역에서는 물때를 '사리때'와 '조금때'로 나누고 후자를 다시 '게끼질(=물의 힘이 죽어가는 단계), 조금질(=물의 힘이 없는 단계), 산짐때(=물의 힘이 살아나는 단계)'로 나눈다. 하루 단위로는 '한물, 두물, 서물'(산짐때), '너물, 다섯물, 여섯물, 일곱물, 야닯물, 아홉물'(사리때), '열물, 게끼, 대게끼'(게끼질), '아침조금, 조금, 무수'(조금질)로 나누어 부른다. 결국 15일을 주기로 각각의 물때 명칭들이 반복되는 셈이다.

아울러 그러한 체계가 해당 방언에서 겪은 변화를 추적 · 관찰하는 통시적인 작업[58]도 개별방언론에서 해야 하는 일이다. '모음조화'나 '부정否定' 등과 같은 방언의 음운 · 문법 현상에 대해 그 전모를 기술하거나 변화의 과정을 밝히는 작업이 개별방언론의 범주에 속함은 두말할 필요도 없다.

이처럼 지역방언이거나 사회방언이거나, 또 공시적으로나 통시적으로나, 그리고 음운론 · 문법론 · 어휘론 각각의 영역에서 개별 방언의 언어적 특징을 관찰 · 기술하는 방언학의 하위 영역이 바로 개별방언론이다. 그러기에 이 영역에서 가장 중요한 것은 해당 방언의 언어체계 또는 언어현상을 얼마나 정밀하게 관찰 · 기술하고 그 변화를 합리적으로 설명할 수 있는지 여부다. 이로써 보면 개별방언론은 방언학에서 가장 기초적이며 가장 먼저 이루어져야 할 영역이 된다.

★ 개별방언론의 절차

㉠ 조사의 목적 및 대상을 정한 다음, 그에 적합한 조사항목을 선정한다. 이때의 조사항목은 해당 방언의 음운 · 문법 · 어휘체계 또는 그것의 부분 체계를 드러낼 수 있게 해 주는 것이어야 한다.

㉡ 조사의 목적을 충실히 달성할 수 있는 조사지점 및 제보자를 선정하여 방언 조사를 수행한다.

㉢ 수집한 자료를 정리하고 분석하고 해석한다.

※ 이 영역에 속하는 연구는 보통 '○○ 지역어의 (통시)음운론(적

---

58 해당하는 통시적 과정을 거쳐 방언의 현 상태가 이루어졌을 터이므로 이 작업은 '방언의 분포에 대한 연구' 영역에 속한다.

연구), ○○ 지역어의 경어법/종결어미, ○○ 지역어의 계열어' 등의 제목을 갖는다. 다만 다음과 같은 두 제목 즉 '○○ 지역어의 음운론 연구'와 '○○ 지역어에 대한 음운론적 연구'가 의미상으로 동일하지 않다는 사실은 명심해 두자.

방언대비론

방언차 때문에 생긴 일로, 어느 경상도 사람이 한 음식점에서 "퍼뜩 주이소." 했더니 주인이 "팥떡 없어요." 했다는 이야기가 우스개처럼 전해진다('주이소'를 '주유소'로 듣지 않은 것만도 다행일 듯싶다). 또 명절 때 시어머니의 말을 다른 지역 출신의 며느리가 알아듣지 못해 곤란을 겪었다는 일화는 주변에서 흔히 들을 수 있는 이야기다. 이러한 방언 경험이 방언 연구로 직접 이어지면 곧 방언대비론이 된다.

| 잡동사니 | (퀴즈) 알아맞혀 봅시다

제주도에서는 '세우리', 전라도(전남 동부 제외)에서는 '솔', 전라남도 동부에서는 '소불', 충청남도에서는 '졸', 충청북도와 경상도(경남 서부 제외)에서는 '정구지', 경상남도 서부에서는 '소풀', 강원도에서는 '분추'라 부르는 것은?

간혹, 자신의 언어에 민감한 사람이 다른 지역의 말을 접하였을 경우에 두 지역어 사이의 차이를 대비해 기술하여 놓는 일이 있다. 그들은 자신의 말이 표준어와 달라 또는 이주해 살고 있는 지역의 말이 자신의 말과 달라, 한편으론 애향심에서 다른 한편으론 호기심에서 그러한 작업을 한다. '○○○ 방언사전, ○○말 사투리 모음(집)' 등의 이름으로 출간된 업적들이 이를 대표한다(출간되지 않은 것은, 우리 주위에 무수히 많으리라). 이와 같이 둘 또는 그 이상 지역의 방언형들을 대비하여 수집하는 작업이 방언대비론의 제1차 단계다.

방언대비론은 방언 비교[59]를 통해 그들 사이에 드러나는 언어 내적 관계를 살피는 방언학의 하위 영역이다. 이를 위해 먼저 두 방언의 언어 특징을 각각 기술하고(이는 개별방언론이 되겠다.) 다음 단계로 양자를 대비하면서 둘 사이의 공통점과 차이점을 기술한다.

이처럼 방언대비론은 해당 방언들의 특징을 비교 · 기술함으로써 두 방언 사이의 가깝고 먼 관계를 직접적으로 드러낸다. 궁극적으로는, 해당 방언들 사이에 그러한 공통점과 차이점이 나타나게 된 연유를 설명하고[60] 나아가 다른 구조를 가진 두 방언의 화자들이 어떠한 방식으로 의사소통을 하는지를 밝혀 서술한다. 그러기에 방언대비론에서 가장 중요한 것은 방언 간의 공통점과 차이점을 명료하게 드러내는 작업이다.

예를 들어 보자. 서부 경남의 일부 지역어에서는 청자경어법의 말 단계가 화자의 세대에 따라 달리 나타난다. 해당 지역에서 세대별로 나누어 말 단계를 조사한 결과 대체로, 청소년층은 '해체/해요체'의 '2단 체계', 장년층과 중년층은 '해라체/하소체/하이소체'의 '3단 체계', 노년층은 '해라체/하게체/하소체/하이소체'의 '4단 체계'를 가지는 것으로 드러났다고 하자.

이와 같이 기술된 세대별 양상을 대비할 때 우리는 '왜 이러한 차이가 생기게 되었을까?' 또 '각 세대 간에는 어떻게 의사소통을 할까?' 하는 의문을 자연스럽게 제기하게 된다. 이에 대해 여러 가지 근거를 제시하면서 해당 지역이 지니는 '접촉방언'적 성격으로 세대 간의 극명한 차이가 드러나게 되었다든지, 청소년층이나 노년층에서 '3단 체계'를 수의적으로 보유함으로써 다른 세대와의 의사소통이 가능해지게 된다든지 하는 설명을 제공할 수 있다면 충실한 방언대비론이 완수되었다 할 만하다.

---

59 두 대상을 견주는 방식에서 비교는 공통점 중심, 대조는 차이점 중심이라 하여 비교방언론과 대조방언론을 구분하기도 한다.

60 이는 결과적으로 국어의 보편성과 각 방언의 특수성이 무엇인지를 설명하는 일이 된다.

하지만 방언 연구의 궁극적인 목적은 단순히 방언을 대비하는 데 있다기보다 그러한 비교를 통해 방언분화의 양상과 구조를 해명하는 데 있다. 이를 감안하면 방언대비론은 본격적인 방언학을 수행하기 전前 단계의 작업 절차임에 틀림없다. 이를테면 방언학을 본격적으로 진행하기 위해서는 필수불가결하게 방언대비론이 선행되어야 한다는 말이다. 이 책에서 방언대비론을 독립된 절로 따로 떼어 내어 다루지 않는 것도 이러한 이유에서 택한 처사다.

★ 방언대비론의 절차

㉠ 조사항목, 조사지점, 제보자를 선정하여 방언 조사를 하고 각각의 방언에 대해 개별방언론을 전개한다.

㉡ 둘 이상의 개별 방언을 비교하면서 이들 사이의 공통점과 차이점을 기술한다.

㉢ 방언들 사이의 공통점과 차이점이 어떠한 연유로 발생하였는지, 나아가 그들 사이에 이루어지는 대화의 구조는 어떠한지를 밝혀 서술한다.

※ '○○ 지역어에 대한 사회언어학적 연구, ○○ 지역 호칭의 사회언어학적 연구' 등 사회적으로 조건된 말투의 변이 현상을 비교하여 살피는 사회언어학 연구는 대부분 방언대비론에 속하는 업적이라 할 만하다. 지역방언론의 경우에는 '△△ 방언과 ▽▽ 방언의 대조 연구' 정도가 가장 일반적으로 쓰이는 제목이다.

방언분화론

우리는 인접하고 있는 지역보다 저 멀리 떨어진 지역에서 자신의 말과 동일한 방언 특징을 발견하였을 때 훨씬 더 큰 흥미를 느낀다. 가령, 날아다니는 '파리'(설마 프랑스의 수도로 오인하랴만!)를 '포리'라 하는 전라남도 어느 지역 출신 화자가 중국의 연변 지역을 여행하다가 두만강 인근의 어느 조선족 마을에서 '포리'란 말을 듣게 되면 그저 신기함에 진한 감흥을 쏟아내게 된다.

일상으로 돌아와, 기존 연구자들이 수집한 자료를 바탕으로 '파리'의 방언지도(**지도 2** 참조)를 그려 보면 '포리'란 말이 제법 넓은 지역에서 사용되고 있음을 알게 된다. 이를 보고, '언어'에 관심을 갖는 이라면 당연히 다음과 같은 의문이 생긴다. 해당 지역에서는 어떻게 '파리'가 '포리'로 나타나게 되었을까? 그리고 멀리 떨어져 있는 두 지역에서 동일한 형태의 방언형 '포리'를 사용하는 까닭은 무엇일까?

이러한 궁금증을 해소할 수 있게 해 주는 영역이 바로 방언분화론이다. 방언분화론은 방언대비론에 의지하여 방언들의 역사를 재구하고 이로부터 언어 내적 · 외적 요소를 고려하면서 그 분화의 과정을 자연스럽게 기술 · 설명하는 방언학의 하위 영역이다.

둘 이상의 개별 방언의 특징을 기술하여 대비하는 과정(방언대비론이다.)에서 만일 위의 '포리' 관련 현상에 관심을 두게 되었다면 우선, 해당 지역에서 '오'로의 대응을 보이는 항목들[61]로 어떠한 것이 있는지 살피고 그것들이 어떤 조건을 가졌기에 그러한 대응을 보이게 되었는지를 서술한다(이른바 개별방언론이 되겠다). 이러한 작업을 바탕으로 관련 항목들에 대한 방언지도를 작성하여 '오'계열의 단어가 사용되는 구역(='오'방언)과 그렇지 않은 구역(='아'방언)을 구분하는 방언구획론을 전개한다.

---

61 앞의 1.1절에서 제시했던 '몰(馬), 보르-(塗), 폴(腕)' 등이 그러한 예들이다.

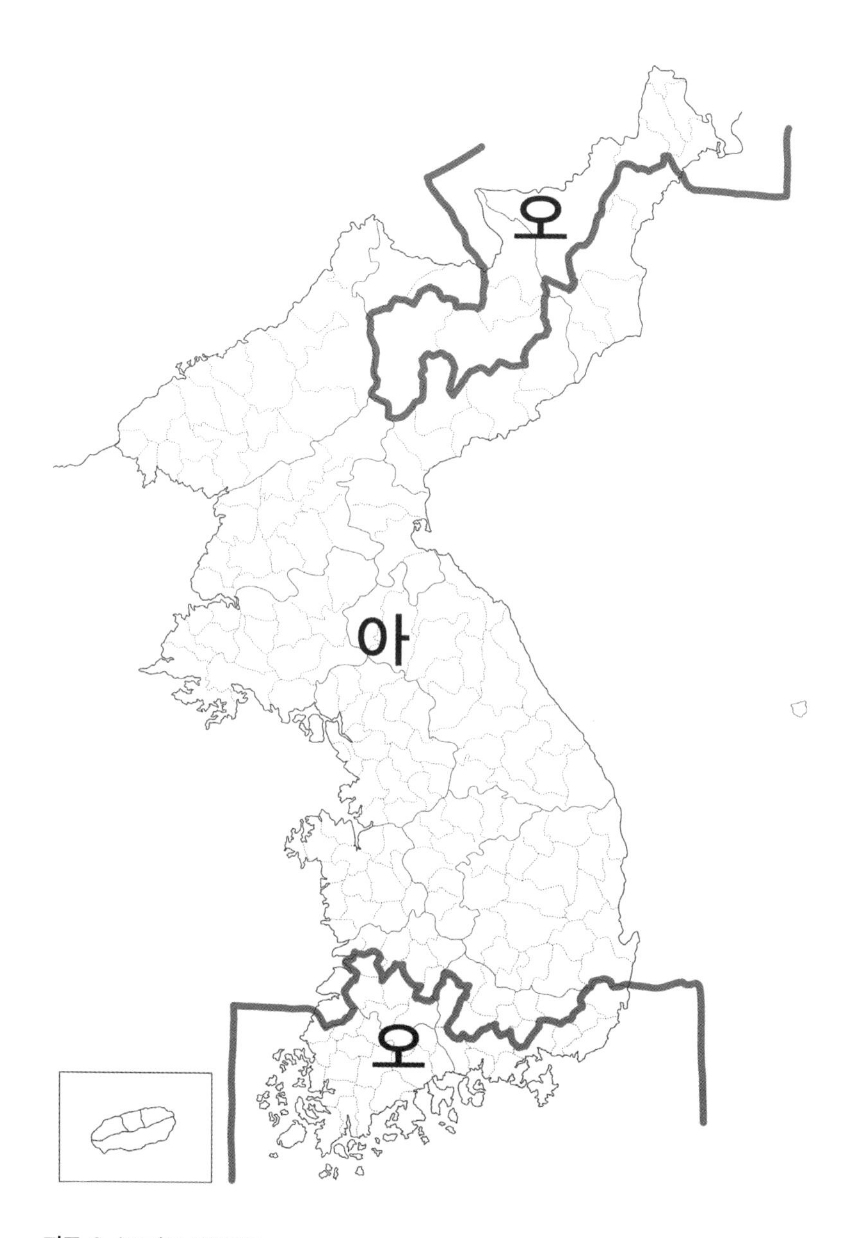

지도 2. '파리'의 방언지도

나아가 구획된 방언들이 이전 시기에는 동일한 방언이었을 것으로 가정하고 이들이 분화되기 이전의 상태를 재구한다. 이때는 모든 방언분화의 내용을 합리적으로 설명할 수 있는 방향에서 재구가 이루어져야 한다. 가령 '포리' 관련 현상을 예로 들면, '아'방언과 '오'방언이 이전 시기에는 동일한 모습을 보였으리라는 전제 아래 두 방언의 출현을 자연스럽게 설명할 수 있도록 이전 시기의 상태(이 경우에는 이른바 'ᄋᆞ'방언)를 재구해야 한다는 것이다. 마지막으로 그러한 상태(즉 'ᄋᆞ'방언)에서 어떤 변화를 겪어 '아'방언과 '오'방언으로 나뉘게 되었는지[62] 그리고 현재의 방언분포가 어떠한 언어 내적 · 외적 과정을 거쳐 형성된 것인지를[63] 밝혀 서술한다.

이러한 방언분화론에서 가장 중시되어야 하는 것은 현재의 방언분포에 대한 해명이다. 어떠한 과정을 거쳐 현재의 상태가 초래되었는지를 설명하는 일이 방언분화론의 제일 중요한 작업이라는 말이다.

특히 동일한 방언 특징을 보이는 지역이 지리적으로 떨어져 있을 경우에는 더욱 세심한 관찰이 요청된다. 그러한 구역들 사이에서, 이들이 같은 변화를 경험한 지역인지, 아닌지를 판별하는 작업이 우선되어야 하며 만일 같은 변화를 겪었다면 왜 그러한 구역들이 지리적으로 멀리 떨어져 있게 되었는지를 반드시 구명해야 하기 때문이다(아래의 순서를 꼭 따라야 하는 것은 아니다).

★ 방언분화론의 절차

㉠ 조사항목, 조사지점, 제보자를 정하여 방언 조사를 한다. 이때의 조사항목은 방언들 사이의 체계적 차이를 드러내면서, 해명 가

62 이는 결국 'ᄑᆞ리'가 '파리'나 '포리'로 나타나게 된 과정을 서술하는 것이다.

63 이는 멀리 떨어져 있는 두 지역에서 동일한 형태 즉 '포리'를 사용하게 된 까닭을 설명하는 것이다.

능한 방언분포를 확인할 수 있게 해 주는 것이어야 한다.

㉡ 수집된 자료를 바탕으로 방언지도를 작성하고 이를 통해 방언분포를 확인한다.

㉢ 구획된 방언들 사이의 공통점과 차이점을 추출하고 이를 바탕으로 이들 방언이 분화되기 이전의 상태를 재구한다.

㉣ 분화 이전의 상태에서 어떤 요인에 의해, 또 어떤 과정을 거쳐서 지금과 같은 방언들로 나뉘게 되었는가를 설명한다. 이는 결국 현재의 방언분포를 통시적으로 해석하는 과정이 된다.

㉤ 가능한 한, '지리, 교통, 교육, 통혼, 시장市場' 등 언어 외적 요소에 대한 정보를 수집하고 이를 바탕으로 방언분화에 대한 언어 외적 설명을 시도한다.

※ '○○의 방언분화'나 '○○에 대한 지리 언어학적 연구' 또는 '△△△의 어휘사' 등의 제목을 가진 업적들이 대체로 이 영역에 속한다.

방언접촉론

지리적으로 둘 이상의 방언이 인접해 있을 때 그 경계 지역에서는 방언 상호 간의 간섭이 일어나게 마련이다. 이러한 간섭으로 인해 언어상의 변화가 초래되었을 경우, 이를 방언접촉이라 부른다. 방언접촉은 사회적으로 구분되는 방언 사이에서도 일어나므로 반드시 지역방언에만 한정되는 것은 아니다.

방언접촉론은 방언들 사이의 언어 간섭 현상을 다루는 방언학의 하위 영역이다. 방언분화론이 원 방언의 분화 과정에 관심을 갖는다면 방언접촉론은 분화된 방언들 사이의 충돌 과정에서 일어나는 언어변화에 관심을 갖는다.

가령 '파리/포리'에 대해, 방언분화론에서는 '파리'형과 '포리'형이 어떠한 변화를 거쳐 현재의 방언분포를 보이게 되었는지에 초점을 두는 데 반해 방언접촉론에서는 '파리'형과 '포리'형의 경계 지역에 출현하는 변이형[64]에 더욱 큰 관심을 두는 것이다. 그러기에 방언접촉론에서 가장 중시되는 것은, 방언접촉 현상을 발견하고 방언분포를 바탕으로 해당 현상의 원인과 결과를 합리적으로 해명하는 일이다.

'우렁이(螺)'를 예로 들어 이를 더욱 구체적으로 설명해 보자. 이의 방언형은 크게 '우렁이'형과 '골뱅이'형, 그리고 '고딩이'형으로 나뉜다. '골뱅이'형이 강원도 영동 지역과 경상북도 지역, 그리고 '고딩이'형이 경상남도 지역을 중심으로 퍼져 있어 남한 지역을 삼분하는 형상을 띤다(**지도 3** 참조). 이를테면 1차적으로는 전체를 동부와 서부로 그리고 2차적으로는 동부를 남부와 북부로 나누고 있는 셈이다(방언구획론이다).

흥미로운 것은 '우렁이'형과 '골뱅이'형의 경계 지역(주로 강원도 영서 지역과 충청북도 지역)에 '울벵이'[65]가 양쪽을 분할하면서 분포하여 있다는 사실이다. 이로써 '울벵이'의 출현이 방언접촉 현상에서 비롯된 것임을 알게 된다. 접촉 지역에서 일어난 두 형태의 충돌로, '우렁이'의 앞쪽 요소와 '골뱅이'의 뒤쪽 요소가 순서대로 결합한 새 형태 '울벵이'가 출현하였음을 확인하게 되는 것이다.

---

64 전라북도 북부 지역에 나타나는 '퍼리' 등이 바로 그러한 예다.
65 '울빙이'나 '울겡이'도 나타난다.

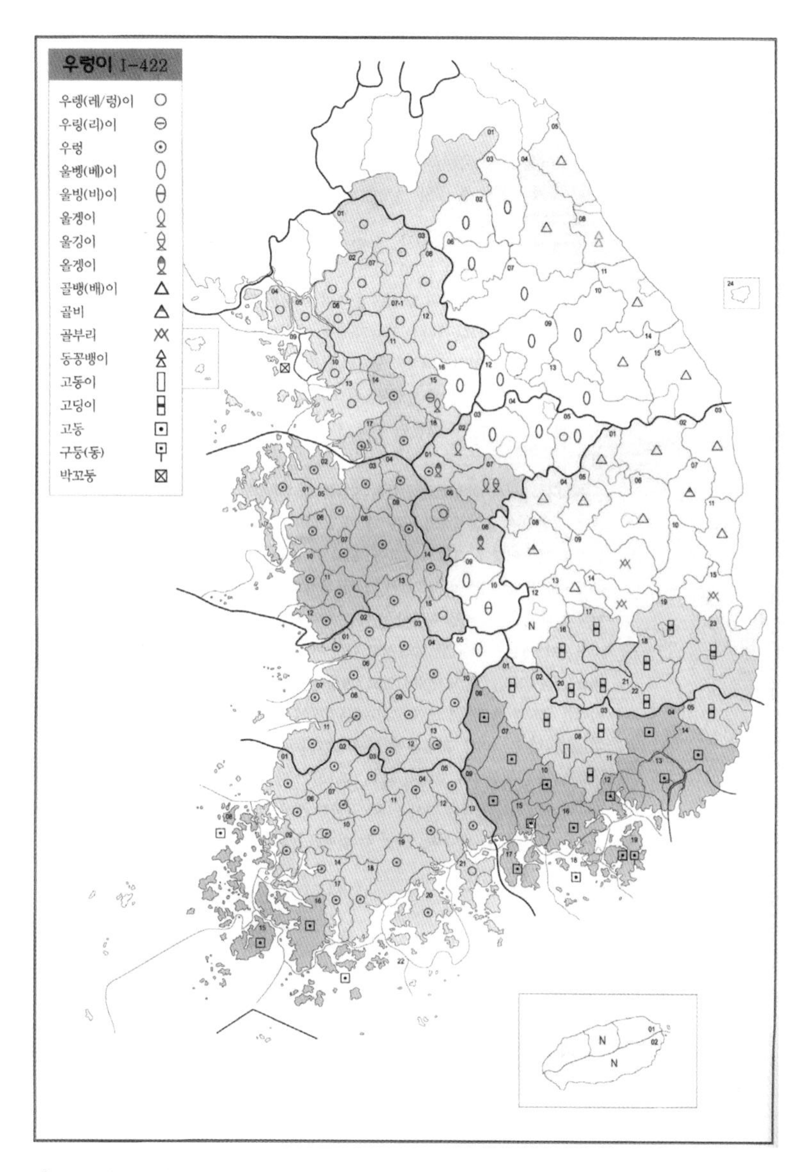

지도 3. '우렁이'의 방언지도(≪한국언어지도≫ 220면)

| 잡동사니 | '고둥'의 종류

- 다슬기 : 하천이나 연못, 바다에 사는 고둥. 몸길이 2cm 정도로 가장 작다. 예전엔 '번데기'에 필적하는 거리 음식의 재료로 유명했으나, 요즘은 해장국계의 재료로서 '올갱이'란 사투리가 표준어보다 더 유명해졌다.
- 우렁이 : 논이나 바다에 사는 고둥. 구전 설화에서 '우렁각시'가 논일·밭일을 하면 이 '우렁이'가 '각시'로 현신現身한 것일 테다.
- 골뱅이 : 바다에 사는 고둥. 몸길이 6.5cm 정도로 가장 크다. 우리가 술집에서 자주 보고 듣고 먹고 하는 '골뱅이'가 대개는 이것이다.

이러한 접촉 지역에서 일어나는 언어변화는, 충돌하는 방언의 크기와 직접적인 관련을 갖는다. 접촉하는 방언의 세력이 크면 클수록 변화의 출현 빈도나 그 폭이 커지리라는 말이다. 따라서 방언접촉론에서는 방언권의 크기를 고려하여 방언접촉의 내용을 살피는 일이 우선된다. 앞서 '울벵이'의 출현이 동부방언과 서부방언이 충돌하는 지점에서 발견된다는 사실이 이를 잘 보여 준다.

★ 방언접촉론의 절차

㉠ 조사항목을 선정한다. 이때의 조사항목은 방언들 사이의 언어 간섭 현상을 확인할 수 있게 해 주는 것이어야 한다. 이를 위해 기존의 방언 조사 자료를 샅샅이 비교하여 검토한다.

㉡ 조사지점, 제보자를 정하여 방언 조사를 한다. 특히 방언차의 폭이 크면서 방언 특징이 혼합된 지역에 주목한다. 이때 접촉하는 방언권의 크기가 크면 클수록 방언차의 폭이 커진다는 사실에 유의한다.

㉢ 수집된 자료를 바탕으로 방언지도를 작성하고 이를 통해 방언분포를 확인한다.

㉣ 해당 지역에 나타나는 방언접촉의 내용과 방향을 기술한다.

ⓜ'지리, 교통, 교육, 통혼, 시장' 등의 언어 외적 요소에 대한 정보를 수집하고 이를 바탕으로 방언접촉의 내용과 접촉 요소의 상관관계를 검토한다.

※ '○○ · □□ 방언의 접촉 양상 연구, ○○ · □□ 접경 지역의 언어 연구'라든지 '△△와 방언접촉'이라는 제목의 업적이 대체로 이 영역에 속한다.

1.2.2 방언 연구의 흐름

방언학이 독립적인 학문 영역으로 언어학의 한 자리를 차지하기 시작한 것은 19세기 후반에 들어서서의 일이다. 물론 그 이전부터 방언차에 대한 인식은 문학적 · 언어학적 업적에 지속적으로 반영되어 왔으나 방언 분화에 대한 본격적인 인식은 벤커(1852~1911)의 방언 조사 · 연구에서부터 출현했다고 할 수 있다.

| 깁고 더하기 | 파동설(Wave Theory)

언어변화는 물결(wave)처럼, 중심 지역에서 주변 지역으로 갈수록 점차 약해지면서 전달된다는 이론. 독일의 언어학자이자 베를린 대학교 교수 슈미트(Johannes Schmidt 1843~1901)가 1872년에 처음으로 제안하였다.

오늘날의 파동설은 언어변화의 방언 전파 양상을 설명한 것으로, 결과적으로 방언분화에 대한 인식을 반영한 이론이라 할 만하다. 하지만 애초에 이 이론은 역사비교언어학[66]에서 언어들 사이의 친족 관계를 해명하기 위한 가설로 제안되었으므로 이 이론의 출현을 방언학의 출발점으로 삼기는 어렵지 않을까 한다.

---

66 둘 이상의 언어를 비교하여 서로의 계통적 관계나 역사적 발달 과정 등을 연구하는 언어학의 한 분야. 인도 콜카타 고등법원의 판사이자 영국의 산스크리트어 학자였던 존스(W. Jones 1746~1794)가 이 분야의 창시자로 알려져 있다.

방언학의 출발

독일의 서부 뒤셀도르프 출신의 방언 연구자 벤커는 독일의 대단위 지역을 대상으로 방언 조사 계획을 세우고 이를 수행하였다(그 과정에서 국가의 지원을 받았다). 그의 방언 조사는 1876년부터 시작되었는데 우편을 통한 통신 조사의 형태를 띠었다. 즉 40개의 표준 문장으로 구성된 질문지를 독일 전역의 교사 약 50,000명에게 우편으로 보내 그것을 해당 지역의 방언으로 번역하여 반송하게 함으로써[67] 방언 자료를 수집했던 것이다.

이러한 방언 조사 · 연구의 과정에서 벤커 그 자신은 음운변화와 관련된 방언 경계를 발견하는 데 주된 관심을 두고 있었다. 그는 어떤 음운변화를 겪은 방언과 그것을 겪지 않은 방언이 지리적으로 뚜렷이 나누어질 것으로 생각하고 있었다. 그리하여 그는 대단위의 방언 조사를 통해, 해당 방언들 사이의 분명한 경계를 찾고자 하였다. 하지만 그의 당초 예상과는 달리, 그처럼 선명한 경계선은 발견되지 않았다.

이와 같이 벤커가 수행한 방언 조사 · 연구의 결과는 그의 협력자이자 계승자였던 브레데(1863~1934)에 의해 본격적으로 정리되었다. 1926년에 간행된 ≪독일 언어지도(Deutscher Sprachatlas)≫는 바로 그러한 작업을 대표하는 결과물 중의 하나였다.

| 깁고 더하기 | '벤커'와 '브레데'

- 벤커(Georg Wenker) : 1876년에 독일의 튀빙겐(Tübingen) 대학교에서 〈독일어 어간음절 말음의 도치 현상에 대하여〉라는 논문으로 박사학위를 받았다. 원래는 뒤셀도르프의 교사였는데 후에 마르부르크(Marburg) 대학교 도서관 사서(librarian)가 되었다(교수는 아니었다). 이 대학 사서로서 그는, 1888년에 시작된 '독일 언어지도(Deutscher Sprachatlas)' 사업에 주도적으로 참여하였다.
- 브레데(Ferdinand Wrede) : 독일 베를린 대학교에서 셰러(Wilhelm Scherer

---

67 무려 45,000명이나 이를 반송해 주었다고 한다.

1841~1886)의 지도 아래, 1884년에 〈반달 민족의 언어에 대하여: 게르만 지명과 방언 연구를 위한 기고〉라는 논문으로 박사학위를 받았다. 후에 마르부르크 대학교 교수로 근무하면서, 벤커의 '독일 언어지도' 사업에 동참하였다. 벤커가 죽은 후(1911년)부터 '방언지리학 마르부르크 연구소(the Marburg Institute of Dialect Geography)'의 소장(director)으로 '독일 언어지도' 사업을 맡아 1934년까지 조사·연구를 진행하였다.

비록 홀로 이룬 성과는 아니었다 할지라도, 초기의 방언학은 벤커의 방언 조사 · 연구에 상당 부분 의지하고 있었다. 방언 조사 방법에서 방언구획론에 이르기까지, 그의 연구 성과는 방언학의 성립과 발전에 지대한 공헌을 하였다. 무엇보다도 벤커가 언어 연구를 위해 방언 자료를 적극적으로 끌어들인 사실상 첫 번째 인물이었다는 점은, 그를 최초의 방언학자라 부를 수 있게 하는 결정적인 근거가 된다.

| 깁고 더하기 | '벤커'와 소장문법학파(Neogrammarian)[68]

기존의 방언학사에서 벤커는, 소장문법학파의 '소리변화의 규칙성' 가설[69]을 입증하기 위해 방언 조사를 수행한 인물로 알려져 있다. 또 그의 방언 조사·연구가 결과적으로는 소장문법학파를 무너뜨리는 계기를 제공한 것으로 서술되어 왔다.

하지만 일개 지역의 교사[70]가 쓴 논문이 당대 최고의 언어학 이론을 무너뜨렸다는 주장에 선뜻 납득이 가질 않는다. 더구나 벤커는 당시의 소장문법학파와는 아무런 관련이 없는 연구자였다고 한다.

이러한 상충된 상황을 설명하기 위하여 Koerner(2003)은 일말의 단서를 제공한다. 즉 벤커에 이어 '독일 언어지도' 사업을 주관했던 브레데가, 현실적·이념적 필요에 따라 그러한 "벤커의 신화(Wenker Myth)"를 창조하였다는 것이다. 이에 따르면 브레데에 의해, 소장문법학파에서 소쉬르[71] 학파로(결국, 역사비교언어학에서 구조주의 언어학으로) 언어학의 패러다임이 바뀌는 과정 속에 벤커의 방언 연구가 의도적으로 끼워 맞춰진 셈이다. 물론 이 "신화"의 확장에, 그 이후의 수많은 방언 연구자들이 일조한 것도 사실이다.

---

68 19세기 후반, 주로 독일에서 활동한 역사비교언어학자의 일파.

69 '유추'나 '차용'을 제외할 때 '소리변화의 법칙에는 예외가 없다(sound laws have no

전통 방언학 Traditional Dialectology

스위스 출신의 언어학자 질리에롱(Jules Gilliéron 1854~1926)은 1896년부터 프랑스어를 대상으로 전국적인 방언 조사를 시작하였다. 벤커의 방언 조사와 비교할 때 질리에롱의 그것은 방법론상으로 여러 면에서 괄목할 만한 진전된 모습을 보여 주었다.

우선 질리에롱은, 문장이 아니라 단어를 조사 단위로 하여 1,920개에 이르는 방대한 조사항목으로 구성된 질문지를 사용하였다. 그리고 우편에 의한 통신조사가 아니라 에드몽(Edmont)이라는 조사원에 의한 직접 조사를 조사 방법으로 선택하였다. 또 훈련된 한 사람의 조사원으로 하여금 600여 지점에 대해 직접 현지 조사를 하게 함으로써 일관된 전사轉寫 체계를 유지할 수 있도록 하였다.

| 깁고 더하기 | 에드몽(Edmond Edmont 1849~1926)

프랑스 북부의 생폴(Saint Pol-sur-Ternoise) 지역 출신의 방언 조사원. '프랑스 언어지도' 사업의 전문 조사원으로 발탁되기 전에, 지역어 연구자로서 '생폴 사투리 사전(Dictionnaire du Patois de Saint-Pol)' 등 방언 관련 업적을 내기도 하였다. 그가 1897년부터 1901년까지 프랑스 전역을 돌아다니며 조사한 결과는 훗날, 질리에롱에 의해 ≪프랑스 언어지도≫(1902~1910)로 출간되었다.

그럼에도 불구하고 질리에롱의 조사 · 연구 방법은 다음과 같이 여러 가지 문제점을 내포하고 있었다.

---

exception)'는 가설.

70 훗날에는 도서관 사서가 되었다. 물론 이 당시의 사서가 오늘날과 똑같은 지위를 가졌다고 말하긴 어렵다.

71 소쉬르(Ferdinand de Saussure 1857~1913) : 구조주의를 창시한 스위스 출신의 언어학자.

㉠ 조사 방법상의 문제

- 표준형을 제시하고 이에 대응하는 해당 지역의 방언형을 직접 묻게 하였음.
- 지리적 · 역사적 · 문화적 배경을 반영하지 않고 물리적 거리에만 의존하여 등거리等距離로 조사지점을 정하였음.
- 사회적 조건을 고려하지 않은 상태에서 무작위로 제보자를 선정하였음.

㉡ 연구 방법상의 문제

- 전체 체계와의 관련 없이 방언형의 음운변화를 원자론적으로 관찰 · 설명하고 비교하였음.
- 각 방언에 나타나는 다양한 변이형의 존재를 지나치게 강조하여 어떤 유형화나 체계화를 시도하지 않았음.

이러한 문제점에도 불구하고 질리에롱의 방언 조사 및 연구 방법은, 직접적이든 간접적이든 그 이후의 방언 연구에 큰 영향을 미쳤다. 그는 '모든 단어는 저마다의 역사를 가지고 있다(each word has its own history)'는 전제 아래 에드몽이 수집한 자료를 바탕으로 단어지리학(word geography)[72]을 전개하였다.

그리고 1902년부터 1910년에 걸쳐, 모든 조사항목에 대해 방언형을 그대로 기입해 넣은 ≪프랑스 언어지도(l'Atlas linguistique de la France; ALF)≫를 작성 · 간행하고 이를 통해 각 단어들의 분화 과정을 살폈다. 이와 같은 질리에롱의 방언 연구는, 전통 방언학이라 불리며 20세기 초 당시의 언어학계에 하나의 주류를 형성하였다. 이러한 차원에서 언급될 수 있는 대표

72 단어의 역사적 변천 과정을 언어 내적 · 외적으로 기술 · 설명하는 방언학의 하위 영역.

적인 전통 방언학 업적을 아래 제시해 보이면 다음과 같다.

- ≪음운조사보고서音韻調査報告書≫(1905)와 ≪구어법조사보고서口語法調査報告書≫(1906) : 일본의 국어조사위원회에서 간행. 음운 분포도 29장과 구어법 분포도 37장이 첨부되어 있다.
- ≪이탈리아와 남부 스위스의 언어 민속 지도(Sprach-und Sachatlas des Italiens und der Südschweiz)≫(1928~1943) : 스위스 출신의 언어학자 야베르크(K. Jaberg)와 유트(J. Jud)가 간행.
- ≪뉴잉글랜드의 언어지도(Linguistic Atlas of New England; LANE)≫(1939~1943) : 미국의 쿠라트(Hans Kurath 1891~1992)[73]의 책임 아래 간행.

| 깁고 더하기 | 20세기 중반 이후에 출간된 방언지도

- ≪일본언어지도日本言語地図(Linguistic Atlas of Japan)≫(1966~1974) : 일본 국립국어연구소에서 간행.
- ≪영국 언어지도(Linguistic Atlas of England; LAE)≫(1978) : 오튼(Harold Orton 1898~1975)의 주도로 간행. 오튼의 '영국 방언 조사(Survey of English Dialects; SED)' 계획에 따라 간행된 ≪영국 방언 조사 : 기본 자료(Survey of English Dialects : The Basic Material)≫(1962~1971)가 바탕이 되었다.
- ≪중국언어지도집中國言語地圖集(Language Atlas of China)≫(1987) : 중국 사회과학원에서 간행.
- ≪한국 언어 지도집(Language Atlas of Korea)≫(1993) : 한국 학술원에서 간행.
- ≪한어방언지도집漢語方言地圖集≫(2008) : 중국 북경어언대학의 차오지운曹志耘의 주도로 간행.
- ≪한국언어지도(Linguistic Atlas of Korea)≫(2008) : 이익섭李翊燮, 전광현田光鉉, 이광호李珖鎬, 이병근李秉根, 최명옥崔明玉이 간행.

73 오스트리아 태생의 미국 영어 연구자(American Anglicist).

구조 방언학 Structural Dialectology

20세기 중반에 들어 방언학은, 새로이 출현한 구조 언어학이나 생성 언어학 등의 일반 언어학 이론을 수용하면서 그 연구 방법에서 이론적 깊이를 더하게 되었다. 구조 방언학은 방언의 조사 · 연구에서 체계를 고려하게 하였고 생성 방언학이나 어휘 확산 이론은 기저형이나 규칙, 언어변화의 어휘적 점진성(lexical gradualness) 등을 고려하여 방언분화를 기술 · 설명할 수 있게 하였다. 이러한 구조 방언학이나 생성 방언학 등은, 그 방법론적인 한계로 인해 전통 방언학을 완전히 대체하는 데까지는 이르지 못하였으나 여러 가지 면에서 방언학의 발전에 큰 영향을 미쳤다.

| 깁고 더하기 | 생성 방언학과 어휘 확산 이론

- 생성 방언학(Generative Dialectology) : 촘스키(Noam Chomsky 1928~현재)의 생성 언어학 이론을 적용한 방언학의 한 조류. 모든 방언 현상과 방언차를 규칙(rule)으로 설명하고자 하였다.
- 어휘 확산(Lexical Diffusion) 이론 : 언어변화는 '단어(word)' 단위로 일어나며 오랜 시간에 걸쳐 어휘적으로 점진적 확산을 겪은 결과, 그 언어변화가 종료된다는 이론.

특히 20세기 중반, 바인라이히(Uriel Weinreich 1926~1967)[74]가 본격적으로 제안한 구조 방언학은 방언학의 이론적 진전에 일대 전기轉機를 마련하였다. 구조 방언학에서는 방언 요소와 체계 사이의 유기적 관계를 강조하였는데 이로써 방언의 조사 · 연구 방법을 한층 진일보할 수 있게 하였다. 이는 표면적으로 동일해 보이는 방언 요소도 체계를 고려할 때 위계상 동일한 가치를 지니는 것이 아닐 수도 있다는 생각에 바탕을 둔 것이

74 동유럽 리투아니아 빌뉴스(Vilnius) 태생의 이디시어(Yiddish) 연구자. 라보브(Labov)의 스승이다.

었다. 이해의 편의를 위해 구체적인 예를 들어 설명해 보자.

청년층을 대상으로 할 때, 한국어의 음성적 '중설모음'[75] 부류는 구조적으로 흥미로운 지역적 차이를 보여 준다. 이들은 중부방언에서는 /으/[ɨ]와 /어/[ʌ][76]가, 전라도방언에서는 /으/[ɨ]와 /어/[ə]가 대립을 보이지만 경상도방언에서는 그러한 대립이 없이 /ㅋ/[ə][77]로 실현된다. 이에 대해 '어'를 중심으로 약식 지도를 그리면 다음과 같다.

(1) 전통적 등어선

중부방언 [ʌ]=/어/	
전 라 도 방 언 [ə]	경 상 도 방 언 [ə]

전라도방언은 음성적으로 [ə]가 실현된다는 점에서 경상도방언과 가깝다. 따라서 단순한 음성적 사실만으로 등어선을 그은 것이 바로, 위 (1)의 지도다.

하지만 체계를 고려할 때 사정은 이와 달라진다. 왜냐하면 전라도방언의 [ə]가 경상도방언의 [ə]보다는 중부방언의 [ʌ]와 더 가까운 관계를 맺고 있기 때문이다.

체계상으로 전라도방언의 [ə]는 중부방언과 마찬가지로 '중설 고모음'에 대립하는 '중설 중모음'의 '어'지만, 경상도방언의 [ə]는 그러한 대립이 없는 '중설 고모음'의 /ㅋ/다. 전라도방언의 [ə]가 경상도방언의 [ə]와 구조

75 이들은 음운론적으로 볼 때 비원순의 후설모음이다.

76 중부방언의 노인층 화자는 장모음의 '어[ə]'와 단모음의 '어[ʌ]'가 상보적 분포를 이루고 있다.

77 이때의 'ㅋ'는 '으'와 '어'가 합류된 모음을 나타내는 발음 기호다. 한편 요즈음에는 경상도 지역에서도 상당수의 청년층 화자들이 '으'와 '어'를 구별한다.

적 관계를 달리하고 있는 것이다. 이에 따라 구조를 반영한 등어선을 지도상에 나타내 보면 다음과 같다.

(2) 구조적 등어선

중부방언 [ʌ]=/어/	
전라도방언 [ə]=/어/	경상도방언 [ə]=/ㅓ/

이로써 표면적으로 동일해 보이는 요소라도 체계상으로 동일한 가치를 지니지 않을 수 있다는 구조 방언학의 전제를 확인하게 된 셈이다.

이처럼 구조 방언학에서는 각 방언의 요소들을, 전체 체계와의 관련 없이 표면에 드러나 있는 모습만 가지고 원자론적으로(atomistically) 비교·설명해서는 안 된다고 하였다. 상이한 체계에 속해 있는 다양한 방언 요소들을, 체계의 비교를 전제로 하면서 이들의 유형화나 체계화를 통해 구조적으로 관찰·기술해야 함을 강조하였던 것이다.

이와 같은 구조 방언학의 출현에서 비롯하여 방언학은 그 조사·연구 방법의 진전뿐 아니라 연구 영역의 확대를 이루어냈다. 주로 언어에 대한 역사적 연구의 일환으로서 방언 연구를 진행해 왔던 데에서 방언 현상의 유형화나 그 조건의 정밀화를 통한 방언의 공시적 연구에 관심을 가지게 된 것도 구조 방언학의 영향 때문이었다. 또한 방언 요소의 구조적 대응관계·구조적 가치(즉 등어선의 등급) 등을 고려한 방언구획 또는 방언분화에 대한 연구나 지리적·사회적 요소를 반영한 방언접촉 또는 사회방언에 대한 연구 등으로 그 관심의 폭을 넓혀 나갈 수 있게 되었던 것도 사실상, 방언의 언어적 구조 또는 방언분화의 지리적·사회적 구조에 대한 이해를 강조하는 구조 방언학의 출현에서 기인한 것이라고 할 수 있다.

사회언어학

언어가 지리적 여건에 따라 분화되듯이 사회적 여건에 따라 분화되기도 한다는 인식은 꽤 일찍부터 있어 왔다. 하지만 이러한 인식들이 이론적으로 체계화되어 사회언어학(sociolinguistics)이라는 독자적인 영역을 구축하기 시작한 것은 미국에서, 1960년대에 들어와서의 일이다. 1960년대 중반, 언어의 분화가 사회적 요소와 관련되어 있다는 인식 아래 라보브(William Labov)가 미국 대도시의 언어를 계량적(또는 통계적)인 방법으로 조사·분석하면서 비로소 본격적인 사회언어학이 등장했던 것이다.

| 깁고 더하기 | 어라하於羅瑕와 건길지鞬吉支

≪주서周書≫의 〈이역전異域傳〉에는 삼국시대 때 백제에서 지배층은 '왕王'을 '어라하'라 부르고 백성들(=피지배층)은 '건길지'라고 불렀다는 기록이 있다. 이는 백제의 언어가 당시에, 언어 사용자의 사회적 조건에 따라 몇몇 변종으로 분화되어 있었고 또 당시의 사람들이 그것을 의식하고 있었다는 사실을 말해 준다.

미국의 언어학자 라보브(1927~현재)는 1966년에 뉴욕을 조사지점으로 하여 주 이용 고객이 사회계층을 각기 달리하는 세 백화점[78]의 점원들을 대상으로 사회언어학적 연구를 수행하였다. 이는 하나의 언어사회가 결코 동질적이지 않은 다양한 언어 변종들로 이루어져 있고 이러한 언어 변종들로의 분화를 초래하는 언어변이가 사회적 요소와 규칙적인 관련을 맺고 있음을 밝히기 위한 것이었다.

그는 해당 점원들의 말투에 백화점을 드나드는 고객의 말투가 반영되어 있으리라는 것을 전제하고 두 번의 유도 질문을 통해 총 264명의 점원들로 하여금 'fourth floor'[79]를 발음하게 함으로써 모음 뒤 'r'음의 실현 여부

78 구체적으로 클라인즈(Klein's), 메이시즈(Macy's), 삭스(Saks Fifth Avenue) 세 백화점이다.
79 한글로 거칠게 전사할 때, 이에 대해서는 [폴스 플로얼], [폴스 플로어], [포스 플로얼],

를 관찰하였다(녹음을 하지는 않았다고 한다). 이때 첫 번째 응답형을 일상 말투, 두 번째 응답형을 주의를 기울인 말투로 간주하였다. 이처럼 그는 동일한 제보자에게서 나타날 수 있는 대화 상황에 따른 말투의 차이를 고려하기도 하였다.

그 결과 점원의 말에서, 이용 고객의 사회계층이 높은 백화점일수록 'r'음의 실현 비율이 높아지며 어느 백화점에서든 주의를 기울인 말투에서 'r'음의 실현 비율이 높아지는 현상을 발견하였다. 이로써 모음 뒤 'r'음의 실현이 단순한 자유 변이 현상이 아니라 사회계층이나 대화 상황 등의 사회적 요소와 관련되는 현상임을 주장하게 되었다. 하나의 언어사회에 나타나는 언어변이가 사회적 요소와 밀접한 관련을 갖는다는 점을 비로소 과학적으로 언급할 수 있게 된 셈이다.

이처럼 라보브로부터 시작되었고 그에 의해 토대가 마련된 사회언어학은 미국뿐 아니라 영국을 비롯한 세계 각국에 큰 영향을 미쳤다. 그의 사회언어학은 세계 여러 나라의 언어학자들에게 계승되면서 세 가지 방향으로 전개되는 양상을 보였다.

첫째, 사회언어학의 조사 방법을 다양화하고 정밀화하고자 하였다. 라보브의 관찰은 사회계층의 면에서만 제한적으로 유효했을 뿐 다른 사회적 요소에 의한 분석에서는 유효한 결론을 이끌어 내지 못하였다.

더욱이 해당 백화점이 아닌 다른 곳에서의 관찰은 이와 상이한 결론이 도출될 수 있음을 보여 주었다. 라보브 자신을 포함한 사회언어학자들은 이러한 결과가 '관찰자의 모순(observer's paradox=관찰 받지 않는 상태의 언어를 조사하기 위해 모순되게도, 관찰하는 방법을 사용하는 것)'에서 기인한 것으로 판단하였다. 그리하여 관찰자의 모순을 줄이려는 방향에서 여러 가지 새로운 조사 · 연구 방법이 고안 · 시도되었다.

[포스 플로어] 네 개의 발음이 상정 가능하다.

| 깁고 더하기 | 제보자의 말투에 대한 조사자 말투의 영향

라보브는 후속 연구에서, 1966년의 세 백화점 관찰이 언어 현실을 정확히 반영한 것이 아니었음을 암묵적으로 시인하였다. 그것은, 해당 백화점의 점원들이 쓰리라고 예상한 사회계층의 말투를 조사자(=라보브)가 질문할 때 사용했고 그런 까닭에 점원들이 그에 상응하는 말투로 응해 준 데에 따른 결과였다는 것이다.[80] 다시 말해 'r'발음을 많이 할 것으로 예측되는 백화점 점원에게 'r'발음을 많이 하는 말투로 물어보았다는 것 좀더 직접적으로는, 듣고 싶은 것을 물었다는 말이다.

둘째, 사회적 요소와 관련된 언어변이를 발견하고 이에 대한 계량화를 통해 언어적 요소와 사회적 요소의 규칙적 관련성을 기술하려는 경향을 보였다. 라보브는 전통 방언학에서의 자유 변이(free variation)[81]가 무조건적인 '자유'에 출현 근거를 두고 있는 것이 아니라 사회적 조건에 따른 규칙의 지배를 받고 있는 것으로 이해하였다. 그리하여 사회언어학자들은 도시 지역의 언어 조사를 통해 이러한 사회적 요소(사회계층, 성, 상황 등)와 관련되어 있는 언어변수를 찾아 그것의 변이 규칙을 만들고 이로부터 언어와 사회의 관계를 구명하고자 하였다.

또 해당 지역 문화의 전체적인 맥락 속에서 그러한 언어변이가 지니는 사회적 의미를 기술하기도 하였다. 가령 아이들 말에 나타나는 '가더라요, 가자요'의 출현을, 우리 사회에 점차 확산되어 가는 사회적 위계의 간소화 경향과 결부 짓는 태도가 바로 이에 해당한다. 우리 사회의 위계가 '높임'과 '안 높임'의 이분법으로 단순화되어 감에 따라 청자경어의 등급이 '∅형'과 '-요'형으로 이분되는 경향을 보이게 되었다는 것이다. 이를테면 '가'와 '가요'의 대응이, 사회적 위계의 간소화 경향에 따라 '가더라, 가자'와

---

80 이로부터 그 이후의 사회언어학에서, 제보자의 말투에 미치는 조사자의 영향에 대한 연구가 출현하기도 하였다.

81 일정한 사회집단의 말 또는 동일한 화자의 말에서, 어떤 개념이나 사물에 대한 표현 방식이 공시적으로 둘 이상 공존하여 쓰이고 있는 상태.

'가더라요, 가자요'의 대응으로 확대된 셈이다.

셋째, 언어변이에 대한 공시적인 관찰로부터 언어변화의 원인과 그 과정을 밝히려 하였다. 라보브는 언어변화를 언어의 내적 구조보다 화자의 사회적 행동과 더 밀접히 관련되어 있는 것으로 보았다. 이러한 인식 아래, 많은 사회언어학자들은 화자가 처한 사회적 여건에 따라 언어변이가 어떻게 선택되고 어떻게 조절되는지를 살핌으로써 궁극적으로 언어변화가 왜 일어나며 어떻게 진행되어 가는지를 설명하고자 하였다.

한국의 방언 연구

역사적으로 한국 방언에 대한 관심은 해례본 ≪훈민정음≫(1446)을 비롯하여 이덕무의 ≪청장관전서≫(1795) 등 실학 시대의 여러 백과전서百科全書와 운서韻書들, 그리고 주시경의 〈말〉(1906-7) 등 개화기의 문법서나 잡지 등에 부분적으로 드러나 있다. 하지만 이는 극히 단편적인 자료의 보고나 기술에 불과할 뿐 본격적인 방언 연구 업적이라 하기 어렵다. 따라서 한국에서 방언이 과학적인 방법에 의해 본격적으로 연구되기 시작한 것은 20세기 초반, 일본인 언어학자 오구라신페이小倉進平에서부터의 일이라 할 수 있다.

① 언어변화와 방언

독일 또는 프랑스의 전통 방언학의 영향을 받은 오구라신페이(1882~1944)는 1911년에 내한來韓하여 한국어 연구에 종사하기 시작하였는데 문헌 중심의 역사적 연구를 보충할 목적으로 전국 방언을 조사·연구하였다.[82] 그는 한국어의 언어변화 특히 음운사音韻史와 형태사形態史에 관심

82 그가 전개한 방언 연구의 궁극적인 목적은 한국어와 일본어의 기원을 탐색하는 데 있었다(정승철 2010b).

을 두고 259지역에서 1,300여 개 항목의 방언 자료를 수집하였으며 이를 바탕으로 1944년에 ≪朝鮮語方言の硏究(조선어 방언의 연구)≫ 상권[자료편]과 하권[연구편]을 간행하였다.

| 깁고 더하기 | 오구라신페이小倉進平

일본 동북 지방 센다이仙臺 출신의 한국어 방언 연구자. 동경제국대학 언어학과를 졸업(1906)하고 내한한 뒤 조선총독부 관리(1911~1926.3), 경성제국대학 조선어·조선문학과 교수(1926.4~1943), 동경제국대학 언어학과 교수(1933~1943)를 역임하였다. 그는 일생 동안 한국어에 관한 10여 편의 저서와 130편 정도의 논문을 남겼다(정승철 2010b).

오구라신페이의 방언 연구는 그 관심의 초점을, 방언형들의 지리적 분포와 이들에 반영되어 있는 소리 및 형태의 변화를 검토하는 데 두고 있었다. 그렇지만 그는 '모든 단어는 저마다의 역사를 가지고 있다'는 전제 아래 각 방언형들을 개체사적으로 관찰함으로써 방언을 유기적으로 파악하는 데까지 이르지는 못하였다. 다시 말해 그의 방언 연구는, 기능(또는 의미)이나 전체 체계와의 관련 없이 방언을 개별적으로만 서술하는 원자론적인 태도를 보임으로써 방법론적 문제를 드러내었다는 것이다.

그럼에도 불구하고 오구라신페이는 한국 방언학의 성립에 지대한 공헌을 하였다. 우선, 그의 방언 연구는 방대한 자료 수집에 바탕을 두고 있어서 한국인의 방언 연구에서 기초 자료를 모은 자료집의 간행이 활발히 이루어지게 하는 데에 결정적인 계기를 제공하였다.

아울러 그가 시도한 방언구획[83]은 그 경계나 명칭 등에서 약간의 차이

83 오구라신페이는 '경기도방언, 전라도방언, 경상도방언, 평안도방언, 함경도방언, 제주도방언'의 6개 대방언권으로 구획하였다. 이러한 구획이 한국어의 실재를 반영한 것이 아니었음은 3.1.3절 참조.

를 보이면서도 지금까지 큰 수정 없이 받아들여져 왔는바 한국어의 방언 구획론에도 크게 기여한 바 있다고 할 만하다. 그리고 오구라신페이가 발굴한 여러 주제들('ᄋᆞ'의 변화, 이중모음 '외, 여, 요'의 변화, 'ㅿ, ㅸ'의 변화 등)이 광복 이후의 국어사 연구에서 중요한 과제로 다루어진 것도 그의 방언 연구가 한국어학에 기여한 점이라 할 수 있다.

오구라신페이는 방언을, 하나의 독립된 체계로 이해하기보다는 언어변화를 밝히기 위한 보조 자료 또는 화석化石(fossil=언어가 역사적으로 변화를 겪어 오는 과정에서 남긴 잔재나 흔적)으로 인식하였다. 그에 따라 자연스럽게 중앙어(또는 표준어)와 차이를 보이는 점들을 강조하게 되고 이들을 중심으로 하여 방언 조사 · 연구를 수행하였다. 말하자면 그의 한국 방언 연구에서 '방언'은, 중앙어(또는 표준어)와 대립하는 개념(=사투리)으로서 언어변화가 공간적으로 투영된 역사적 잔재형 정도로 인식되었던 셈이다. 오구라신페이의 방언 연구가 기능이나 체계에 대한 고려 없이 주로 형식의 차이만을 중심으로 방언을 관찰 · 기술하는 태도를 보일 수밖에 없었던 것도 방언에 대한 이러한 인식과 직접적인 관련을 갖는다고 할 수 있다.

② 언어체계와 방언

50년대 후반부터 한국 방언에 대한 연구는 개별 방언의 체계 또는 구조를 해명하는 쪽으로 주된 흐름이 바뀌기 시작하였다. 이러한 변화는 구조 · 기술 언어학 이론의 도입과 밀접한 관련을 갖는다.

구조 · 기술 언어학에서는 공시共時와 통시通時를 구분하고 독립된 언어체계를 가진 개별 언어 또는 방언에 대한 공시적 연구를 강조하였다. 이러한 이론을 전면적으로 수용함에 따라 한국 방언 연구는 전국 방언을 대상으로 한 역사적 연구에서 개별 방언을 대상으로 한 공시적 · 기술적 연구로 방향을 전환하게 되었다. 이 시기부터 '방언'이 비로소, 독립된 체계를 가진 하나의 언어로 인식되기 시작하였던 셈이다.

이러한 점에서 볼 때, 허웅許雄(1918~2004)의 〈경상도 방언의 성조〉[84]나 이숭녕李崇寧(1908~1994)의 〈제주도 방언의 형태론적 연구〉[85]는 하나의 획을 긋는 업적들이었다. 비록 이 두 업적에서 '역사적 관심'이 완전히 배제된 것은 아니었으나 각각, 경상남도 김해 지역어의 성조체계나 제주 방언의 형태론 체계를 전면적으로 관찰 · 기술하려 함으로써 방언을 새로이 조망할 수 있게 하는 길을 열어 주었기 때문이다.

이병근李秉根의 〈황간黃澗 지역어의 음운〉[86]은, 그러한 방향에서 이루어진 본격적인 연구라 할 수 있다. 그 이후, 한 방언의 공시적 언어체계를 독립적으로 정밀히 기술하는 경향의 연구가 유행처럼 연속적으로 출현하였다. '○○ 지역어의 음운론적 연구' 등의 제목을 가진 업적들이 바로 그러한 예들이라 할 수 있다.

특히 70년대부터 본격적으로 도입되기 시작한 미국의 생성 언어학 이론은 이러한 경향을 가속화하는 데에 크게 기여하였다. 공시적이든 통시적이든 개별 방언을 대상으로 하여, 해당 방언의 언어 현상을 자질(feature)과 규칙(rule)에 의해 기술 · 설명함으로써 기술의 정밀화 및 체계와 현상의 유기적 해석을 동시에 추구하는 단계로 나아갈 수 있게 하였기 때문이다. 최명옥崔明玉의 ≪월성月城지역어의 음운론≫(영남대 출판부, 1982)으로 대표되는 그러한 연구에서 '방언'은 그 자체로 독립된 체계를 가진 하나의 언어로 인식된다.

---

84 ≪최현배선생환갑기념논문집≫(사상계사, 1954)에 실렸다.

85 ≪동방학지≫ 제3호(1957)에 실렸다.

86 서울대 교양과정부 ≪논문집≫(인문사회과학편) 제1집(1969)에 실렸다.

③ 언어분화와 방언

1980년대에 들어 방언을 하나의 독립된 체계로 인식하는 태도가 점차 압도적으로 우세해짐에 따라 상대적으로 방언을 한 언어의 분화체分化體로 인식하는 태도가 극도로 약화되었다. 이로 인해 이후의 방언 연구에서는 방언들 사이의 분화 과정을 기술하는 데 그다지 심도 있는 검토가 이루어지지 못하였다. 이러한 사정에는 방언분화론의 바탕이 되는 전국 방언 자료(즉 남북한 자료)를 균등하게 확보할 수 없다는 광복 이후의 언어 외적 상황이 반영되어 있기도 하다.

그럼에도 불구하고 분화를 전제로 한 방언에 대한 인식이 한국 방언 연구의 역사 속에서 전혀 나타나지 않았던 것은 아니었다. 방언분화를 본격적으로 논의하는 데에까지 이르지는 못하였으나 분화를 전제로 한 방언에 대한 인식이 부분적이나마 방언구획론이나 어휘사 연구 그리고 사회언어학으로 반영되어 한국 방언학의 한 영역을 이루어 왔기 때문이다(최근에 간간이 출현하고 있는 방언접촉론 관련 업적들도 이에 포함할 수 있다).

방언구획론에서는 대체로 음운 · 어휘 · 어법상의 특징에 의해 방언지도를 작성하고 이를 통해 해당 지역에 대한 방언구획을 시도하였다. 이기문 · 김완진 · 최명옥 · 곽충구 · 이승재 · 김영배의 ≪한국 언어 지도집(Language Atlas of Korea)≫(학술원, 1993) 등은 전국 방언구획을, 이익섭의 ≪영동영서의 언어분화≫(서울대 출판부, 1981) 등은 읍 · 면 단위의 조사 결과를 바탕으로 도별 방언구획을 논의하였다.

그리고 어휘사 연구에서는 문헌 자료와 방언 자료를 바탕으로 개별 어휘의 선대형을 재구하고 그 재구형으로부터 현재의 방언형에 이르기까지의 역사적 발달 단계를, 주로 방언지도를 통해 지리적 분포와 관련지어 논의하였다. 이병근의 ≪어휘사≫(태학사, 2004)와 이익섭 · 전광현 · 이광호 · 이병근 · 최명옥의 ≪한국언어지도≫(태학사, 2008)가 그 대표적인 업적이라 할 만하다.

아울러 사회언어학에서는 70년대에 들어서면서부터, 은어나 비어 등 특수한 사회집단의 언어에서 벗어나 이른바 '사회방언'이라는 이름 아래 둘 이상의 방언(또는 언어 변종)이 논의되기 시작하였다. 그리하여 반촌과 민촌, 농촌과 어촌 등의 사회계층, 성性, 사회적 상황 등 사회적 요소의 차이와 방언적 차이가 보여 주는 평행성으로부터 방언을 구분하고 그러한 방언차를 일으킨 사회 · 문화적 요인을 밝히려고 하였다.

방언 자료의 수집과 정리

지역방언이든 사회방언이든, 방언 연구를 위해서는 조사된 자료의 존재가 필수적이다. 다른 사람이 이미 조사해 놓은 자료를 이용하여 방언 연구를 할 수도 있으나 대개는 현지 조사(field work)를 통해 새로이 자신의 자료를 확보한다. 기존 자료를 활용할 때에도 연구의 목적에 따라 방언 조사를 추가로 수행해야 하는 경우가 대부분이다. 하지만 전통 방언의 소멸이라는 시대적 상황을 고려할 때 타인이 모아 놓은 자료의 중요성이 점차 증대되어 감은 두말할 필요가 없다.

이 장에서는 효율적인 방언 조사 및 정리를 위해 어떠한 작업이 필요한지를 살핀다. 그리하여 방언 조사의 단계를, 전반적인 언어 특징을 개괄하는 기초 조사와 해당 연구 주제를 세밀히 관찰하는 본 조사로 나누고 '조사지점, 조사항목(질문지), 제보자, 조사자, 질문, 전사轉寫와 녹음'의 여섯 사항을 중심으로 각 조사 단계에서 고려되어야 하는 세부 내용을 구체화해 본다. 이는 대상이 되는 방언의 전형적인 특징을 정확히 조사 · 관찰하고 정리할 수 있도록 방언 조사 및 정리의 구체적인 방법을 익히는 데 목적이 있다.

한편 방언 조사 방법은 대체로 다음 두 가지로 나뉜다. 하나는 설문이나 면담을 통해 제보자에게서 직접 자료를 구하는 방법이며 다른 하나는 일정한 언어공동체의 구성원으로 참여하면서 관찰을 통해 제보자에게서 자료를 구하는 방법이다. 전자를 질문법(구체적으로는 설문지법과 면담법)이라 부르며 후자를 참여관찰법이라 부른다. 자료 조사에 시간과 노력이 많이 드는 후자[1]보다 전자의 방법이 일반 방언 조사에서는 더 흔히 사용되므로 이 장에서는 주로 질문지법을 중심으로 관련 내용을 서술하기로 한다.

이러한 방언 조사 · 연구에서 반드시 명심해야 할 것은, 그 대상이 '인간'

---

1 문화인류학 특히 언어인류학 분야에서는 보통, 참여관찰법을 사용한다.

의 언어라는 점이다.[2] 이는 한 지점, 한 제보자에 대한 방언 조사에서 음운·형태·통사·어휘의 언어 내적 영역뿐 아니라 지리·사회·문화 등 언어 외적 배경에 이르기까지 총체적으로 관찰·기술해야 함을 의미한다. 그러한 종합적인 관찰 및 정리의 결과가 방언 또는 방언형의 생성 및 분화 나아가 인간에 대하여 어떤 중요한 정보를 제공하게 될지 아무도 알 수 없는 일이다.

또 방언 조사는 방언 연구가 아니라는 점도 생각해 두어야 한다. 방언 조사는 일정한 목적 아래에서의 방언 특징에 대한 분석을 전제하기 마련이지만 그렇다고 해도 방언 조사 자체가 방언학이 될 수는 없다. 방언 조사를 통한 자료의 수집은 방언 연구의 전前 단계로서만 의미를 갖는다. 그러기에 연구의 목적을 충분히 달성할 수만 있다면 기존의 방언 조사법에 크게 얽매이지 않아도 된다. 물론 그것이 방언 조사의 엄격성을 아예 무시해도 좋다는 말은 아니다.

2 이러한 점에서 방언학은 전형적인 인문학이다.

2.1 방언 조사의 절차

여느 분야의 조사와 마찬가지로, 방언 조사는 대체로 '준비-조사-정리'의 세 단계를 거쳐 이루어진다. 이를 좀더 세분하여 명시하면 다음과 같다.

① 조사 · 연구의 목적 및 조사 계획 수립
② 기초 조사
③ 본 조사
④ 자료의 정리 및 확인

먼저 연구 주제가 결정되면 조사 · 연구의 목적을 분명히 하고 그에 따라 조사 계획을 세운다. 조사는 크게 두 단계 즉, 연구 주제가 되는 대상 전체를 대략적으로 개괄하는 기초 조사와 연구 대상을 세밀히 천착하는 본 조사로 나뉘는데 조사 계획도 이를 반영하면서 그 세부 과정을 구체화한다. 실제 조사를 수행한 후에는 정리한 결과가 조사 · 연구의 목적에 부합했는지를 항상 점검하고 그 결과로서 충분하지 않거나 의심스러운 자료에 대해서는 다음 조사 단계를 통해 보충 · 확인한다.

경우에 따라, 본 조사가 여러 차례의 조사 즉 일정 기간의 예비 조사(또는 사전 조사)와 본격 조사 그리고 확인 조사(또는 보충 조사)로 다시 나뉘어 이루어지는 수도 있다. 이때는 대개 예비 조사가 해당 주제에 관한 '기초 조사'의 단계에, 또 확인 조사가 '자료의 정리 및 확인'의 단계에 대응하게 된다는 사실도 알아 둘 필요가 있다.

이러한 방언 조사 과정에서 무엇보다 강조되어야 할 것은, 조사에 임하는 연구자의 '사전 준비'와 '경험'이다. 어떤 조사에서든 사전 준비는 그 조사의 성패를 가늠하며 경험은 조사 자료의 가치를 높인다.

특히 연구자의 조사 경험은 사전 준비 및 실제 면담에 들이는 시간과 노력을 줄이고 또 조사 자료가 드러내는 의미나 용법상의 특징을 그때그때 정확히 파악하게 하는 데 매우 중요한 요소가 된다. 방언 조사에서 조사자의 '경험'이, 연구 자료로서의 충분조건을 갖출 수 있게 해 준다는 것이다.

그렇다고 '사전 준비'가 '경험'에 비해 덜 중요하다는 말은 아니다. 경험이 부족한 조사자가 '사전 준비'를 철저히 하여 해당 조사를 성공적으로 이끈 경우를 주위에서 발견하는 일은 그다지 어렵지 않다.

조사 · 연구의 목적 및 조사 계획 수립

조사 · 연구의 목적은 조사의 대상이나 방법을 정하는 데 중대한 영향을 미치므로 조사 계획을 세우기 전에 그것을 분명히 해 두어야 한다. 가령 연구의 목적을 지역방언의 음성 · 음운론 전반에 대한 특징의 기술에 둘 것인지[3] 아니면 음운 단위나 현상의 성격 구명에 둘 것인지,[4] 아울러 그 주된 관심을 공시태와 통시태 어느 쪽에 둘 것인지[5] 등에 따라 조사지점이나 조사항목, 나아가 조사 일정 등이 결정되므로 이를 감안하여 효율적인 조사가 이루어질 수 있도록 조사 계획을 수립해야 한다는 말이다.

지역방언에 대한 조사 계획에서는 다음 여섯 가지 사항에 대해 그 세부 내용을 구체적으로 명시할 수 있어야 한다. 이를 간단히 제시하면 다음과 같다.

㉠ 조사지점 : 대상 지역의 언어를 전형적으로 보여 주는 지점이어야

---

3 '○○ 지역어의 음운론적 연구'라는 제목의 논문이 이를 대표하는 업적들이다.

4 '○○ 지역어의 음운' 또는 '○○ 지역어의 △△ 현상 연구'와 같은 업적이 그러한 것들이다.

5 통시태에 주된 관심을 둘 때에는 '○○ 지역어의 음운변화에 대하여 - △△ 현상을 중심으로'나 '○○ 지역어의 통시 음운론'이라는 제목을 사용한다. 또 공시태와 통시태를 모두 아우를 때에는 '○○ 지역어의 음운론'이라는 제목을 사용하는 것이 보통이다.

한다.

㉡ 조사항목(질문지) : 대상 지역의 전형적인 언어 특징을 드러내 줄 수 있는 것이어야 한다.

㉢ 제보자 : 해당 지역 언어의 전형적인 사용자여야 한다.

㉣ 조사자 : 대상 지역의 전형적인 언어 특징을 정확하게 조사하고 전사할 수 있는 사람이어야 한다.

㉤ 질문 : 대상 지역의 전형적인 어형이 조사될 수 있어야 한다.

㉥ 전사와 녹음 : 전사는 제보자의 언어를 충실히 반영할 수 있어야 한다. 또 녹음은 제보자의 말을 명료하게 들을 수 있도록 이루어져야 한다.

특히, 넓은 지역을 대상으로 하는 광역 조사·연구에서는 조사 자료의 균질성을 확보하는 데 주의를 기울여야 한다. 이때의 광역 조사는 매우 많은 지점에서 수행되는 작업인 만큼, 동일한 기준을 가지고 조사 계획을 수립하는 일이 중요하다. 유사한 조건을 갖춘 조사지점 및 제보자를 대상으로, 동일한 조사항목을 조사할 수 있도록 조사 계획이 세워져야 한다는 말이다. 조사지점을 선정할 때, 지역 간의 거리를 적정하게 유지하는 것도 잊어서는 안 된다.

한편 사회언어학에서, 조사·연구 계획의 수립은 곧 연구 주제 즉 연구할 언어변이를 선택하고 이의 확인 절차를 결정하는 일이다. 지역방언론에서처럼 해당 방언의 전반적인 언어 특징(또는 언어변이)을 살피는 작업은 그다지 필요하지 않다. 그러므로 사회언어학에서는 조사하려고 하는 구체적인 변이 현상이 무엇인지를 확정하고 그러한 언어변이를 효과적으로 관찰할 수 있도록 조사 계획을 세운다.

기초 조사

기초 조사는 해당 방언의 전반적인 특징을 개괄적으로 관찰하기 위한 조사 단계다. 그러기에 기초 조사를 실제로 행하기에 앞서, 대상 지역에 관한 배경지식을 확보하고 선행업적 검토를 통해 대상 방언에 대한 대체적인 윤곽을 파악해 두면 기초 조사를 진행하는 데에 큰 도움이 된다.

먼저 해당 지역의 역사 · 사회 · 문화에 관한 배경지식을 갖추는 일은 지역방언에 관한 연구에서 거의 필수적인 작업이다. 이를 위해 군지郡誌나 읍면지, 그리고 민족문화추진회의 ≪국역 신증동국여지승람≫(초판; 1971)이나 한국정신문화연구원(현 한국학중앙연구원)에서 펴낸 ≪한국민족문화대백과사전≫(1991) 등을 참조할 수 있다.

| 깁고 더하기 | 신증동국여지승람新增東國輿地勝覽

조선 중종 25년(1530)에 편찬된 55권의 지리서. 권1·2는 경도京都, 권3은 한성부, 권4·5는 개성부, 권6~13은 경기도, 권14~20은 충청도, 권21~32는 경상도, 권33~40은 전라도('제주' 포함), 권41~43은 황해도, 권44~47은 강원도, 권48~50은 함경도, 권51~55는 평안도에 관한 사항을 수록하였다. 각 권의 내용은 다음과 같은 순서로 이루어져 있다.

㉠ 각 도의 연혁 및 관원(=해당 도에 속한 관직명과 그 수)
㉡ 목·부·군·현의 연혁 및 관원·군명郡名·성씨·풍속·형승·산천·토산(=토산물)·성곽·관방關防(=변방의 요새)·봉수·궁실·누정·학교·교량·불우(=불당)·사묘(=사당)·고적·명환名宦·인물·제영題詠(=시구詩句) 등(권38의 '제주목' 기준). 인물 속에는 효자·열녀가 포함된다.

또 대상 방언에 관한 기존 연구 논문 또는 자료집을 통해 그 방언에 대한 대체적인 윤곽을 파악하는 일도 반드시 필요하다. 다만 이 경우에는 기존 업적을 통해 얻은 정보로 말미암아 선입견에 빠져, 조사 · 연구를 정확히 또 객관적으로 수행하지 못하게 되는 일에 주의해야 한다.

하지만 이를 피하기 위하여 아예 기존 업적을 참조하지 않는 것은 오히려 더 좋지 않은 결과를 초래할 가능성이 많다. 선행업적을 빠짐없이 참조하되, 일반언어학 훈련을 충실히 쌓아 자료를 객관적으로 관찰·평가하는 능력을 기르는 편이 바람직하다. 해당 방언에 관한 기존 연구 또는 자료집이 없을 경우에는, 유사한 언어 특징을 보이는 인접 방언을 참조할 수 있다.

기초 조사는 본 조사에 대한 예비 조사의 성격을 지니므로 무엇보다도 먼저, 해당 지역이 본 조사에 적합한 지역인지를 여러모로 점검해 보아야 한다. 그리고 조사 일정이나 조사 여건(조사 지역 또는 제보자의 사정 등)의 적절성, 또 예측되는 조사 결과와 연구 목적의 부합 여부(즉, 해당 언어 변이가 유의미한 결과를 제공해 줄 수 있을지) 등을 살펴 해당 방언 조사를 계속 진행할지도 결정해야 한다.

아울러 해당 지역에서 조사를 계속 진행하기로 한 경우에는, 본 조사를 위한 조사 계획을 확정하는 단계가 되기도 한다. 기초 조사가 끝난 뒤 그 결과를 바탕으로 애초에 세웠던 조사 계획을 전면적으로 재검토하고 문제가 되는 부분을 수정하여, 본 조사에 차질을 빚지 않도록 조사 계획을 수립하여야 한다는 말이다.

본 조사

본 조사는 해당 연구 주제에 대한 심도 있는 접근을 위해 벌이는 본격적인 조사 단계다. 이 단계를 통해 수집한 자료를 바탕으로 본 연구가 수행되므로 특히, 그 연구의 기반이 되는 조사항목의 선정에 세심한 주의를 기울여야 한다. 기초 조사의 결과를 참조하되 연구의 목적을 고려하여 조사의 내용 및 일정을 구성하고 그에 따라 현지에서 본 조사를 수행한다.

다만, 현지에서 이루어지는 본 조사 과정의 하나로 '자유 대화(free conversation)'를 빠뜨려서는 안 된다. 이는 준비해 간 항목을 조사하기에 앞서 조사자와 제보자가 자유롭게[6] 이야기를 나누는 것으로, 제보자가 가지는 외부인에 대한 경계심을 늦추고 딱딱한 분위기를 바꿔 조사자와 제보자 사이에 친숙도를 높일 수 있게 해 주는 과정이다. 이때 조사자는 방언 조사의 목적과 의의를 잘 이해시키면서 제보자의 성격이나 언어 형성 배경 및 조음 특징 등을 살펴 해당 인물이 제보자로서 적절한지도 판단해야 한다.

자료의 정리 및 확인

조사 · 정리를 끝낸 뒤에는 그 결과가 당초의 연구 목적에 부합했는지를 점검하고 그 과정에서 충분하지 않거나 의심스러운 부분이 발견되면 확인 조사를 통해 이를 보충 · 확인한다. 이때 본 조사를 진행한 조사지점이나 제보자를 꼭 다시 찾아가야 하는 것은 아니다. 지역 개발 또는 제보자의 사망 등으로 말미암아 조사 여건이 바뀔 수도 있고 또 시간상의 제약 등으로 현지에서 직접 조사하는 일 자체가 불가능할 수도 있기 때문이다.

그러한 까닭에 확인 조사에서는 원래의 조사지점과 제보자를 가급적 유지하되 그러한 원칙에 너무 얽매이지 않는 것이 바람직하다. 사정이 허락된다면 원 제보자 또는 해당 지역 출신의 제보자를 조사자가 원하는 곳에서 만나 조사하거나 심지어, 항목 수가 적을 때에는 전화로 조사하는 것도 가능하다.[7] 하지만 어떤 경우에든, 모든 조사 과정을 녹음하는 일은 빠뜨리지 않아야 한다.

한편 확인 조사에서는 선택식 질문의 제시법[8]이 유용할 때도 있다. 그

---

6 물론 제보자가 자신 있게 말할 수 있을 만한 소재를 중심으로 대담이 이루어지므로 완전히 '자유롭다'고만은 할 수 없다.

7 그렇더라도 조사의 편의가 원칙보다 우선되어서는 안 된다는 점은 반드시 유념해 두어야 한다. 불가피할 경우에만 그리하라는 말이다.

8 예를 들어, 움라우트를 조사할 때의 "여기서는 옷을 빳빳하게 하기 위해서 풀을 '먹인다'고 합니까, '멕인다'고 합니까?"와 같은 질문법을 이른다.

러한 제시법이 질문상의 어려움과 시간적 제약에서 오는 부담을 줄이는 데 도움을 주기 때문이다. 하지만 선택식 질문법은 매우 격식적인 발화 상황을 연출하기에, 그것이 일상어형으로의 산출을 보장하지 못한다는 점만은 잊지 말아야 한다. 또 선택되지 않은 어형이 절대로 그 방언의 일상어로 나타나지 않는다고, 어느 누구도 보장할 수 없다는 점도 기억해 둘 일이다.

2.2 방언 조사의 방법

방언학은 살아있는 말을 대상으로 한다. 그러기에 가장 이상적인 방언 조사의 방법은 제보자의 자연스러운 말을 듣고 이를 그냥 받아 적는 것일 터이다. 하지만 이는 다음과 같은 문제를 내포한다.

첫째, 조사하는 데 시간과 비용이 많이 든다. 가령, 알아내고자 하는 단어를 듣기 위해 매우 오랜 시간이 소요될 수 있다. 그에 비례하여 조사비용은 더 들 수밖에 없다.

둘째, 조사에 실패하기도 한다. 알아내고자 하는 단어를 영원히 듣지 못할 수 있으며 엉뚱한 단어[9]를 듣게 되는 수도 있다. 어떤 사회에나, 그 사회의 구성원이 절대로 구사하지 않는 언어 요소[10] 또는 일시적으로 외부에서 유입된 언어 요소가 존재하기 마련이다.

셋째, 실현 불가능 여부를 조사할 수 없다. 예를 들어, '애비(〈아비), 에미(〈어미)' 등의 움라우트 실현형을 들을 수는 있으나 그것이 실현되지 않는 경우(즉, '바지'가 '배지'로 되지 않는다는 사실)를 확인하는 것은 불가능하다.

이상과 같은 이유로 대개의 방언 조사에서는 일정한 수의 조사항목을 선별하고 이를 바탕으로 직접 조사하는 방법을 선호한다. 하지만 이러한 방법은, 다소 격식적인 어형이나 표준어형이 조사되기도 한다는 점에서 단점을 지니므로 세심한 주의를 요한다.

9 조사자가 잘못 이해한 단어 또는 일시적으로 다른 지역에서 유입된 단어가 그러하다.
10 이해할 수는 있으나 사용하지는 않는 단어가 그 단적인 예다.

2.2.1 조사지점

연구의 목적을 고려하여 이에 가장 적합한 지역을 정한다. 물론 기초 조사를 수행한 후에는, 그 지역이 조사지점으로서 적절한지 여부를 다시 판정하여야 한다.

지역방언의 음운 또는 문법 현상의 성격 구명을 목표로 하는 조사에서는 적어도, 음운체계 또는 해당 문법 현상의 동요를 그다지 경험하지 않은 지역을 조사지점으로 택하는 것이 좋다. 접촉 지역의 경우, 언어체계 또는 언어변화의 역동성을 관찰하는 데에는 유용하지만 둘 이상의 방언 체계가 섞여 있어 체계나 현상의 전반적 성격을 기술하는 데에는 그다지 유용하지만은 않다는 점을 명심해야 한다.

한편 사회방언을 대상으로 할 경우에는 해당 언어변이를 가장 잘 보일 수 있는 지역을 택하여 조사지로 선정하는 일이 중요하다. 대체로 사회언어학에서는, 언어 사용자의 대다수가 살고 있고 그러한 사람들의 교류가 활발한 도시 지역을 조사지점으로 택하는 것이 보통이다.

2.2.2 조사항목(질문지)

방언을 조사하는 일은 사실상, 조사항목을 정하는 데에서부터 시작된다. 조사 · 연구의 목적에 따라 대상 방언의 언어 특징을 가장 잘 드러내 줄 수 있는 단어 및 문장을 조사항목[11]으로 선정하여 이를 배열한 뒤, 조사를 현지에서 용이하게 할 수 있도록 각 항목에 질문문을 붙여 방언 조사 질문지를 만든다. 이때 질문지에 수록되는 조사항목의 수는 연구의 목적을

11 일정한 길이의 이야기를 조사항목으로 정하는 일도 있다. '지역어 조사 사업'(국립국어원)의 '구술 발화 조사'가 바로 그러하다.

충실히 달성할 수 있는 한도 안에서 조사의 여건을 감안하여 정한다.

그리고 질문지를 효율적으로 이용할 수 있도록 선정된 조사항목들을 언어 현상별 또는 의미 범주별로 분류하거나 이야기의 자연스러운 흐름을 고려하여 배열하는 일도 관심을 기울여야 할 사항이다. 이러한 질문지를 작성하는 데에는 한국정신문화연구원(현 한국학중앙연구원)의 ≪한국방언조사질문지≫(1980)과 국립국어원의 ≪지역어 조사 질문지≫(2006) 등을 참조할 수 있다(**사진 1**, **사진 2** 참조). 통신 조사를 위해 이익섭(1981)의 〈강원도 방언조사 질문서〉(1980)도 참조된다(**사진 3** 참조).

耕　　　作

001	벼	〔그림 1〕 이것을 무엇이라 합니까? (논에다 모를 심어서 키운 식물로서 그 열매를 찧으면 쌀이 됨)
1	벼이삭	〔그림 1〕 (벼이삭 부분 지시) 이 부분을 무엇이라 합니까? 보충 ① 벼가 자라서 이삭이 팬다. ② 장작을 팬다.
2	벼(열매)	〔그림 1〕 (이삭의 열매를 지시) 이 열매를 털고서 아직 껍질을 벗기지 아니한 것들을 무엇이라고 합니까? 주의 성장과정의 '벼'(식물)와 탈곡한 '벼'(열매)를 모두 같은 명칭으로 부르는지 아니면 다른 명칭으로 부르는지에 유의.
002	뉘	쌀이나 밥 속에 섞여 있는 벼(열매)를 무엇이라고 합니까? 주의 자·모음의 정밀 전사. 보충 쌀이나 밥에서 뉘를 골라낸다/발라낸다/가려낸다.

— 2 —

사진 1. ≪한국방언조사질문지≫(1980)

2.1. 농경

2.1.1. 경작

20101 벼 〈그림 1〉 이것은 무엇입니까?(논에다 모를 심어서 키운 식물.) 주의 '벼의 이삭'과 '벼(열매)/벼(식물)'의 단어형 차이 확인. 표 벼 ······ 20101

20102 이삭 〈그림 1〉 (이삭을 가리키면서) 이 부분을 무엇이라고 합니까?(벼나 보리, 밀 등에서 열매가 더부룩하게 달린 부분.) 표 이삭 ······ 20102

20103 볍씨 이듬해에 씨로 쓰려고 따로 둔 좋은 벼 알맹이를 무엇이라고 합니까? 주의 '종자씨', '씨나락' 등 다양한 분화형이 있음. 표 벼+씨 ······ 20103

20104 못자리 흙을 고르고 판판하게 만든 다음, 볍씨를 뿌리려고 만든 논은 무엇이라고 합니까? 주의 못자리의 각 판을 뜻하는 '모판'과 혼동하지 말 것. ······ 20104

20105 모판 씨를 뿌려 모를 키우기 위하여 못자리 사이사이를 떼어 긴 네모 모양으로 두둑을 지어 만들어 놓은 곳을 무엇이라고 합니까?(사방 가장자리마다 얇은 널빤지 조각이나 굵은 새끼로 테를 두르기도 한다.) 주의 '기계 모판'과 구별할 것. ······ 20105

20106 쟁기 〈그림 3〉 이것을 무엇이라고 합니까?(논밭을 갈아엎거나 골을 탈 때 쓰는 농기구.) 표 쟁기 ······ 20106

88 지역어 조사 질문지 89

사진 2. ≪지역어 조사 질문지≫(2006)

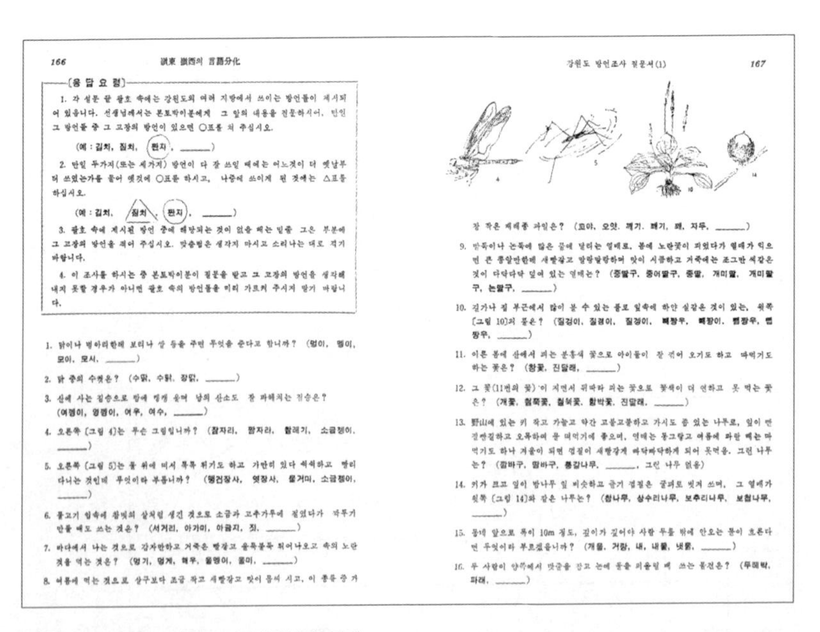

166 嶺東 嶺西의 言語分化

〔응 답 요 령〕

1. 각 설문 끝 괄호 속에는 강원도의 여러 지방에서 쓰이는 방언들이 제시되어 있읍니다. 선생님께서는 본토박이분에게 그 앞의 내용을 질문하시어, 만일 그 방언들 중 그 고장의 방언이 있으면 ○표를 쳐 주십시오.

(예 : 김치, 짐치, (짠지), ______)

2. 만일 두가지(또는 세가지) 방언이 다 잘 쓰일 때에는 어느것이 더 옛날부터 쓰였는가를 물어 옛것에 ○표를 하시고, 나중에 쓰이게 된 것에는 △표를 하십시오.

(예 : 김치, △짐치△, (짠지), ______)

3. 괄호 속에 제시된 방언 중에 해당되는 것이 없을 때는 밑줄 그은 부분에 그 고장의 방언을 적어 주십시오. 맞춤법은 생각지 마시고 소리나는 대로 적기 바랍니다.

4. 이 조사를 하시는 중 본토박이분이 질문을 받고 그 고장의 방언을 생각해 내지 못할 경우가 아니면 괄호 속의 방언들을 미리 가르켜 주시지 말기 바랍니다.

1. 닭이나 병아리한테 보리나 쌀 등을 주면 무엇을 준다고 합니까? (멉이, 멥이, 모이, 모시, ______)
2. 닭 중의 수컷은? (수닭, 수탉, 장닭, ______)
3. 산에 사는 짐승으로 밤에 캥캥 울며 남의 산소도 잘 파헤치는 짐승은? (여깽이, 얭갱이, 여우, 여수, ______)
4. 오른쪽 〔그림 4〕는 무슨 그림입니까? (잠자리, 짬자리, 할래기, 소금쟁이, ______)
5. 오른쪽 〔그림 5〕는 물 위에 떠서 톡톡 뛰기도 하고 가만히 있다 쉭쉭하고 빨리 다니는 것인데 무엇이라 부릅니까? (엥겁장사, 엿장사, 물거미, 소금쟁이, ______)
6. 물고기 입속에 참빗의 살처럼 생긴 것으로 소금과 고추가루에 절였다가 깍두기 만들 때도 쓰는 것은? (서거리, 아가미, 아금지, 진, ______)
7. 바다에서 나는 것으로 갸자만하고 거죽은 빨갛고 울룩불룩 튀어나오고 속의 노란 것을 먹는 것은? (멍기, 멍게, 해우, 울멩이, 울미, ______)
8. 여름에 먹는 것으로 살구보다 조금 작고 새빨갛고 맛이 몹시 시고, 이 종류 중 가

강원도 방언조사 질문서(1) 167

장 작은 재래종 과일은? (오야, 오얏, 깨기, 패기, 페, 자두, ______)
9. 밭둑이나 논둑에 많은 풀에 달리는 열매로, 봄에 노란꽃이 피었다가 열매가 익으면 큰 콩알만한데 새빨갛고 말랑말랑하며 맛이 시큼하고 거죽에는 조그만 씨같은 것이 다닥다닥 붙어 있는 열매는? (줄딸구, 줄어딸구, 줄딸, 개미딸, 개미딸구, 논딸구, ______)
10. 길가나 집 부근에서 많이 볼 수 있는 풀로 잎속에 하얀 실같은 것이 있는, 위쪽 〔그림 10〕의 풀은? (질경이, 질겡이, 질겡이, 빼짱우, 빼짱이, 뻽짱우, 뻽짱우, ______)
11. 이른 봄에 산에서 피는 분홍색 꽃으로 아이들이 잘 꺾어 오기도 하고 따먹기도 하는 꽃은? (참꽃, 진달래, ______)
12. 그 꽃(11번의 꽃)이 지면서 뒤따라 피는 꽃으로 꽃색이 더 연하고 못 먹는 꽃은? (개꽃, 철쭉꽃, 철쭉꽃, 함박꽃, 진달래, ______)
13. 野山에 있는 키 작고 가늘고 약간 고불고불하고 가시도 좀 있는 나무로, 잎이 반질반질하고 오목하여 물 떠먹기에 좋으며, 열매는 동그랗고 여름에 파란 때는 따먹기도 하나 겨울이 되면 껍질이 새빨갛게 바닥바닥하게 되어 못먹음. 그런 나무는? (참바구, 맹바구, 통갈나무, ______, 그런 나무 없음)
14. 키가 크고 잎이 밤나무 잎 비슷하고 굵기 껍질은 굴피로 벗겨 쓰며, 그 열매가 위쪽 〔그림 14〕와 같은 나무는? (참나무, 상수리나무, 보추리나무, 보첩나무, ______)
15. 동네 앞으로 폭이 10m 정도, 깊이가 깊어야 사람 무릎 위에 안오는 물이 흐른다면 무엇이라 부르겠읍니까? (개울, 거랑, 내, 내물, 냇물, ______)
16. 두 사람이 양쪽에서 맛줄을 잡고 논에 물을 퍼올릴 때 쓰는 물건은? (두레박, 파래, ______)

사진 3. 〈강원도 방언조사 질문서〉(1980)

기초 조사

지역방언을 연구하는 경우에는 먼저, 해당 방언의 전체적인 모습을 조망할 수 있도록 체언의 곡용형과 용언의 활용형을 체계적으로 관찰하는 일이 필요하다. 통시적 관점에서 연구할 경우라도 공시태에 대한 이해가 그 바탕이 되지 않으면 안 되므로 기초 조사에서는 해당 지역방언의 곡용형과 활용형을 조사하는 일이 무엇보다도 우선되어야 한다. 다만, 연구의 목적을 통시태의 확인에 두었다면 관련 변화를 겪은 어간들을 조사항목으로 선택하여 그 어간들의 곡용형이나 활용형을 조사하는 것이 좀더 효율적이다.

이와 같은 조사에서는 체언 또는 용언 어간의 말음절 구조(폐음절 · 개음절)와 음절수(단음절 · 다음절), 그리고 어간 말음의 음운 부류에 따라 조사항목을 분류 · 배열한 곡용형 · 활용형 조사 질문지[12]를 사용하는 것이 좋다(**그림 1** 참조). 이러한 질문지의 조사항목의 선정에 음장(length)이나 성조(tone)도 고려 대상이 되어야 함은 물론이다.

	조사항목	질문문	-곡	-으난	-안/언	비고
1	mək-(食)	배고플 때 밥을 —				
2	ca:k-(小)	키가 크지 않고 —				
⋮	⋮	⋮				
	k'ək'-(折)	꽃을 똑 —				
⋮	⋮	⋮				
	si:n-(履)	신발을 —				
⋮	⋮	⋮				
	kə:t-(步)	기던 아이가 혼자서도 잘 —				
	mut-(埋)	배추나 무를 땅속에 —				

12 이를 작성하는 데에는 유재원의 ≪우리말 역순사전≫(정음사, 1985)이 좋은 지침이 된다.

⋮	⋮	⋮				
	s'ɨl-(掃)	빗자루로 방을 —				
	mə:l-(遠)	가깝지 않고 —				
⋮	⋮	⋮				
	ka:m-(洗)	머리를 —				
⋮	⋮	⋮				

그림 1. 활용형 조사 질문지[13]

위의 질문지는 제주방언 조사를 위해 개인적으로 만든 질문지의 얼개를 보인 것이다(편의상, 음절구조나 음절수를 달리하지 않고 폐음절의 1음절 용언 어간만을 제시하였다). 수백 개의 조사항목을 어간 말음의 음운 부류에 따라 배열하였는데 기계적인 응답을 피하기 위해 폐음절 어간과 개음절 어간의 경우를 순차적으로 여러 차례 반복하였다. 그리고 표준어 어간에 대한 지역방언형을 이끌어 내는 데 최선이라고 판단되는 질문을 문면화文面化하여 참고를 위해 제시함으로써 격식 질문지(formal questionnaire)[14]의 성격을 어느 정도 갖출 수 있게 하였다.

또한 이 질문지에는 기존 업적을 참고하여 제주방언형을 적을 수 있도록 비고란을 두었다. 이처럼 비고란에 해당 방언형을 미리 적어 두면 현지조사 도중에, 제보자가 간혹 잘못 제시하는 방언형이나 개인어(idiolect)를 가려내는 데 큰 도움이 된다. 그렇지만 아무리 전형적인 화자라도 한 가지 말투만 사용하지는 않으므로 제보자가 제시한 그런 형태들이 혹, 사회방언 또는 상황변이어가 아닌지 반드시 확인해 보아야 한다.

이러한 질문지를 작성하는 데 중요한 것은 곡용형·활용형 조사를 위

13 이 질문지에 제시되어 있는 제주방언의 활용어미 '-곡, -으난, -안/언'은 대략적으로, 표준어의 '-고, -으니까, -아서/어서'에 각각 대응한다.

14 조사할 때 쓸 질문문을 모두 적어 놓은 질문지. 이와 달리 대개의 항목에 대해 질문문 없이, 조사항목만 주로 늘어놓은 질문지를 '약식(=비격식) 질문지'라 한다.

해 적어도 세 부류의 어미를 고려해야 한다는 점이다. 좀더 구체적으로는 곡용어미(즉 조사) 또는 활용어미를 자음어미(=자음으로 시작하는 어미), '으'계 어미(=이형태 중의 하나가 '으'로 시작하는 어미), 모음어미(=모음으로 시작하는 어미)로 구분하고 각각의 어간과 이들 어미의 결합형을 낱낱이 조사할 수 있도록 질문지가 작성되어야 한다는 것이다.

이는 선행하는 체언 또는 용언 어간의 기저형이 무엇인지, 그리고 어간과 어미가 결합할 때 일어나는 음운 과정이 어미의 부류에 따라 어떠한 양상을 보이는지를 확인하는 데 결정적인 정보를 제공해 준다. 물론 이 질문지의 작성을 위해서는 해당 지역방언의 곡용어미(=조사)나 활용어미의 기저 형태를(필요하다면 파생어미의 형태까지도) 확인하는 일이 선행되어야 한다.

| 깁고 더하기 | 조사 및 활용어미의 종류

- 자음어미 : '-도, -만' 등의 조사와 '-고, -다, -지' 등의 활용어미와 같이 자음으로 시작하는 어미. 한국어의 거의 모든 방언에서는 연구개음화가 매우 활발히 일어나는데 그로 인해 연구개음으로 시작하는 어미(조사 '-과'와 어미 '-게, -고, -기' 등)만으로는 어간의 기저형을 파악하기 어렵게 하는 경우가 종종 출현한다. 이러한 면에서 보면 자음어미도 연구개음으로 시작하는 어미와 치조음으로 시작하는 어미를 구분해야 한다고도 할 수 있다.
- '으'계 어미 : '-은/ㄴ, -으로/로' 등의 조사와 '-으니/니, -으면/면, -읍시다/ㅂ시다' 등의 활용어미와 같이 이형태 중의 하나가 '으'로 시작하는 어미.
- 모음어미 : 활용어미 '-아/어, -아라/어라, -았/었-' 등과 같이 모음 '아/어'로 시작하는 어미. 선행하는 어간이 '하-(爲)'일 경우에는 해당 모음이 '여'로 교체된다.

한편 해당 방언의 자연스러운 모습을 관찰하기 위해 이 단계에서 제보자의 구술 발화[15]에 대한 조사를 수행할 수도 있다. 구술 발화란 제보자가

15 '구술 발화'라는 용어가 우리 학계에 본격적으로 출현한 것은, 2004년에 시작된 국립국

산출하는 문장 이상 크기의 이야기로, '옛날에 들었던 이야기, 과거 자신의 경험 등 일상생활과 관련된 이야기' 등을 포함한다. 참고로, 국립국어원에서 간행한 ≪지역어 조사 질문지≫(2006, 태학사)의 〈제1편 구술 발화〉의 조사항목 목차를 아래에 제시한다.

제1편 구술 발화

1.1. 조사 마을의 환경과 배경

1. 마을 들여다보기

1.2. 일생 의례

1. 제보자의 출생과 성장
2. 결혼하기까지의 과정
3. 전통 혼례식
4. 결혼 생활에 대한 이야기
5. 시집살이에 대한 경험담
6. 환갑잔치
7. 장례 절차에 대한 이야기
8. 제사에 대한 이야기

1.3. 생업 활동

1. 논농사
2. 밭농사
3. 가을걷이와 겨우살이
4. 마을 공동체 생활을 위한 일손

1.4. 의생활

1. 목화, 삼, 모시의 재배와 길쌈

어원의 '지역어 조사 사업'에서부터다.

2. 누에치기와 비단 짜기
3. 옷 만들기

1.5. 식생활
1. 채소 재배와 요리
2. 나물 채취와 요리
3. 밑반찬의 조리

1.6. 거주 생활
1. 집짓기
2. 가신과 조상 숭배 신앙
3. 금기 생활

1.7. 질병과 민간요법
1. 각종 질병과 민간요법
2. 약초 캐는 과정과 주변 이야기

1.8. 세시 풍속과 놀이
1. 세시 풍속
2. 전통 놀이
3. 전설과 설화

1.9. 특수 지역 생활
1. (광산 지역에서) 채광
2. (해안 지역에서) 고기잡이
3. (산촌 지역에서) 약초 캐기
4. (산촌 지역에서) 사냥

일차적으로 이러한 조사는 한국인들의 생활사 자료를 수집하는 데 목적을 둔다(**사진** 4 참조). 나아가 언어적으로는 제보자가 면담 이외의 상황에서 하는 자연스러운 말(=자연발화) 그리고 일상에서 사용해 온 생활어를 조사함으로써 언어 연구를 위한 살아있는 자료를 제공하고 문화유산으로서의 언어 자료를 수집 · 보존하려는 목적을 동시에 가진다. 그러기에 구술 발화 자료를 통해, 본 조사에서 쉬 발견되지 않는 음운 · 문법 · 어휘와 관련된 비격식적인 어형을 확인하는 일이 가능하다. 경우에 따라, 구술 발화 조사가 본 조사의 하나로 수행되기도 한다.

1.1. 조사 마을의 환경과 배경

1.1.1. 마을 들여다보기: 처음 만나 마을의 환경과 배경 등에 관한 이야기를 듣는다.

10101 이 마을은 언제, 어떻게 형성되었으며, 주민들은 주로 어떤 성씨들로 구성되어 있습니까?

10102 이 마을 이름이나 마을 주위의 산, 강, 저수지, 들판, 골짜기 이름과 그 유래에 관련된 이야기가 있으면 해 주십시오.(이름 유래 외에 산, 바위, 나무, 호수 등에 얽힌 옛날이야기도 수집)

10103 이 마을 사람들은 주로 어떤 일을 하며 살아갑니까? (농촌 지역이라면) 이 마을 사람들이 서로 협력하기 위해 만든 모임(조직)은 어떤 것이 있습니까? 참고 동네 고사, 혼인계, 당계, 상여계, 송계

10104 이 마을이 다른 이웃 마을과 다른 독특한 특징이나 자랑거리가 있으면 이야기해 주십시오. 참고 주요 문화재, 전통 민속놀이, 특산물 산출

10105 지금의 마을은 어르신이 어렸을 때와 비교해 볼 때 무엇이 어떻게 달라졌습니까? 참고 마을의 형태, 주민 수와 성씨별 구성, 풍습

사진 4. ≪지역어 조사 질문지≫의 〈제1편 구술 발화〉

이처럼 지역방언론의 기초 조사는 해당 방언의 전체적인 모습이나 자연스러운 상태를 관찰하는 데 목적이 있다. 이와 달리 사회언어학에서의

기초 조사는 해당 방언에 나타나는 언어변이의 존재를 일차적으로 확인하는 데 주목적을 둔다. 기초 조사를 통해, 사회방언이든 상황변이어든 사회적 조건에 따라 교체되는 변이들을 발견하고 그러한 변이의 대략을 파악한다. 이로써 보면 사회언어학의 기초 조사는 본 조사를 수행할지, 말지를 정하기 위한 결정적인 단계라 할 만하다.

본 조사

지역방언을 연구하는 경우, 언어 현상별로 그 실현 조건에 따라 조사항목을 택해야 한다. 가령, 음운 목록은 단모음과 이중모음 및 운소(음장 또는 성조)의 세 영역 그리고 음운 현상은 크게 음운변동과 음운변화의 두 영역으로 구분할 수 있는바 모든 지역방언을 염두에 두고 각 영역의 실현 조건을 고려하면서 조사항목을 선정한다.

| 깁고 더하기 | 운소의 방언분포

운소(특히 음장이나 성조)에 따라 한국은 다음과 같이 크게 세 방언권으로 나뉜다.

① 서부방언(경기도, 강원도 영서 지역, 전라도, 충청도, 평안도, 황해도)
② 동부방언(강원도 영동[16] 지역, 경상도, 함경도)
③ 제주방언

서부방언은 음장이 변별적인 지역이며 동부방언은 성조가 변별적인 지역이다. 그리고 제주방언은 두 요소 다 변별적이지 않는 지역이다. 서부방언과 동부방언은 백두대간[17]에 의해 구분된다.

---

16 물론 강원도 영동 지역의 북단은 성조가 변별적이지 않으나, 지리적 연속성을 위해 동부방언에 포함시켰다.

17 백두산에서 태백산 · 소백산 그리고 덕유산을 거쳐 지리산으로 이어지는 1,500km의

구체적으로, 이중모음의 목록을 기술하고 음운론적 환경에 따른 이중모음의 실현 여부를 확인하기 위해서는 다음과 같은 점을 반영하여 조사항목을 정한다.

㉠ 활음의 성격 : j계 이중모음과 w계 이중모음[18]

㉡ 핵모음의 종류 : 위[wi], 예/웨, 얘/왜, 외[jö], 의[jɨ], 여/워, 야/와, 유, 요, ᅌ[jɐ] // 의[ɨj], 위[uj], 외[oj]

㉢ 음절 초성, 즉 선행 자음의 존재 여부

㉣ 선행 자음의 음운 부류(조음위치와 조음방법) : 양순음, 치조음, 경구개음, 연구개음, 후음 / 폐쇄음, 마찰음, 파찰음, 비음, 유음

㉤ 음절 위치 : 어두음절과 비어두음절

㉥ 어종 : 고유어와 차용어[19]

| 깁고 더하기 | 이중모음과 방언분포

통상적으로 한글 전사가 가능한 대개의 이중모음은 전국에 고루 분포하지만, 이중모음 '외[jö], 의[jɨ], ᅌ[jɐ], 우이[uj], 오이[oj]'는 지리적으로 편재되어 있다는 점에서 독특하다. 대체로 '의[jɨ]'는 경기도방언, '외[jö]'는 강원도 영동방언, 'ᅌ[jɐ]'는 제주방언, '우이[uj], 오이[oj]'는 충청도방언에 나타나는 것으로 보고되었다(방언연구회 편 2001). 따라서 해당 지역에 대한 조사에서 이들 이중모음이 고려되어야 함은 물론이다.

하지만 이들 지역뿐 아니라 다른 지역의 방언 조사에서, 이러한 이중모음의 출현 환경을 가진 단어의 일부를 조사항목에 포함시키는 것이 전혀 무의미한 일은 아니다. 그것들이 언어 현상의 설명에 도움을 제공하는 경우가 종종 발생하

산줄기. 이를 중심으로 한국의 모든 물줄기가 동서로 갈라진다.

18 '예, 애, 여, 야, 유, 요'와 '의' 등은 j계 이중모음이고 '위[wi], 웨, 왜, 워, 와' 등은 w계 이중모음이다.

19 통상적으로, 차용어는 한자어와 외래어로 나눈다. 이때의 외래어는 비한자어 계통의 차용어만을 가리킨다.

기 때문이다. 가령, 제주방언의 'ᄋᆞ덥(=여덟)'에 대응하는 함경도 및 경상도 일부 지역의 '야닯, 야듧' 등이 'ᄋᆞ'의 역사적 변화에 대해 시사하는 바는 매우 크다.

그리하여 ㉠-㉥의 조건들을 차례로 조합하여 각각, 그에 해당하는 단어를 고른다. 예를 들어 {㉠j계 이중모음 ㉡후설모음 '어' ㉢선행 자음 존재 ㉣'양순폐쇄음' 초성}의 네 조건을 만족하는 단어 중 '어두음절/고유어'의 예로 '뼈', '비어두음절/고유어'의 예로 '손뼉', '어두음절/차용어'의 예로 '편지便紙', '비어두음절/차용어'의 예로 '남편男便'을 선택하면 되는 것이다.

이와 같은 조사항목 선정 절차는 음운 현상을 확인하는 경우에도 유효하다. 가령, 움라우트 현상을 연구하고자 한다면 다음과 같은 점을 고려한다.

㉠ 동화음의 종류 : 주격조사 '-이', 계사 '이-', 피 · 사동 접미사 '-이/히/리/기-', 명사형 어미 '-기' 등

㉡ 경계의 개재 여부와 종류 : 형태소 내부, 형태소 경계, 단어 경계 등

㉢ 개재 자음의 수 : 1개, 2개

㉣ 개재 자음의 음운 부류(조음위치와 조음방법)와 수 : 양순음, 치조음, 경구개음, 연구개음, 후음 / 폐쇄음, 마찰음, 파찰음, 비음, 유음

㉤ 피동화음의 종류

㉥ 음절 위치 : 어두음절과 비어두음절

㉦ 운소 : 음장, 고저 등

㉧ 어종 : 고유어와 차용어

위 ㉠-㉧의 조건을 순차적으로 조합한 다음, 그 조건을 충족하는 단어들을 고른다. 이때 그러한 조사항목 가운데 해당 방언에 나타나지 않는 것이 있으므로 조사항목을 여럿 마련해 두는 일을 반드시 잊어서는 안 된다.

또 실제 방언 조사에서는 제보자가, 오래 지속되는 면담에 지쳐 조사자가 원하는 대로 그리고 기계적으로 응답하는 상황이 발생하기도 하므로 질문지 중간에 '주의 환기'를 위한 항목을 넣어 두는 것이 좋다. 이를 위해 해당 현상과는 무관하지만 의미적으로 연관된 단어 또는 현상의 적용 양상이 전혀 다른 단어를 조사항목으로 선택할 수도 있다. 가령 '아기, 고기, …, 어미, 피라미, 올가미' 등의 움라우트를 조사하다가 '올가미' 다음에서 '덫'이나 '거미(蛛)'[20] 등을 질문한다든지 하면 어느 정도 '지겨움'도 해소[21] 되고, 제보자의 '진실성'을 중간에 확인하는 일도 가능하다.

한편 문법 현상에 대한 조사에서는 문법 범주를 고려하는 일이 중요하다. 예를 들어, 종결어미의 형태를 조사하고자 한다면 항목 선정에 다음과 같은 점들이 빠짐없이 반영되어야 할 것이다.

㉠ 문장의 종류 : 평서, 의문, 명령, 청유, 감탄 등
㉡ 청자경어의 등급
㉢ 선행 요소의 문법 부류 : 동사, 형용사, 계사 '이-', 존재사 '있-, 없-, 계시-', 선어말어미 등
㉣ 선행 요소의 음운 부류 : 자음으로 끝나는 말('ㄹ' 또는 그 이외의 자음), 모음으로 끝나는 말(양성모음과 음성모음)
㉤ 선행 요소의 어휘 부류 : 규칙 용언, 불규칙 용언('하-' 등)
㉥ '의문'의 경우에는 의문사 존재 여부

20 '덫'은 '올가미'와 의미적으로 연관된 단어, '거미(蛛)'는 현상의 적용 양상이 전혀 다른 단어(즉 '거미 > 게미'의 움라우트를 겪지 않는 단어)가 된다. 물론 '거미'가 '거무'로 나타나는 지역에서는 다른 단어로 그 역할을 대신하게 하여야 한다.

21 이를 위한 조사항목을 질문할 경우에, 너무 오랫동안 해당 주제에서 벗어나 있지는 말아야 한다. 기껏 파악한 조사자의 의도를 제보자가 잊어버릴 수 있기 때문이다.

그리하여 ㉠-㉥의 조건들을 차례로 조합하여 각각, 그에 해당하는 문장을 만든다.[22] 예를 들어 {㉠ 의문 ㉡'하라'체 ㉢ 동사 ㉣'ㄹ'로 끝나는 말 ㉤ 규칙 용언}의 조건이라면 '(지금) 어디 사니?'(의문사가 있는 경우)와 '(지금) 서울 사니?'(의문사가 없는 경우)가 조사할 항목이 된다.

이와 달리, 사회언어학 조사에서는 어떤 사회적 조건이 어떠한 언어변수와 상관관계를 가지고 있는지를 살피는 것이 중요하다. 이를 위해서는 다음 두 가지 내용 즉 해당 언어변수와 관련된 조사항목과 그 언어변수와 관련된 사회적 조건을 포함시켜야 한다(**그림** 2 참조). 때로는 언어 태도나 인지도 또는 사용도에 대한 조사가 필요하기도 하다(**그림** 3, **사진** 5 참조).

1. (질문) 겨울에 마당에 서 있는 (아버지, …)를 방으로 들어오도록 권할 때는 어떻게 말합니까?

[보기 : 아버지, 추운데 방으로 좀 들어오세요.]

㉠ 청자가 가족일 때

윗사람	아버지/어머니	
	형/형수	
아랫사람	동생/여동생	
	사위/며느리	

㉡ 청자가 이웃일 때

윗사람	동성/이성	
동년배	동성/이성	
아랫사람	동성/이성	

㉢ 청자가 외부인일 때

선생님/군수	
낯선 20대 남자	

그림 2. 이정복(1992: 19)의 〈경어법 조사 설문지〉[23]

22 제주방언에는 '는 밥 먹언디아?'(넌 밥 먹었니?)에서처럼 2인칭 주어에 한해 쓰이는 종결어미('-ㄴ디아')가 존재하므로, 문법 범주로서 주어의 인칭도 고려해야 할 일이다.

1. 하동말과 서울말(표준어) 가운데 어느 것이 더 듣기 좋습니까?

㉠ 하동말 ㉡ 서울말

2. 하동말이 더 듣기 좋다면 왜 그렇습니까?

㉠ 믿음직스럽다 ㉡ 점잖다 ㉢ 씩씩하다 ㉣ 기타

3. 서울말이 더 듣기 좋다면 왜 그렇습니까?

㉠ 상냥하다 ㉡ 점잖다 ㉢ 배움직하다 ㉣ 기타

그림 3. 이정복(1992: 18)의 〈언어태도 조사 설문지〉

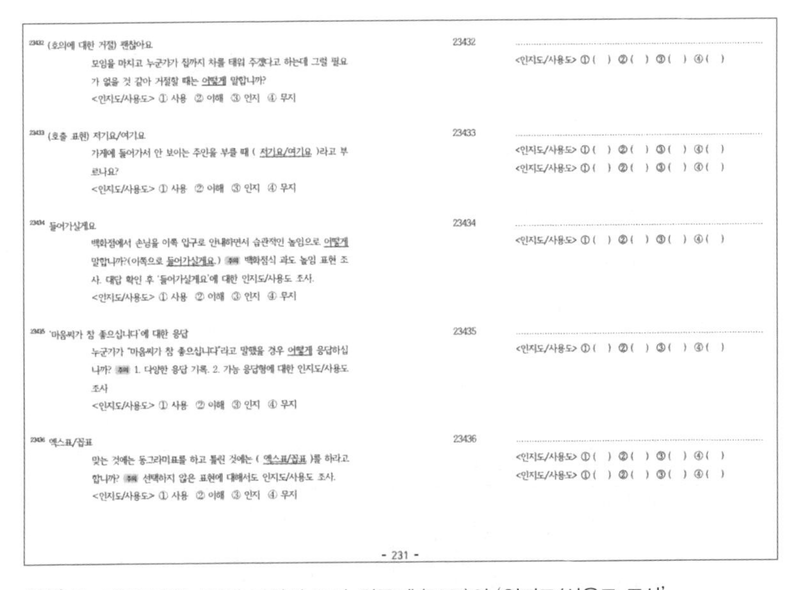

23432 (호의에 대한 거절) 괜찮아요.
모임을 마치고 누군가가 집까지 차를 태워 주겠다고 하는데 그럴 필요가 없을 것 같아 거절할 때는 어떻게 말합니까?
<인지도/사용도> ① 사용 ② 이해 ③ 인지 ④ 무지

23432 ....
<인지도/사용도> ①( ) ②( ) ③( ) ④( )

23433 (호출 표현) 저기요/여기요.
가게에 들어가서 안 보이는 주인을 부를 때 (저기요/여기요)라고 부르나요?
<인지도/사용도> ① 사용 ② 이해 ③ 인지 ④ 무지

23433 ....
<인지도/사용도> ①( ) ②( ) ③( ) ④( )
<인지도/사용도> ①( ) ②( ) ③( ) ④( )

23434 들어가실게요.
백화점에서 손님을 이쪽 입구로 안내하면서 습관적인 높임으로 어떻게 말합니까?(이쪽으로 들어가실게요.) 주해 백화점식 과도 높임 표현 조사. 대답 확인 후 '들어가실게요'에 대한 인지도/사용도 조사.
<인지도/사용도> ① 사용 ② 이해 ③ 인지 ④ 무지

23434 ....
<인지도/사용도> ①( ) ②( ) ③( ) ④( )

23435 '마음씨가 참 좋으십니다'에 대한 응답
누군가가 "마음씨가 참 좋으십니다"라고 말했을 경우 어떻게 응답하십니까? 주해 1. 다양한 응답 기록. 2. 가능 응답형에 대한 인지도/사용도 조사
<인지도/사용도> ① 사용 ② 이해 ③ 인지 ④ 무지

23435 ....
<인지도/사용도> ①( ) ②( ) ③( ) ④( )

23436 엑스표/곱표
맞는 것에는 동그라미표를 하고 틀린 것에는 (엑스표/곱표)를 하라고 합니까? 주해 선택하지 않은 표현에 대해서도 인지도/사용도 조사.
<인지도/사용도> ① 사용 ② 이해 ③ 인지 ④ 무지

23436 ....
<인지도/사용도> ①( ) ②( ) ③( ) ④( )
<인지도/사용도> ①( ) ②( ) ③( ) ④( )

- 231 -

사진 5. 국립국어원 〈언어 다양성 조사 질문지〉(2021)의 '인지도/사용도 조사'

23 이해의 편의를 위해, 이정복(1992)의 설문지를 단순화하여 제시하였다.

언어변수와 관련된 사회적 조건은 제보자의 사회적 배경이 조사하고자 하는 언어변수와 어떤 관련이 있는지를 파악하기 위한 것이다. 따라서 다음과 같은 〈제보자 조사표〉(**사진 6** 참조)를 마련하여 면담 도중의 적절한 시기에 제보자로부터 조사해 두는 일이 필요하다(지역방언 조사 질문지에서도 〈제보자 조사표〉의 존재는 필수적이다). 물론 조사의 목적 및 제보자 분류의 편이를 위해 해당 조사표의 항목이나 그것들의 배열 순서를 달리할 수 있다. 또 요즘에는 개인정보 보호 차원에서, 〈제보자 조사표〉를 통해 수집한 신상 정보를 외부(보고서나 논문 등)로 노출하지 않는 게 일반적이다.

제보자 조사표

조사자 이름	조사 장소
조사지 도 시(군) 면 리(동)	
조사 기간 년 월 일 ~ 년 월 일(일)	
제보자 이름 (남·여)	나이 세(년생)
출생지 (농촌·어촌·광산촌·도시)	
거주지	선대 거주지
생업	선대 생업
학력	병역 (복무지) (년)
경력	
가족 사항	
제보자 선정 과정	
제보자의 음성 특징 및 특기 사항	
조사 내용 (구술발화·어휘·음운·문법)	
보조 제보자 이름 나이 직업 학력	
거주지 제보자와의 관계	
조사 내용 (구술발화·어휘·음운·문법)	
녹음기 마이크 기록 매체	
조사 지점의 개관	

12 지역어 조사 질문지

사진 6. ≪지역어 조사 질문지≫의 〈제보자 조사표〉

이와 같은 질문지에 의한 방언 조사는 조사의 일관성 또는 균질성을 보장해 준다는 점에서 매우 유효한 방법이다. 또 우편 조사를 통해 여러 명의 제보자를 한꺼번에 조사할 수 있으므로 조사에 드는 시간과 비용을 줄이는 데에도 크게 기여할 수 있다. 하지만 질문지에 의한 방언 조사는 몇 가지 면에서 근본적인 한계를 지니므로, 질문지를 사용할 때에는 이 점에 유의해야 한다.

첫째, 실제 사용형이 아니라 표준형(또는 모범형/규범형)이 제시될 수 있다. 어떤 질문에 대해 일상어형보다, 해당 지역에서 인정받고 있는 표준형으로 응답할 가능성이 많다는 것이다. 요즘의 방언 조사에서는 늘상 발견하게 되는 일이다.

둘째, 한 응답이 다른 응답에 영향을 미치는 전이 효과에 노출되기도 한다. 질문지의 문항들 사이의 간섭에 의해 실제와는 다른 응답이 나타날 수 있다는 말이다. 특히 수의성을 보이는 형태는 선행 응답의 결정적인 영향을 받아, 그와 유사한 형태가 응답형으로 선택된다.

셋째, 격식적인 응답형이 출현할 수 있다. 질문지는 문어로 구성되므로 이에 대한 응답은 일상 말투가 아니라 매우 격식적인 말투가 될 여지가 농후하다.

2.2.3 제보자

지역방언 연구에서는 대체로 3대 이상 그 지역에 거주해 온 사람이면 적절하나 꼭, 연배가 60세 이상이어야 하는 것은 아니다. 특히 기초 조사에서 해당 지역방언의 곡용형과 활용형을 조사하는 경우에는 고등학교 졸업 이상의 학력을 가진 중장년층 제보자가 더 효율적일 수도 있다. 다음 진술을 보자.

(1) 몇백에서 천에 달하는 어휘 항목이나 일·이백 개의 용언에 대한 활용, 그리고 상당수의 문법 형태를, 대화의 내용이 잘 통하지 않는 60세 이상의 제보자로부터 수집해 낸다는 것은 매우 어려운 일이며 그러기 위하여는 엄청난 시간이 소요될 것이다. … 현지 조사의 시간을 가장 적게 들이고 신뢰할 수 있는 자료를 수집할 수 있는 방법은 어떤 것인가? … 그것은 전형적인 본토박이 고등학교 2,3학년 학생들을 대상으로 세대차를 포함한 여러 방면의 언어 사실을 일차로 조사하고 그 결과를 다시 각 세대별로 적합한 제보자를 택하여 확인하는 조사 방법이다.(최명옥 1980: 18-19)

그러나 이러한 조사 방법을, 오늘날에 그대로 적용하기에는 약간의 무리가 따른다.[24] 요즈음에는 그 지역의 토박이이더라도 30대 이하의 제보자는 대개, 전통적인 어형 및 발음을 그대로 유지하지 못하는 것으로 여겨지기 때문이다. 따라서 곡용형과 활용형을 조사하는 경우에도, 고등학교 졸업 이상의 학력을 갖되 적어도 50세 이상인 중장년층 제보자를 대상으로 하는 것이 바람직하다고 하겠다.

실제 본 조사에서는 원칙적으로 외가 및 진외가(=아버지의 외가)를 포함하여 3대 이상 해당 지역에 거주해 오는 집안의 60세 이상의 노인, 특히 음운론 조사를 위해서는 발음 기관이 양호한 사람을 대상으로 해야 한다.[25] 장기간의 조사를 진행할 때 제보자는 적어도 두 명 이상을 확보해 두는 편이 좋은데 그것은, 서로 다른 제보자에 의한 하루 두 차례 조사[26]를

24 최명옥(1980)의 방언 조사는 1977년(1차 조사), 1978년(2차 조사), 1979년(3차 조사)에 이루어졌다.

25 요즈음, 무학無學이거나 외지外地에 나가본 적이 없는 제보자를 찾는 일은 거의 불가능하다. 그러므로 이러한 제보자 조건에 대해서는 다소 유연하게 대처해야 할 것으로 생각된다.

26 이는 다른 제보자에 대한 보충 조사 또는 확인 조사를, 본 조사와 동시에 진행하는 일

가능하게 함으로써 조사 일정 관리를 원활히 하고자 함이다. 조사의 이원화를 통해 제보자가 느끼는 부담을 경감하여 협조를 쉽게 얻을 수 있으며 또 그 결과, 조사 일정을 단축할 수 있게 하는 이점도 제공해 준다.

| 깁고 더하기 | 조사자의 부모 제보자

제보자가 부모나 조부모 등 아주 가까운 일가一家일 경우에는, 조사자 자신이 그 언어에 상당히 익숙해져 있다는 사실에 유의해야 한다. 너무 친숙해서 조사자가 제보자의 자료를 객관적으로 보지 못한다든지, 편견을 가지고 대하는 일이 매우 흔히 발견되기 때문이다.

그렇더라도 그러한 둘 이상의 제보자가 방언 조사를 하는 한 자리에 동석해 있는 것은 그다지 이상적인 상황이 아니다. 아무리 친한 사람이라도 조사 도중에 언쟁이 일어나 애써 조성한 조사 분위기를 망치는 경우가 매우 흔하기 때문이다. 하지만 요즘은 표준어를 병용하는 방언 화자가 대부분이므로 보조 제보자의 합석이 방언형의 효과적인 재생에 도움을 주기도 한다. 그리 오랜 시간이 아니라면, 둘 이상의 제보자에 대한 합동 조사[27]도 꼭 피해야 할 일은 아니다.

한편 전반적인 언어 특징의 기술을 목적으로 할 때, 사정상 전체 조사를 한 사람의 제보자에게만 의지할 수는 없다 하더라도 가급적 하나의 현상은 동일한 제보자에게 조사하는 것이 바람직하다. 왜냐하면 하나의 현상에 있어서 제보자에 따른 방언차가 나타날 수 있기 때문이다. 한 현상에 대한 조사를 여러 명의 제보자에게 의지하면, 결국에는 방언 체계 여럿이 섞인 데에서 비롯하여 언어 현상을 왜곡 기술할 위험성을 내포하게 되는 것이다.

이기도 하다.

27 이때는 보조 제보자의 응답형을, 주제보자의 그것과 구별해 둘 필요가 있다.

하지만 방언 체계의 섞임이 오히려 관찰 대상이 되는 사회방언 연구에서는 다수의 제보자가 문제되지 않는다. 그러한 사회방언 연구에서는 조사·연구의 목적에 따라, 그 지역에서 출생·성장한 모든 사람을 대상으로 일정 수의 제보자를 임의로 선택하여 조사하는 무작위 추출법을 사용하거나 모집단의 구성 비율을 어느 정도 반영해 제보자를 선택하는 할당 추출법을 사용한다.[28] 사회방언에 관여하는 사회적 변수는 매우 다기多岐하므로 이상적으로는 전수全數 조사가 가장 좋다(하지만 현실적으로 이는 불가능하다).

2.2.4 조사자

조사자를 따로 두지 않고 연구자(또는 책임자)가 직접 현지에 가서 조사하는 것을 직접 조사라 하며, 연구자(또는 책임자)가 조사자를 따로 두어 그로 하여금 현지 조사를 대신 수행하게 하는 것을 간접 조사라 한다. 대개의 경우, 조사의 목적을 가장 잘 알고 있는 연구자(또는 책임자)가 조사자를 겸하는 것이 바람직하나 조사 대상 지역이 넓어 한 사람이 감당하기 어려운 경우에는 간접 조사의 방법을 택할 수도 있다.

한편 현지 조사는 대체로 해당 지역 출신의 조사자가 조사를 수행하는 것이 여러모로 유리하다. 제보자와 쉽게 친해질 수 있는 여지가 많으며 그 지역 사정에도 정통해 조사항목 또는 조사 상황을 오인할 가능성도 적다. 하지만 음운 조사에 관한 한, 토박이 조사자가 반드시 유익한 것만은 아니라는 사실도 기억해 두자. 소리를 객관적으로 듣지 못하고, 자신의 발음에 이끌려 제보자의 발음을 잘못 듣는 경우가 종종 일어나기 때문이다.

---

28 반촌어 또는 어촌 방언을 연구하는 경우에는, 소수의 토박이만을 대상으로 하나의 조사지점에서 한두 명을 뽑아 조사하는 선별 추출법을 택하기도 한다.

그리고 언어 조사에서는, 언어학을 전공한 조사자가 그러지 않은 조사자보다 절대적으로 유리한 것이 사실이다. 저 옛날, 질리에롱(Gilliéron)이 ≪프랑스 언어지도≫(1902~1910)를 만들면서 에드몽(Edmont)을 조사자로 채용하였는데 그러한 채용 과정에서 그리고 실제 조사 과정에서 에드몽이 가진 '생폴 사투리 사전(Dictionnaire du Patois de Saint-Pol)'의 편찬 경험이 큰 도움이 되었으리라는 점은 쉽게 짐작하고 남는다.

2.2.5 질문

기존의 방언 조사에서 주로 언급되어 온 질문법을 체계적으로 정리하여, 실례와 함께 제시하면 다음과 같다.

㉠ 명명법命名法
- 설명식 : 모양과 빛깔을 좋게 하려고 떡이나 국수 위에 달걀 지단이나 버섯, 실고추, 당근 등을 잘게 썰어서 얹어 놓은 것을 무엇이라고 합니까?
- 지시식 : (가구나 밥상 등의 '모서리'를 가리키며) 이것을 무엇이라고 합니까?
- 시늉식 : (무릎을 꿇으면서) 이러는 것을 어떻게 한다고 합니까?
- 번역식 : 이 지역에서는 '벼'를 무엇이라고 합니까?

㉡ 열거법 : '무'를 가지고 만들 수 있는 음식으로는 어떤 것들이 있습니까?

㉢ 대치법 : 손가락 가운데서 새끼손가락은 가늘고 엄지손가락은 어떻습니까?[29]

---

29 '국수 위에 달걀 지단이나 당근 등을 잘게 썰어서 얹어 놓은 것은?'이나 '새끼손가락은

㉣ 제시법(또는 암시법)

- 판정식 : 잠에 빠져들기 전에 하품이 나오고 눈이 저절로 스르르 감기는 것을 어떻다고 합니까? 혹시 '잠온다'라고 하지 않습니까?
- 선택식 : 돼지의 목 윗부분을 무엇이라고 합니까? '돼지머리'라고 합니까, '돼지대가리'라고 합니까?

㉤ 역질문법 : '시래기'와 '우거지'는 어떻게 다릅니까?

이들 중, 번역식 명명법이나 제시법은 제보자의 응답에 직접적인 영향을 미치므로 가급적 피해야 하는 질문법이다. 도저히 대답을 끌어낼 수 없다거나 확인 조사를 하는 경우에만 제한적으로 사용하는 것이 바람직하다. 또 열거법은 그 방언을 잘 아는 사람이 아니면 사용하기 어렵다. 열거된 방언형에서 뜻을 잘 모르는 형태에 대해서는 언제나 역질문법을 사용해 그 뜻을 확인하여야 한다.

실제의 본 조사에서는 이러한 질문법 중에, 해당 조사항목에 대해 가장 적은 시간에 가장 정확한 응답을 이끌어 낼 수 있는 방법을 선택한다. 이를 위해 그림책(**사진 7** 참조)을 이용하는 것이 효과적일 때도 있다. 이 경우는 지시식 명명법을 사용한 것이 된다.

가늘고 엄지손가락은?'과 같은 경우를 명명법이나 대치법과 구별하여 '완성법' 또는 '완결법'이라 부른다. 하지만 이는 약식 명명법 또는 약식 대치법과 별반 다르지 않으므로 여기서는 구별하지 않는다.

〔그림 28〕 062 p^ha // p^ha-s'i

사진 7. ≪한국방언조사질문지≫(그림책)의 '파'

| 잡동사니 | (경험) 한국의 '파'와 미국의 'pha'

방언 조사할 때의 그림책은 제보자에게 보이는 것이므로 한글 해득자의 응답에 영향을 미치지 않도록 해당 조사항목을 로마자로 적어 놓는 게 보통이다. 위의 **사진 7**에는 그러한 배려가 잘 드러나 있다. 이와 관련된 경험 한 가지.

1986년 여름에 ≪한국방언조사질문지≫와 그림책을 가지고 제주도에서 방언 조사를 한 일이 있다. 제보자에게 그림책을 보이면서 '파' 항목을 막 조사하려는데 당시 65세의 제보자 할아버지께서 말씀하시길, "아! 미국서도 '파'를 'pha'렌 허는구나, 이!"

한편 활용형 등을 포함한 음운 관련 조사는 질문법의 선택에서 매우 제한적이다. 최전승(2004: 634)에 제시된 실례를 보인다.

(2) 조사원 : 꽃이 이렇게 피는 걸, 꽃이 '폈다'라고 합니까, '피었다'입니까?

제보자 : '피었다'제.

조사원 : '-서'를 붙이면요.

제보자 : 피어서.

조사원 : '피어서'입니까, '펴서'입니까?

제보자 : 응, 피어서.

(2)에서는 활음화를 조사하기 위해 제시법과 대치법을 사용하였다. 제시법으로 '피어'와 '펴'를 선택하게 하였고, 사실상 대치법으로 '-서'를 붙이게 하였다. 간혹 음운 조사를 위해 설명식의 명명법이 사용되기도 한다.

문법 조사에서의 질문법은 이보다 훨씬 제한적이어서 대개는 자연발화에서 문법 사항을 채취한다.[30] 제한적이지만 질문법으로서는 대치법과 제시법 정도를 고려할 수 있다. 박양규(1980: 30-31)에 의지하여 이의 실례를 보이면 다음과 같다.

(3) 문1 : 밖에 있는 사람을 보고 '이리 와서 여기 좀 앉아라' 하고 말할 때가 있겠지요?

답 : 예.

문2 : 그런데 인제 그 사람이 어른이라면?

답 : 어른이라면 '아니 드롸:게서 조깐 앙그십시다' 그르지라.

(4) 문1 : '내일 오신다' 그럽니까, '내일 외겐다' 그럽니까?

답 : 오신닥헤요. 넬: 오신닥허제.

문2 : '넬: 외게요' 그러지는 않습니까?

답 : 아니요. 시방싸람들은, 젊은이들은 그릏고 말을 헌가 몰라도 우

30 조사자가 해당 방언의 화자라면 자신의 말에서 해당 예들을 끌어낸다.

리들은 '아, 넬: 오시꺼시오' 그르제라.

위의 예는 전라도방언에 나타나는 주체존대의 선어말어미를 조사하기 위한 것이다. (3)에서는 대치법이, (4)에서는 제시법이 사용되었다. (4)의 '문1'은 선택식 제시법, '문2'는 판정식 제시법이다. 아주 특별한 경우에 번역식이 쓰이는 일도 있겠지만 대개의 문법 조사에서는 이처럼 대치법이나 제시법이 사용된다. 이러한 대치법은 곡용형과 활용형 조사에서 가장 유용한 질문법이다.

(5) 먼저 제보자와의 담화에서 표준어 어미에 대한 지역어형을 확인한다. 다음에 표준어 어간에 대한 지역어형을 조사한다. … 다음으로 어간이 동사인 경우에는 '어찌하-'를 사용하고 어간이 형용사인 경우에는 '어떠하-'를 사용하여 어간과 지역어의 어미가 통합하는 적절한 문장을 만들어 제보자가 지역어 활용형을 답하게 한다. … 곡용형의 조사도 활용형의 조사와 같은 방식으로 하되, 반드시 '-이, -에서, -을/를'이 연결된 형을 조사해야 한다. 지역에 따라서는 표준어 '솥(鼎)' 등의 곡용형이 [소시, 소슬, 소세서]인 것도 있고 [소시, 소슬, 소테서]인 것도 있기 때문이다.(최명옥 2004: 48-49)

그런데 처음 면담이 이루어지는 상황에서 제보자는 언어 형식이 아니라 대화 내용에 집중하기 때문에 음운 현상 또는 문법 현상을 조사하기란 쉽지 않다. 그러기에 이에 대한 조사를 원활히 수행하기 위해서는 조사자의 의도를 이해시키기 위한 '제보자 교육'이 필요하다.

이러한 '교육'은 제보자가 자신의 말에 대해 언어적 의식을 갖게 하는 것이다. 그런데 제보자가 그러한 언어 의식을 갖게 되면 오히려, 자신이 쓰는 말을 부끄럽게 생각하는 경향이 더욱 강해진다. 시간이 지날수록 방언 조사를 눈치챈 제보자들이 자신들의 일상어를 숨기려 하는 것이다. 이와 같은 경향은 조사자와 제보자 사이의 친숙도가 강화되면 다시 줄어들므로 본 조사는 제보자와 충분할 정도로 친해진 뒤에 행해져야 한다(물론 이는 '기초 조사'의 활용형 · 곡용형 조사에서도 마찬가지다).

친숙도를 높이기 위해, 면담 상황에서 해당 지역의 방언을 익혀 질문하는 것도 하나의 방법이 된다. 모든 질문을 다 해당 방언으로 할 수는 없다 하더라도 최소한, 질문문의 의문사나 방언형 인용부(즉 '이것을 무엇이라고 합니까?'의 '무엇이라고')만은 그 지역방언으로 묻는 것이 좋다. 제주방언의 경우를 예로 들면, 적어도 다음과 같이 질문하라는 것이다

(6) ㄱ. '드릇마농'(달래)과 '패마농'(파)은 어떵(어떻게) 다릅니까?
ㄴ. '콩'을 가지고 만들 수 있는 것으로는 어떵헌(어떤) 것들이 있습니까?
ㄷ. (무릎을 꿇으면서) 이러는 것을 어떵 헌덴(어떻게 한다고) 합니까?
ㄹ. (가구나 밥상 등의 '모서리'를 가리키면서) 이것을 머옌/멋이옌(무엇이라고) 합니까?

| 깁고 더하기 | 방언형 인용부의 활용

방언형 인용부를 잘 활용하면 의외의 성과를 얻을 수 있다. 가령, 주격조사를 조사하기 위해서는 "짜장면과 짬뽕 중에 어떤 게 더 비싸죠?"나 "소와 돼지 중에 어떤 게 더 비싸죠?"와 같은 질문이 유용하다. "짬뽕이 비싸지."나 "소가 비싸지."와 같은 대답이 기대되기 때문이다("짬뽕." 또는 "소."라 짧게 대답하는 과묵한 제보자를 만나지 않기를!). 전자의 대답에서는 부수적으로, 움라우트의 실현 여부도 관찰 가능하다.

또 질문 자체가 조사항목이 지닌 의미의 일부, 다시 말해 한 단어가 포

괄하고 있는 여러 의미 중에 어느 한 갈래뜻만을 담게 되므로 질문할 때에는 이 점에 유의해야 한다. 하나의 갈래뜻에서는 일치했다 하더라도 해당 방언형이 사전적 의미내항을 달리할 수가 있기 때문이다. 따라서 어휘 조사에서는 동음성 여부와 관계없이, 해당 음운형식에 대하여 사전적 · 문법적 의미내항을 세밀히 확인해 보는 일이 반드시 필요하다.

이와 달리 어간과 어미가 결합할 때 일어나는 음운변동을 확인하는 데 주목적이 있는 곡용형 · 활용형 조사에서 질문은, 음운형식에 초점을 맞추어 그것을 이끌어 낼 수 있게 작성한다. 가령 자음군단순화의 양상을 살필 목적으로 'ㄺ'말음 어간에 자음 어미가 결합된 '굵고'를 조사하는 경우, '새끼손가락은 가늘고 엄지손가락은 어떠하고'로 질문하여 '두껍고, 크고, 살찌고' 등의 응답을 얻었으면 '굵고'에 대응하는 어형('훍고' 등)을 찾기 위해 재차 질문해야 한다는 말이다.

≪표준국어대사전≫(1999)에 의지하면 여기서의 질문('새끼손가락은 가늘고 엄지손가락은 ____')에 담겨 있는 의미는 '굵-'이 지닌 다음 네 가지 정도의 갈래뜻 중 (7ㄱ)에 해당한다.

(7) ㄱ. 길쭉한 물체의 둘레나 너비가 넓다.
ㄴ. 밤, 대추, 알 따위가 보통의 것보다 부피가 크다.
ㄷ. 소리의 울림이 크다.
ㄹ. 사이가 넓고 성기다.

그러므로 이 질문의 결과로서 방언형 '굵-'(더 정확히는 그러한 의미를 가지는 'ㄺ'말음 어간)을 얻어내지 못했으면 그 어형의 조사를 위해 (7ㄴ), (7ㄷ), (7ㄹ) 의미에 해당하는 질문, 즉 '감자 농사가 잘 되면 감자알이 잘지 않고 어떠하다'(7ㄴ), '목소리가 여자는 가늘고 남자는 어떠하고'(7ㄷ), '어레미는 체보다 구멍이 어떠하다'(7ㄹ) 하는 질문을 순차적으로 다시 해

보라는 것이다.

아울러 조사자는 가급적, 제보자에게 조사받고 있다는 느낌을 주지 않도록 노력해야 한다. 제보자가 그런 느낌을 강하게 가질 때에는 통상적으로 일상어형(또는 고유한 방언형)을 제대로 말하지 않는다. 특히 그러한 경우에, 첫 번째 응답을 한 이후 곧바로 그것을 수정하는 일[31]이 종종 목격되는데 이 또한 제보자가 조사 상황을 의식한 데에서 생기는 현상이라 할 수 있다. 물론 조사자의 말투가 제보자의 말투에 영향을 미치기도 하므로 주의해야 한다.

| 깁고 더하기 | 관찰자의 모순

제보자가 조사 상황을 의식하는 데에서 비롯하여 자연스러운 말투의 상실이 일어났을 때 이를 '관찰자의 모순(observer's paradox)'이라 부른다. 가령, 모음 사이의 'ㅇ'탈락을 보이는 방언에서 '똥(糞)'과 목적격 조사 '-을' 사이의 'ㅇ'이 탈락하는지를 확인하고자 하나, 이를 위해서는 조사 '-을'을 표면에 노출시키는 비일상적인 발화('똥을 싸다, 똥을 누다' 등)를 상정해야만 하는 것이다. 그런 환경에서 확인된 'ㅇ'의 탈락은 사실상, 자연스러운 현상인지 아닌지 판단하기 어렵다.

마지막으로 제보자와의 실제 면담 상황에서 무엇보다도 강조되어야 하는 것은, 읽기 말투를 요구하는 일부 음성학적 조사의 경우를 제외하고는 가능한 한 방언형을 먼저 제시하는 제시법을 사용하지 말아야 한다는 점이다. 방언형을 먼저 제시하면 제보자는 조사자 원하는 대로 응답해 주거나 심각한 '언어학적 항의'(최전승 외 1992: 62)를 제기하여 조사 자체를 어렵게 할 가능성이 있기 때문이다.

---

31 물론 이때에는 첫 번째 응답형이 고유한 방언형일 가능성이 짙으니 놓치지 말아야 한다.

| 깁고 더하기 | 언어학적 항의

"다 알면서 왜 물어?"라든지 "다른 사람은 몰라도, 난 안 써." 또는 "다른 데선 그러는지 몰라도 여기선 안 써." 등의 반응이 바로 그러한 항의에 속한다. 대개의 경우, 그런 항의 속의 '안 쓴다'는 표현이 '어떠한 이유로든, 나는 그렇게 말하지 않는다'는 의미를 함축하고 있다는 사실도 기억해 두자.

2.2.6 전사와 녹음

조사자의 식별 범위 내에서 가능한 한 정밀하게 전사한다. 각 방언에는 한글로 적기 힘든 발음이 여럿 나타나며 또 형태음소 체계를 잘 알지 못하는 방언을 대상으로 조사하는 경우가 더 일반적이므로 현지에서의 전사는 한글보다는 국제음성기호(IPA)로 적는 것이 바람직하다. 국제음성기호는 음성 비교의 기준을 제공하기 위해 정한 일종의 표기 규약이므로 방언의 음성을 정밀하고 정확하게 전사하는 데 큰 도움이 된다(국제음성기호는 이미 출간되어 있는 음운론 교재를 참조하면 된다).

하지만 정밀 전사를 요구하지 않는 음소 단위의 방언 조사에서는 한글 전사만으로도 충분하다. 그러나 이 경우에는 현행 맞춤법 표기에 이끌리지 않도록 약간의 전사 훈련이 필요하다. 이러한 훈련을 통해 해당 방언형(=기저형)을 형태음소적으로 정확히 적을 수만 있다면 해당 결과물을 활용할 때 여러 방면에서의 편리함을 제공해 준다. 관심을 둔 현상과 직접 관련되어 있지 않더라도 방언형을 전사할 때는 음장이나 성조까지 적는 습관을 들이는 것이 좋다.

| 깁고 더하기 | 전사할 때 주의해야 하는 발음

한국의 지역방언에 대한 조사에서 몇 개의 모음은 전사에 주의를 요한다. 한글로 적기 어려운 발음이 종종 출현하기 때문이다.

먼저 '에'와 '애'가 구별되지 않는 경우가 있다(경상도방언을 조사 대상으로 할 경우에는 '으'와 '어'도 문제가 된다). '에'와 '애'의 중간 발음([E])으로 실현될 때 이를 어찌 적을지 고민해야 한다(북한 방언의 경우에는 '으'와 '우', 그리고 '오'와 '어'의 변별이 문제된다). 전사자가 구별하지 못하는 것은 훈련을 통해 극복하여야 할 문제다.

다음으로, '어'의 발음이 여럿인 경우가 있다. 중모음의 '어[ə]'와 저모음의 '어[ʌ]'가 그것이다. 중부방언 노인층 화자의 '어'는, 단모음일 때는 [ʌ]로 실현되며 장모음일 때는 [əː]로 실현된다(이때의 [əː]는 마치 '으어'처럼 들린다). 중부방언 청소년층 화자의 '어'는 [ʌ]로, 전라도방언 화자의 '어'는 [ə]로 실현된다.

마지막으로, 이중모음의 경우다. '외'나 '위'는 그것이 단모음인지, 아닌지를 확인하는 일이 필요하다. '외'가 상향이중모음이라면 '웨' 또는 '왜'로 적으면 될 테지만 '위'는 단모음(ü)과 이중모음(wi)을 구별해 적을 방도가 없다(하향이중모음 '오이[oj], 우이[uj]'도 한글 전사에서 문제가 된다). 그리고 특정 지역에서 출현하는 이중모음에 대해서는 'ᆈ[jö], ᆜ[jɨ], ᆝ[jɐ]' 등으로 표기할 수 있다는 사실도 기억해 두자.

한편 녹음은, 컴퓨터를 이용한 음성 분석이 용이하도록 디지털녹음기로 하는 것이 온당하다. 요즘, 스마트폰을 통한 녹음도 충분히 가능하나 그 경우에는 배터리 용량을 점검하거나 녹음 중 전화 수신을 차단하는 일에도 세심한 주의를 기울여야 한다. 장시간의 면담에서는 녹음기가 작동되지 않았다든지 하여 녹음에 실패하는 일이 간혹 발생하므로 만일의 사태에 대비해 녹음 상황을 수시로 확인하는 일이 필요하다.

2.3 방언 조사의 실제

방언 자료를 조사하기 위해 조사자가 제보자와 대담을 나누는 현지 조사 과정을 '면담(interview)' 또는 '면접'이라고 한다. 면담은 준비된 조사항목에 대한 방언형을, 주로 질문을 통해 수집하는 단계인데 방언 조사에 있어 수집된 방언 자료의 가치를 결정짓는 매우 중요한 과정이 된다.

지역방언에 대한 조사에서는 면담이 제보자로서의 적합성 여부를 결정하기 위한 한 단계가 되기도 한다. 즉 제보자 후보에게 조사를 위한 사전 정보(제보자나 그 배우자의 출생 및 선대 거주 지역, 외지 생활 경험 등)나 친숙한 내용(농사나 자연 등)을 간단히 질문하는 과정에서 제보자로서 적절한지를 판단할 수 있게 한다는 것이다. 이 과정에서 적합한 제보자라 판단되었을 때는 찾아온 목적을 설명하고 본 조사를 위한 예비 면담으로서 대담을 계속 진행할 수도 있음은 물론이다.

면담은 예비 면담과 본 면담 그리고 사후 면담으로 구분된다. 예비 면담은 조사자가 자기소개를 한 다음, 자유 대화(free conversation)를 통해 방언 조사의 목적과 의의를 잘 이해시키면서 제보자가 갖는 외부인에 대한 경계심을 늦추고 딱딱한 분위기를 바꿔 친밀도를 높이는 과정이다.

이때 중요한 것은 제보자로서의 적절성을 확인하는 동시에 제보자가 잘 알고 있는 내용을 질문하여 조사가 '학력' 등을 반영하는 것이 아님을 주지시켜야 한다는 점이다. 그리하여 제보자가 부담을 느끼지 않고 협조해 줄 가능성을 엿보이기 시작할 때 본격 조사 및 녹음錄音에 대한 허락을 받고 본 면담을 진행하면 된다.[32]

---

32 요즈음의 방언 조사에서는 녹음 사실을 숨기는 것이 오히려 큰 실례가 되기도 한다. 심지어 간혹, 녹음된 것을 제보자에게 들려주는 것이 조사에 여러모로 도움을 제공할 때도 있다.

본 면담은, 준비한 조사항목을 제보자에게 질문하고 제보자가 이에 답하는 과정으로 이루어진다. 그러기에 제보자와 조사원의 관계를 '선생과 제자의 관계(master pupil relationship)'로 인식시켜 주는 일이 매우 중요하다.[33]

또한 면담은 대체로, 서먹서먹한 분위기 더구나 녹음기를 켠 상태에서 진행되게 마련인데 조사자의 역량을 발휘하여 제보자로 하여금 조사 상황을 의식하지 않고 자연스레 전형적인 방언형을 사용하도록 분위기를 이끌어 가는 것도 반드시 염두에 두어야 할 사항이다. 물론 제보자의 답변이, 해당 조사항목에서 오랫동안 벗어나 있지 않도록 하는 것도 고려해야 할 일이다(경우에 따라 질문 순서를 바꾸는 것이 효율적일 때도 있다).

면담 시간은 조사항목의 수에 따라 달라지지만 대체로 하루에 오전 3시간, 오후 3시간 정도가 적당하다. 하지만 이는 제보자의 일정이나 건강 상태와 관련이 깊으므로 제보자의 상태를 살피면서 중간에 적절히 휴식을 취해 가며 조사 시간을 조절해야 한다.[34] 제보자가 허락하는 한, 3시간 이상의 조사도 가능하다.

한편 지역방언에 대한 조사에서 면담은 제보자 한 사람만을 대상으로 하는 것이 제일 좋다. 특히 한 장소에 여러 명의 제보자가 있을 경우에는 정작, 적합한 제보자로부터 자료를 얻어내지 못할 가능성이 많다. 하지만 요즘의 방언 조사에서는 제보자들끼리의 대화가, 잊고 있던 방언형의 회복에 도움을 주기도 하므로 제보자가 여럿 있는 상황을 굳이 기피해야 할 것 같지는 않다.

그리고 조사 장소는 텔레비전만 끄면 여러 가지 면에서 제보자의 집이

33 그래도 아직까지는, 면담에 앞서 큰절로 인사를 드리는 것이 이러한 관계에 대한 인식에 도움이 된다.

34 음료수처럼 발음에 지속적인 영향을 미치지 않을 만한 것들을 미리 준비하여 중간중간에 제공하는 것도 좋다. 하지만 술은 절대로 안 된다.

가장 이상적이다(실외는 잡음이 많으므로 피해야 한다). 제보자에게 부담이 되지 않는다면 숙식도 제보자의 집에서 해결하는 것이 가장 이상적이다.

본 면담에서 제보자가 답변을 하지 못해 머뭇거리는 경우에는 일단, 다음 항목을 질문해야 한다. 기껏 조성된 '선생과 제자의 관계'에 치명적인 영향을 미치기 때문이다. 이들은, 일차적으로 모든 항목에 대한 조사를 끝낸 뒤나 다음날 다른 항목들을 조사할 때 적절한 위치에 삽입하여 다시 질문하는 것이 좋다. 면담 과정에서 의심스러운 응답형에 대해서는 부호를 사용하여 일일이 표시하고 추후에 확인 조사를 할 수 있도록 해야 함은 물론이다.

본 면담이 끝나면 제보자에게 감사의 인사를 해야 한다. 물질적으로 사례謝禮할 수도 있다. 특히 다음날에도 조사를 계속해야 한다면 제보자에게 일정을 묻고 시간 약속을 해 두는 것이 필요하다. 모든 조사를 끝낸 후에는 반드시 제보자의 이름, 나이, 거주지 주소 등 신상 관련 자료를 확인해야 한다(이는 본 면담 진행 중에 넌지시 질문해 볼 수도 있다). 해당 신상 정보를 외부로 유출하지 않겠다는 다짐을 두는 일도 잊지 말자.

2.4 방언 자료의 정리

전사한 자료를 정리할 때는 한글맞춤법의 형태음소적 원리에 따른 방언 표기법을[35] 가정하고 방언 자료를 그에 따라 표기할 수도 있다. 곡용·활용형 질문지를 통해 얻은 형태음소적 정보를 충분히 활용하여 기저형을 확인한 후, 방언형을 한글맞춤법과 같은 방식으로 적는 것이다. 이 경우에는 반드시, 정밀한 음성적인 특징이나 전사 기호상의 약속을 따로 부기해야 한다. 전설모음 앞에서 'ㅅ'가 [ʃ]로 실현된다든지, '에'와 '애'가 변별되지 않아 '에'로 표기하였다든지 하는 진술을 덧붙여 두어야 한다는 말이다. 이와 같은 방언 자료를 정리할 때 기존의 방언자료집을 참조하면 큰 도움이 된다.

일반적 의미에서 방언자료집은 특정 방언 자료를 모아 놓은 기록물을 가리킨다. 이러한 자료집은 해당 자료가 담긴 매체의 특성에 따라 크게, 종이기록물('문서, 책' 등)과 전자기록물('파일, 영상, 데이터베이스' 등)로 나뉜다. 이들은 자료의 수록 단위 및 수록 방법에 따라 다음과 같이 네 유형으로 구분된다.

'사전'류 방언자료집

'사전'류는 물명物名의 전통적 분류순이든 자모의 가나다순이든, 해당 방언형들을 일정한 순서로 배열하여 찾아보기 쉽게 만들어 놓은 자료집이다. 이 유형의 방언자료집은 크게 '언어사전'형(또는 '사전辭典'형)과 '백과사전'형(또는 '사전事典'형)으로 나뉜다. 전자가 '표제항, 발음 및 문법 정보, 뜻풀이(또는 대응 표준어형), 용례, 사용 지역' 등의 주요 정보를 모두

35 원칙 적용의 적절성을 전제하지 않는 한, 제주방언연구회의 '제주어 표기법'(현평효 외 1995: 605-616)은 공포된 방언 표기법의 최초 예라 할 만하다.

또는 선별적으로 제시한 자료집(**사진 8**, **사진 9** 참조)이라면 후자는 그러한 주요 정보에다가 해당 표제항과 관련된 부가 정보를 덧붙인 자료집(**사진 10** 참조)이라 할 수 있다.

꼬시다

휘어지다. =꼬부라지다. [분포] 경신, 밀강, 월청, 삼합.

꼬시다[k'osinda] [동] 그럴듯한 말로 남을 부추겨서 자기 생각대로 끌다. [참고] 주로 젊은이들이 쓰는 말. =꾀다. [분포] 전역".

꼬장-떡[k'ojaŋt'égi](용문) [명] 가루를 익반죽하여 강낭콩과 소금을 넣어 버무린 다음 동글납작하게 만들어 솥에 쪄 낸 떡. 무르지 않고 꼬들꼬들하다. 옥수수자루의 꺼풀이나 깻잎, 떡갈잎에 싸서 복날에 먹는다. [참고] 명천에서는 '꼬장떡'을 '조개떡', '비지떡'이라 부르기도 했다. 만드는 방법은 아래 용례를 참고할 것. ¶갈그내서 열코오 삶아서 거래서 물으 찌와서. 그래서 쌀갈그 끓는 물에 이개서 열코에 소곰우 버무레서. 그래 입쌀으 잉마리르 한데에다가 열코오 섞어서 그래 쟈그마이 비베서 납짝납짝하게 해서 가매에 앉에서 불으 옇구 찌지. 뭐. 크기는 제 마음대로. 꼭 눌러서 납죠상게 덴단 말입구마. 모래 먹어두 나른하지. 복에 햇습구마. 초복 중복 복으' 세느라구 이런 떡으 햇지. 옥시 꺼풀, 가랍닢우, 가랍잎 두 장을 가지고. 피가랍, 피낭기 그거 뜯어다가 꺼풀이르 개애다가 절반으 싸구 절반으 엎어놓는단 말이오. 아덜이 댕기매 먹으라구.(가루를 내서 강낭콩을 삶아 건져서 물을 따라내서. 그래서 쌀가루를 끓는 물에 이겨서 강낭콩에 소금을 버무려서. 그렇게 입쌀을 익반죽을 한 데에다가 강낭콩을 섞어서 그래 자그마하게 손으로 비벼서 납작납작하게 해서 솥에 앉혀서 불을 넣고 찌지. 뭐. 크기는 제 마음대로 하고, 꼭 눌러서 납작하게 된단 말입니다. 모래 먹어도 부드럽고 연하지. 복(伏)에 했습니다. 초복, 중복 복을 쇠느라고 이런 떡을 했지. 옥수수자루의 꺼풀, 떡갈잎, 떡갈잎 두 장을 가지고, 피나무의 껍질, 피나무 그것을 뜯어다가 꺼풀을 가져다가 절반을 싸고 절반을 엎어 놓는단 말이오. 아이들이 다니며 먹으라고. 남평). =꼬장떡. [분포] 용문, 남평.

꼬장[k'ojaĩ], [k'ojeɛ̃] [관용] k'ojãã/k'ojaŋbutʰó [명] 남의 잘못이나 비밀을 일러바침. [참고] 한어(漢語) '告狀'[gàozhuàng]을 차용한 말. ¶꼬자아' 햇다.(고자질을 했다. 경3) / 가서 넝거바티는 거' 꼬쟈이'디. 웬:' 나쁜 줏이디.(가서 일러바치는 것이 '꼬장'이지. 가장 나쁜 짓이지. 삼합). **—하다** [동]. ¶꼬장·햇디.(고자질을 했지. 경f1). =고자질(告者-). [분포] 전역. ☞고새질.

꼬장-질[k'ojaŋĩri] [명] 남의 잘못이나 비밀을 일러바치는 것. ¶이상한 거. 문데 잇는 거 넘거주는 게 꼬장질이디.(이상한 거, 무슨 문제가 있는 것을 일러 주는 것이 '꼬장질'이지. 월청). **—하다** [동]. ¶꼬장질해서 넝거바틴다.(고자질해서 일러바친다. 월청). [관련] 니르각질, 넝거바티다. =고자질(告者-). [분포] 전역.

꼬재[k'ojeɛ́] [명] 끝이 뾰족한 물건. ¶나무꼬재:'(나무꼬챙이) / 막대꼬재:'(막대기 꼬챙이) / 긑으 뾰:'족하게 깎아서 꼬재:'르 맨들어 쓰읍디.(끝을 뾰족하게 깎아서 꼬챙이를 만들어 쓰지요. 경3) / 이런 꼬재에다서 쬬꼬막씨 깨서 아래 굽아서 파는 거 그거' 산적집아라 하더란 말입구마.(이런 꼬챙이에다 고기를 조그맣게씩 저며서 꿰어서 구워 파는 집을 '산적집'이라 하더란 말입니다. 경3) / 꼬재:' 뾰오'족한 게. 따에다' 박는 게 에:' 뾰오'족하디. 네 꼬재:'르 박아라. 줄으 타쟈. 베밭아'랑 할 때 에:' 꼬재:'르 꼽구'서 줄으 탄'단 말입구마. 새끼줄으 타서 그거 모오' 한단 말입구마. 베르 붓는단 말입구마. 그런 꼬재:르 타디. 꼬재두 그게 여라가집구마. 베밭으' 기랄 때두 꼬재:'르 쓰구. 따아 구내:' 낼래두 꼬재:'르 구내:'르 내구. 긑이 뾰오'족한 게 그게 꼬잽구마. 구나:' 띠르는 거' 그게' 꼬잽'구마. 나무꼬재:' 많'디 무 에:'. 쇄때꼬재느 쇄멜르 뾰오'족하게 맨드는 거. 그거 야장깐에'서 뾰오'족하게 맨들'어서 내놓습구마. 야장깐에'서 쇄때르 달과서 궁굴' 내구. 쇄때꼬재느 야장깐에서구야 맨들디 못' 맨듭끔.(꼬챙이는 뾰족한 것. 땅에다 박는 것으로 뾰족하지. 네 꼬챙이를 박아라. 줄을 치자. 논에서 일할 때 꼬챙이를 꽂고서 줄을 친단 말입니다. 새끼줄을 쳐서 모를 한단 말입니다. 벼를 뿌린단 말입니다. 그때 그런 꼬챙이를 박지. 꼬챙이 그것이 여러 가집니다. 논에서 일할 때도 꼬챙이를 쓰고, 땅을 구멍을 내려고 할 때도 구멍을 내고, 끝이 뾰족한 것 그것이 꼬챙이입니다. 구멍을 찌르는 거 그것도 꼬챙이입니다. 그리고 나무로 만든 꼬챙이가 많지. 쇠로 뾰족하게 만든 거. 그것은 대장간에서 만들어서 내놓습니다. 대장간에서 쇠르 달구어서 구멍을 내고. 쇠꼬챙이는 대장간에서만 만들지 다른 곳에서는 못 만듭니다. 경f1). =꼬챙이. [분포] 경3, 경f1, 경f3, 남평.

꼬재기[k'ojegi] [명] 무엇을 꽂을 수 있게 만든 물건. ¶옷은 빨르씨 많이 해닙엇디 무슨. 기래 실두 없'어서 나ñã 빼르 가지구 실'으 반'단 말이오. 실'으 아래서

522

사진 8. ≪두만강 유역의 조선어 방언 사전≫(곽충구, 2019)[36]

36 **사진 8**의 '꼬장떡' 항목에서 보듯, 이 사전에서는 부가 정보(ex. 만드는 방법)를 주로 용례를 통해 제시해 주고 있다. 이로써 보면 ≪두만강 유역의 조선어 방언 사전≫은 '언어사전'형이면서 내용적으로 '백과사전'형의 성격을 두루 갖춘 사전인 셈이다.

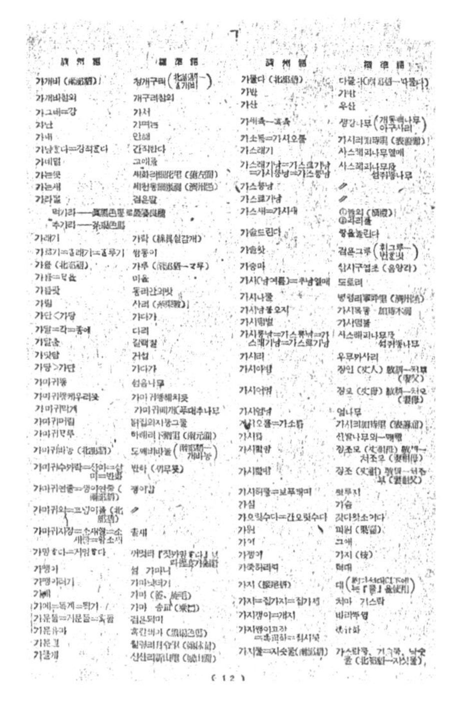

사진 9. ≪제주도방언≫(석주명, 1947)

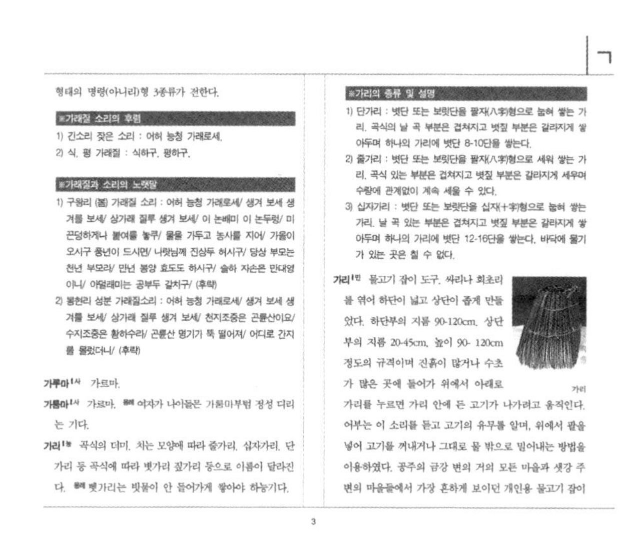

ㄱ

형태의 명령(아니리)형 3종류가 전한다.

※가래질 소리의 후렴

1) 긴소리 잦은 소리 : 어허 능청 가래로세.
2) 식, 평 가래질 : 식하구, 평하구.

※가래질과 소리의 노랫말

1) 구왕리 (봄) 가래질 소리 : 어허 능청 가래로세/ 생겨 보세 생겨를 보세/ 상가래 질루 생겨 보세/ 이 논배미 이 논두렁/ 미끈덩하게나 붙여를 놓쿠/ 물을 가두고 농사를 지어/ 가을이 오시구 풍년이 드시면/ 나랏님께 진상두 허시구/ 당상 부모는 천년 부모라/ 만년 봉양 효도도 하시구/ 슬하 자손은 만대영이니/ 아덜래미는 공부두 갈치구/ (후략)
2) 봉현리 성분 가래질소리 : 어허 능청 가래로세/ 생겨 보세 생겨를 보세/ 상가래 질루 생겨 보세/ 천지조중은 곤륜산이요/ 수지조중은 황하수라/ 곤륜산 명기가 뚝 떨어져/ 어디로 간지를 몰랐더니/ (후략)

가루마[1사] 가르마.

가룸마[1사] 가르마. 용례 여자가 나이들믄 가룸마부텀 정성 디리는 기다.

가리[1농] 곡식의 더미. 치는 모양에 따라 줄가리, 십자가리, 단가리 등 곡식에 따라 볏가리 짚가리 등으로 이름이 달라진다. 용례 볫가리는 빗물이 안 들어가게 쌓아야 하능기다.

※가리의 종류 및 설명

1) 단가리 : 볏단 또는 보릿단을 팔자(八字)형으로 눕혀 쌓는 가리. 곡식의 날 곡 부분은 겹쳐지고 볏짚 부분은 갈라지게 쌓아두며 하나의 가리에 볏단 8-10단을 쌓는다.
2) 줄가리 : 볏단 또는 보릿단을 팔자(八字)형으로 세워 쌓는 가리. 곡식 있는 부분은 겹쳐지고 볏짚 부분은 갈라지게 세우며 수량에 관계없이 계속 세울 수 있다.
3) 십자가리 : 볏단 또는 보릿단을 십자(十字)형으로 눕혀 쌓는 가리. 날 곡 있는 부분은 겹쳐지고 볏짚 부분은 갈라지게 쌓아두며 하나의 가리에 볏단 12-16단을 쌓는다. 바닥에 물기가 있는 곳은 칠 수 없다.

가리[1민] 물고기 잡이 도구. 싸리나 회초리를 엮어 하단이 넓고 상단이 좁게 만들었다. 하단부의 지름 90-120cm, 상단부의 지름 20-45cm, 높이 90- 120cm 정도의 규격이며 진흙이 많거나 수초가 많은 곳에 들어가 위에서 아래로 가리를 누르면 가리 안에 든 고기가 나가려고 움직인다. 어부는 이 소리를 듣고 고기의 유무를 알며, 위에서 팔을 넣어 고기를 꺼내거나 그대로 물 밖으로 밀어내는 방법을 이용하였다. 공주의 금강 변의 거의 모든 마을과 샛강 주변의 마을들에서 가장 흔하게 보이던 개인용 물고기 잡이

가리

3

사진 10. ≪공주 말 사전≫(이걸재, 2009)

'지도'류 방언자료집

'지도'류는 표제항(표준어형)에 대한 방언형들과 그것들의 지역적 분포를 알아보기 쉽도록 지도의 형태로 만들어 놓은 자료집이다(**사진 11** 참조). 이 유형의 방언자료집은, 수록된 항목의 수가 상대적으로 많지 않다는 점에서 '사전'류와 다르다. 좀더 근본적으로, 두 유형의 자료집은 제작 목적에서 차이를 보인다. '지도'류는 단순한 자료 보고의 성격보다 방언 구획론이나 방언분화론 등을 전개하기 위한 논거 자료로서의 성격을 더 강하게 지닌다.

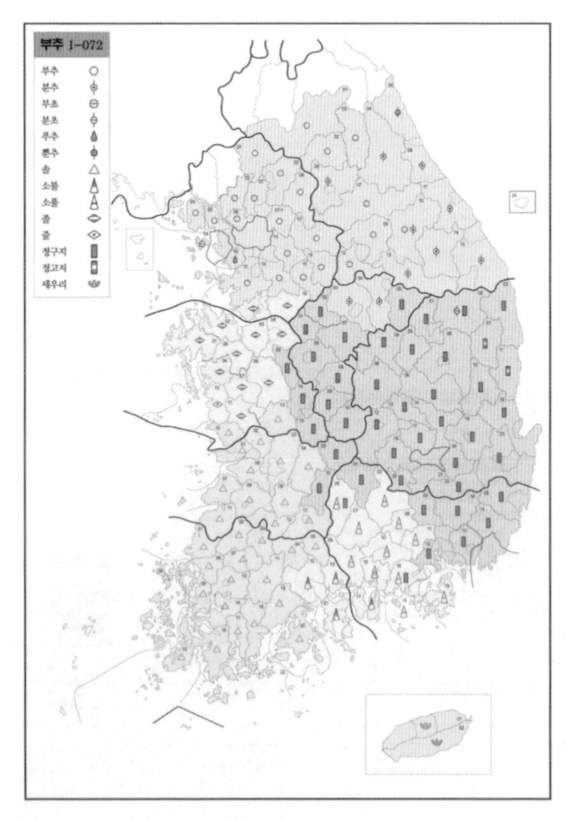

사진 11. '부추' 방언지도(≪한국언어지도≫ 72면)

‘데이터베이스’를 활용한 검색프로그램

이는 방언 관련 정보에 대한 검색이 용이하도록, 기존에 수집한 거의 모든 방언 자료를 입력 · 정리한 데이터베이스를 기반으로 작성한 디지털 자료집이다(**사진 12** 참조).

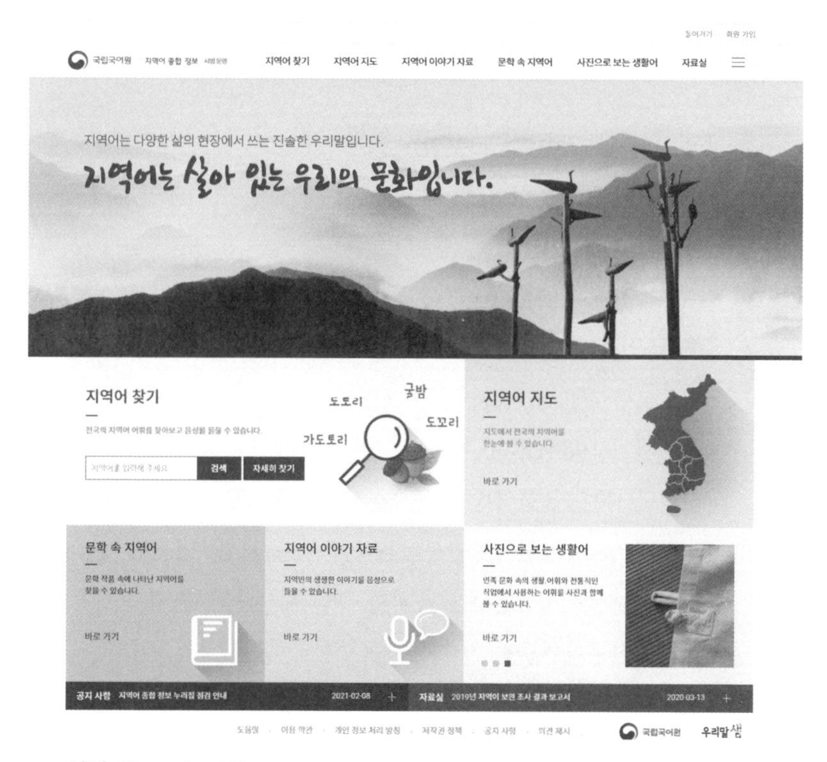

사진 12. 국립국어원의 〈지역어 종합 정보〉(www.dialect.korean.or.kr)

텍스트를 수록한 방언자료집

문장 또는 텍스트를 수록한 방언자료집은 전국적으로 무수히 많다. 이와 같은 유형의 자료집은 각 지역의 ‘설화, 무속, 민요, 속담’이나 ‘생활사’ 등을 채록한 것들로, 이들 대부분이 해당 지역의 방언으로 기록되어 있어 방언자료집이라 해도 무방하다. 그중에, 전국 단위의 자료집이라 부를 만한 것으로 한국정신문화연구원(1980~1988)의 ≪한국구비문학대계≫,[37] 뿌리깊은나무 출판사(1981~1991)의 ≪민중자서전≫, 국립국어원(2004~2020)의 〈지역어 (보완) 조사 보고서〉와 ≪지역어 구술 자료 총서≫, 〈민족 생활어 조사 보고서〉 등을 들 수 있다.

참고로 이제까지 출간된 '사전'류 방언자료집(또는 방언사전)만을 여기에 열거하면 다음과 같다(단행본의 일부인 경우도 포함함).

◎ 전국 방언자료집('남한'도 포함)

- 경성사범학교 조선어연구부 편(1937), ≪방언집≫.[영인본 : 모산학술연구소, 1995]
- 오구라신페이(1944), ≪朝鮮語方言の研究≫, 岩波書店.[번역본 : 이상규 · 이순형 교열, ≪조선어방언사전≫, 한국문화사, 2009]
- 고노로쿠로(1945), ≪朝鮮語方言學試考≫, 京城 : 東都書籍.
- 정태진 · 김병제(1948), ≪조선 고어 방언사전≫, 일성당서점.
- 김형규(1974), ≪한국방언연구≫, 서울대 출판부.
- 최학근(1978), ≪한국방언사전≫, 현문사.[증보판 : 명문당, 1990]
- 김병제(1980), ≪방언사전≫, 과학 · 백과사전출판사.
- 한국정신문화연구원(1987~1995), ≪한국방언자료집≫ Ⅰ-Ⅸ.
- 선덕오 · 조습 · 김순배(1991), ≪조선어방언조사보고≫, 연변인민출판사.
- 리운규 · 심희섭 · 안운 편찬(1992), ≪조선어방언사전≫, 연변인민출판사.
- 집필조 편(1993), ≪중국조선어실태조사보고≫, 요녕민족출판사.

37 한국학중앙연구원(구 한국정신문화연구원)에서 '장서각 디지털아카이브'를 통해 이 자료를 음성서비스하고 있다.

■ 최기철(2001), ≪쉽게 찾는 내 고향 민물고기≫, 현암사.
■ 국립국어원 편(2005~2020), 〈지역어 (보완) 조사 보고서〉, 국립국어원.
■ 한국방언학회 편(2014), ≪이숭녕의 방언채집 자료≫, 태학사.

◎ 대방언권 · 중방언권의 방언자료집

■ 석주명(1947), ≪제주도방언≫, 서울신문사.
■ 박용후(1960), ≪제주방언연구≫, 동원사.[개정판 : 과학사, 1988]
■ 현평효(1962), ≪제주도방언연구≫, 정연사.[수정판 : 태학사, 1985]
■ 김영태(1975), ≪경상남도 방언 연구≫, 진명문화사.
■ 김이협(1981), ≪평북방언사전≫, 한국정신문화연구원.
■ 이돈주(1982), ≪전남방언≫, 형설출판사.
■ 김태균(1986), ≪함북방언사전≫, 경기대 출판국.
■ 김영태(1988), ≪경남방언과 지명연구≫, 경남대 출판부.
■ 강영봉(1994), ≪제주의 언어≫, 제주문화.
■ 현평효 · 김종철 · 김영돈 · 강영봉 · 고광민 · 오창명(1995), ≪제주어사전≫, 제주도.[개정증보판 : 2009]
■ 김영배(1997), ≪평안방언연구≫, 태학사.
■ 이기갑 · 고광모 · 기세관 · 정제문 · 송하진(1998), ≪전남방언사전≫, 태학사.
■ 한영목(1999), ≪충남 방언의 연구와 자료≫, 이회문화사.
■ 김계곤(2001), ≪경기도 사투리 연구≫, 박이정출판사.
■ 이상규(2001), ≪경북방언사전≫, 태학사.
■ 남기탁 · 손주일 · 한길 · 최윤현(2002), ≪방언≫(강원전통문화총서 4), 국학자료원.
■ 주갑동(2005), ≪전라도방언사전≫, 수필과 비평사.

- 송상조(2007), ≪제주말 큰 사전≫, 한국문화사.
- 황대화(2007), ≪황해도 방언 연구≫, 한국문화사.
- 황대화(2011), ≪1960년대 육진방언 연구≫, 역락.
- 현평효 · 강영봉(2011), ≪제주어 조사 · 어미 사전≫, 제주대 국어문화원.
- 정현창(2012), ≪전라도 사투리 사전≫, 아름다운 세상.
- 현평효 · 강영봉(2014), ≪표준어로 찾아보는 제주어 사전≫, 제주대 국어문화원.
- 경남방언연구보존회 편(2017), ≪경남방언 사전≫, 경상남도.
- 곽충구(2019), ≪두만강 유역의 조선어 방언 사전≫, 태학사.

◎ 소방언권 · 핵방언권의 방언자료집

- 전광현(1977), 남원지역어의 기초어휘 조사 연구.[재수록 : ≪국어사와 방언≫(2003), 월인, 94-141]
- 전광현(1978), 동해안방언의 어휘.[재수록 : ≪국어사와 방언≫(2003), 월인, 145-231]
- 최명옥(1980), ≪경북 동해안 방언연구≫, 영남대 출판부.
- 국립국어연구원 편(1997~2000), ≪서울 토박이말 자료집≫.
- 김인기(1998), ≪구수하게 살아 숨쉬는 강릉사투리 맛보기≫, 한림출판사.[증보판 : ≪강릉방언총람≫, 한림출판사, 2004 ; 재증보판 : ≪강릉방언대사전≫, 동심방, 2014]
- 이병근 · 정인호(1999), 중국 조선어 방언 조사, ≪한반도와 중국 동북 3성의 역사와 문화≫(김시준 외 편), 서울대 출판부.
- 이원국(1999), ≪태안의 사투리≫, 태안문화원.
- 최명옥 · 김주석(2001), ≪경주 속담 · 말 사전≫, 한국문화사.
- 최명옥 · 곽충구 · 배주채 · 전학석(2002), ≪함북 북부지역어 연구≫,

태학사.
- 이경진(2002), ≪삼척지방 방언 편람 – 어데 가와?≫, 삼척문화원. [수정증보판 : ≪강원도 영동 남부지방 방언≫, 예문사, 2004]
- 장일영(2002), ≪진주 지역 방언집≫, 금호출판사.
- 부산 사투리를 사랑하는 사람들 모임 편(2003), ≪부산 사투리 사전≫, 삼아.
- 이희순(2004), ≪방언사전 여수편≫, 어드북스.
- 이영철(2005), ≪함북방언(길주지방) 연구≫, 예진문화사.
- 안길남(2005), ≪낙동강 하류 가락 지역어 조사 연구≫, 세종출판사.
- 오홍일(2005), ≪전남 무안 지방의 방언사전≫, 무안문화원.
- 김종도 · 김우태(2005), ≪남해 사투리 사전≫, 남해신문사.
- 김회룡(2006), ≪하동의 토속어≫, 하동문화원.
- 류창석(2007), ≪안동방언집≫, 영남사.
- 정석호(2007), ≪경북 동남부 방언사전≫, 글누림.
- 양희주(2008), ≪부산말사전 - 니 어데 갔더노≫, 도서출판 조양.
- 전혜숙 · 박성종(2009), ≪강릉방언사전≫, 태학사.
- 이걸재(2009), ≪공주 말 사전≫, 민속원.
- 한성우(2009), ≪인천 토박이말 연구≫, 인천대 인천학연구원.
- 조규태(2010), ≪진주 사투리≫, 문화고을.
- 어휘정보처리연구소 편(2010), ≪넓은풀이 우리말 방언사전≫, ㈜낱말.
- 정원석 · 서윤환(2010), ≪함흥지방 방언 소사전≫, 한국어린이문화연구소.
- 황금연 · 강회진(2010), ≪담양 방언사전≫, 담양문화원.
- 한성우(2011), ≪강화 토박이말 연구≫, 인천대 인천학연구원.
- 송인만(2012), ≪합천 지방의 말≫, 합천문화원.

■ 이명재(2012~2019), ≪예산말 사전≫ 1~4.[제1권 도서출판 이화. 제2권 신원문화사, 제3~4권 예산문화원]
■ 조용하(2013), ≪(울산 사투리 모음) 니가 구쿠이까네 내가 그쿠지≫, 디자인워크.
■ 신기상(2013), ≪울산 방언사전≫, 울산광역시.
■ 김용호(2013), ≪거제 방언, 사투리≫, 한국문화사.
■ 이동희 편(2014), ≪정겨운 우리 영동 사투리≫, 영동문화원.
■ 기세관(2015), ≪광양 방언사전≫, 한국문화사.
■ 김동원(2018), ≪청풍명월 사투리 만세≫, 역락.
■ 이익섭(2022), ≪강릉방언 자료사전≫, 신구문화사.

제3장

방언의 분포

통상적으로 '방언' 또는 '방언학'을 전공한다고 얘기했을 때 가장 많이 받는 질문 중의 하나는 (또박또박한 표준어로) "내 고향이 어딘지 아세요?" 하는 것이다(의외로, '진짜' 서울 토박이들에게서도 이런 질문을 자주 받는다). 이 물음 속에 숨겨진 의도야 어찌 되었든 관계없이, 이는 자신의 출신 지역에 어떤 방언 특징이 나타나는지 아는가를 좀더 구체화한 질문이나 다름없다. 즉 방언 특징의 지역적 분포를 인지하고 있는지 여부를 직접적으로 묻는 표현이라는 말이다.

이와 같은 맥락에서 언급되는 어떤 방언 특징의 지역적 분포를 '방언분포'라 부른다. 때때로 그것은, 방언 특징을 공유하는 개별 방언들의 묶음으로서 방언권方言圈의 분포를 가리키는 말[1]이 되기도 한다. 그러하기에 이런 '방언분포'에 대한 관심은 크게 지역적 분포에 대한 것과 방언 특징에 대한 것으로 나뉜다. 이때 전자에 대해 체계적으로 관찰 · 기술하는 분야가 방언구획론, 후자에 대해 체계적으로 관찰 · 기술하는 분야가 개별 방언론이다.

1 '중국의 방언분포 현황' 할 때의 '방언분포'가 그러한 뜻으로 쓰인 것이다.

3.1 방언구획론

방언구획은 일정한 지역을 방언 특징에 따라 몇 개의 하위 구역으로 나누는 것을 가리킨다. 따라서 방언구획론이란 그러한 방언구획의 방법 및 결과에 대하여 이론적으로 탐구하는 영역이 된다. 이때의 방언구획은 곧, 말이 달라지는 경계를 찾는 일이므로 방언구획론에서는 방언 경계를 찾는 도구에 우선적인 관심을 갖는다. 그러한 도구로서 대표적으로 언급되어 온 것이 바로 등어선과 방언지도다.

3.1.1 등어선과 방언지도

'등어선等語線(isogloss)'은 '등온선等溫線'이나 '등고선等高線'과 유사한 방식으로 만들어진 말이다. 하지만 후자의 등온선이나 등고선은 모두, 같은[등等] 성격을 가진 지점을 연결한 선線을 가리키므로 전자의 '등어선'과 조어 방식이 완전히 똑같다고는 할 수 없다.

등어선은 '같은 말을 가진 지점을 연결한 선'이 아니라 '같은[등等] 말[어語]을 쓰는 지역을 에우는 선線'이다. 단적으로 말해, 등온선이나 등고선의 양쪽에는 온도溫度나 고도高度가 같은 지점이 나타날 수 있지만 등어선의 양쪽에는 그리되질 못한다. 방언 특징의 출현에서, 등어선의 양쪽 지점은 거의 언제나 배타적인 모습을 보여야 하는 것이다.

| 깁고 더하기 | isogloss

이는 'iso-(같은)'와 'gloss'가 합쳐진 단어다. 이때의 'gloss'는 'glosseme(언어 요소)'에서 온 말이므로 'isogloss'는 '등어선'이 아니라 '같은 언어 요소' 즉 '등어等語'를 의미한다. 따라서 '등어선'의 정확한 원어는 'isogloss'가 아니라, 'an isoglossematic line' 또는 'an isogloss line'이 된다. 하지만 '등온선(an isothermal line)'을 'isotherm', '등고선(a contour line)'을 'contour'라고도 부르므로 'isogloss'를 잘못 만들어진 용어라 말할 수는 없다.

등어선

지리적으로 인접해 있는 두 지역의 말이 서로 다른 언어 특징을 보일 때 그 두 지역 사이에는 언어 경계가 놓이게 마련이다. 우리는 그러한 경계를 찾기 위해 실제 언어 조사를 한 뒤 그 결과로서 두 지역 사이의 경계쯤 되는 위치에 추상적인 구획선[2]을 긋고 그것을 두 말의 경계로 삼는다.

이처럼 어떤 언어 특징에 대하여 차이를 보이는 두 지역을 가르는 분계선을 '등어선等語線'이라 부른다. 대체로 등어선은, 언어들보다는 방언들 사이의 경계를 표시하기 위해 사용된다.

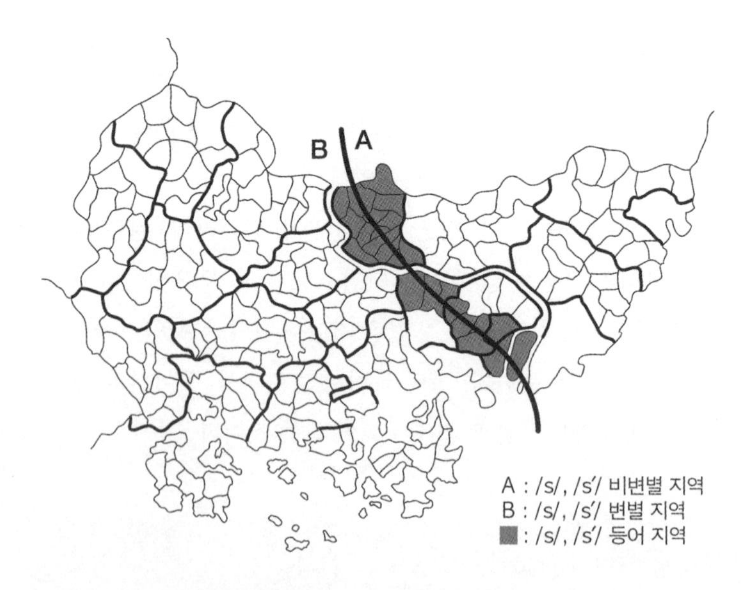

지도 1. 'ㅅ'과 'ㅆ' 대립의 등어선(김택구 2000: 35)

2 그러한 구획선이 실제로 존재하는 것은 아닌 까닭에 '추상적'이라 표현하였다.

지도 1은 'ㅅ'과 'ㅆ'의 대립이 없는 지역과 그러한 대립이 있는 지역을 가르는 등어선의 실례를 보여 준다. 이 등어선은 경남 북쪽의 창녕을 동서로 가르면서, 창원의 북부와 김해 남부를 지나 낙동강 하류로 빠져나간다. 이에 따르면 이 등어선 동쪽의 밀양·울산·양산·부산은 가령, '살'과 '쌀'이 분절음상으로는 구별되지 않는 지역이다.

다만, 등어선 주변의 음영이 든 지역(창녕, 창원 북부, 김해 남부, 부산 남서부)은 사람 또는 단어에 따라 'ㅅ'과 'ㅆ'의 대립 여부가 결정되는 곳이다. 그러기에 해당 지역 전체를 놓고 보면 'ㅅ'과 'ㅆ'의 대립이 있다고도 하기 어렵고 그러한 대립이 없다고도 하기 어려운 지역이다. 이를테면 등어선 주변에 'ㅅ/ㅆ' 대립의 중간 지역이 형성되어 있는 셈이다. 통상적으로, 방언 특징을 달리하는 두 지역은 그 사이에 점진적 차이를 드러내는 전이 지대를 끼고 병립하는 것이 보통이다.[3]

이러한 의미에서 등어선은 전이 지역 내에 그어진 추상적 분계선이다. 즉 등어선이 실제로 거기에 존재한 것이 아니라 방언차를 보이는 두 지역 사이에 의도적으로 그려진 것이라는 말이다. '방언 연속체' 속에서 방언 특징의 단절을 보여 주는 등어선이 실재하는 일이란 거의 없다. 따라서 등어선의 존재는 전적으로, 연구자의 해석 작업에서 비롯된 결과라 하겠다.[4]

이러한 등어선을 긋는 작업에서 강조되어야 하는 것은 등어선이 방언 항목들의 개별적 차이가 아니라 해당 방언들의 구조적 차이에 바탕을 두고 그려져야 한다는 점이다. 다음 예를 보자.

3 그러기에 **지도 1**에서 '등어선' 대신 '등어 지역'이란 용어를 사용했을 터이다.
4 등어선의 위치나 방향이 연구자마다 다를 수 있다는 말이다.

A : -냐, -니	B :
C : -냐, -니	-나, -노

그림 1. 전통적 등어선

위의 **그림** 1은 의문의 종결어미로 A와 C지역에서 '-냐, -니'가 사용되고 B지역에서는 '-나, -노'가 사용되는 것을 나타낸다. 단순히 형태의 면에만 의지하면 A지역과 C지역이 공통되고 B지역은 그들과 언어 특징의 차이를 보이므로 등어선은 A · C지역과 B지역 사이에 그어짐이 마땅하다.

하지만 각 방언의 구조를 고려할 때에는 사정이 달라질 수 있다. 만일 B지역에서 '-나'가 판정 의문을 나타내고 '-노'가 설명 의문을 나타낸다면, 역시 마찬가지로 C지역에서 '-냐'가 판정 의문을 나타내고 '-니'가 설명 의문을 나타낸다면 위 **그림** 1의 등어선은 방언 경계를 제대로 드러내지 못한 것이 된다. 왜냐하면 C지역은 형태상으로만 보면 A지역과 유사하지만 언어 구조상으로는 오히려 B지역과 더 유사하기 때문이다. 따라서 각 방언의 구조를 반영한 등어선은 다음과 같이 그려진다.

A : -냐, -니	B :
C : -냐(판정)/-니(설명)	-나(판정)/-노(설명)

그림 2. 구조적 등어선

결과적으로, 어미 형태에 의해 판정 의문과 설명 의문을 구별하는 지역(B와 C)과 그러한 구별이 없는 지역(A)을 구분하는 등어선이 상정된 셈이다. 이처럼 구조적인 차이를 바탕으로 그어진 등어선을 전통적 등어선과 구별하여 '구조적 등어선' 또는 '등어질선等語質線'이라 부른다. 방언 연구에서의 모든 등어선이, 언어 구조를 반영한 '등어질선'이 되어야 함은 너무나 당연한 일이다.

| 깁고 더하기 | 판정 의문과 설명 의문

판정 의문(polar question=yes-no question)은 '네/아니오'의 가부 판정을 요구하는 의문문, 설명 의문(content question=wh-question)은 의문사에 대한 구체적인 설명을 요구하는 의문문을 가리킨다. 그런데 현대 경상도방언과 제주방언은 판정 의문과 설명 의문을 나타내는 어미의 형태가 각기 다르다는 점에서 다른 방언과 구별되는 특징을 갖는다.

■ 경상도방언	■ 제주방언	■ 중부방언
집에 가나?	집이 감시냐?	집에 가니?
예, 집에 갑니더.	예, 집이 감쑤다.	네, 집에 갑니다.
오데 가노?	어디 감시니?	어디 가니?[5]
핵교예.	ᄒᆨ게마시.	학교요.
이기 니 책이가?	이거 느 첵가?	이거 네 책이니?
아입니더.	아니우다.	아닙니다.
이기 누 책이고?	이거 누게 첵고?	이거 누구 책이니?
내 책입니더.	나 첵이우다.	제 책입니다.

경상도방언과 제주방언에서 동사 서술어의 의문형은 각각 '-나, -노'와 '-(으)냐, -(으)니'로 표현되며, 명사 서술어의 의문형은 양자 모두 '-가, -고'로 표현된다. 동사 의문형의 경우에 제주방언에서 선어말어미('-앐/엾-')가 개재된다는 점과 주어가 3인칭으로 한정된다는 점, 또 명사 의문형의 경우에 경상도방언에서 계사 '-이-'가 개재된다는 점은 양자 사이에 보이는 통사적 방언차다. 한편 현대 중부방언에서 사용되는 의문 어미로서의 '-냐'는 다른 방언의 영향에서 비롯된 것이다.

그런데 이러한 등어선을 통해 방언권을 간단히 구분할 수 있다고 생각하기 쉽다. 그런 생각은, 뚜렷한 방언 경계를 드러내 주는 등어선이 존재하리라는 믿음[6]에서 비롯한다. 하지만 실제 세계에서 그러한 명쾌한 등어선은 나타나지 않는다. 대개의 등어선들은, 같은 지역을 무리지어 함께

5 "어디 가니?"라는 의문문이 판정 의문을 나타내는 수도 있다. 다만 이때는 설명 의문의 "어디 가니?"와 어조(intonation)의 면에서 대립한다.

6 최초의 방언학자 벤커도 이러한 믿음에서 독일 전역에 대한 방언 조사를 수행하였다.

통과하는 것이 아니라 각기 다른 제 갈 길을 갈 뿐이다.

그럼에도 불구하고 어떤 등어선들은 어느 정도 일정한 방향성을 드러내기도 한다. 완전히 똑같은 경로를 보이지는 않더라도 대략적인 흐름에서 한 뭉치를 이루며 굽이쳐 가는 것이다. 이와 같이 등어선 여러 개가 같은 지점, 또는 그 인근 지점을 통과함으로써 만들어지는 등어선의 다발을 '등어선속等語線束(bundle of isoglosses)'이라 부른다. 이러한 등어선속은 방언을 구획하는 데에 매우 중요한 구실을 한다.

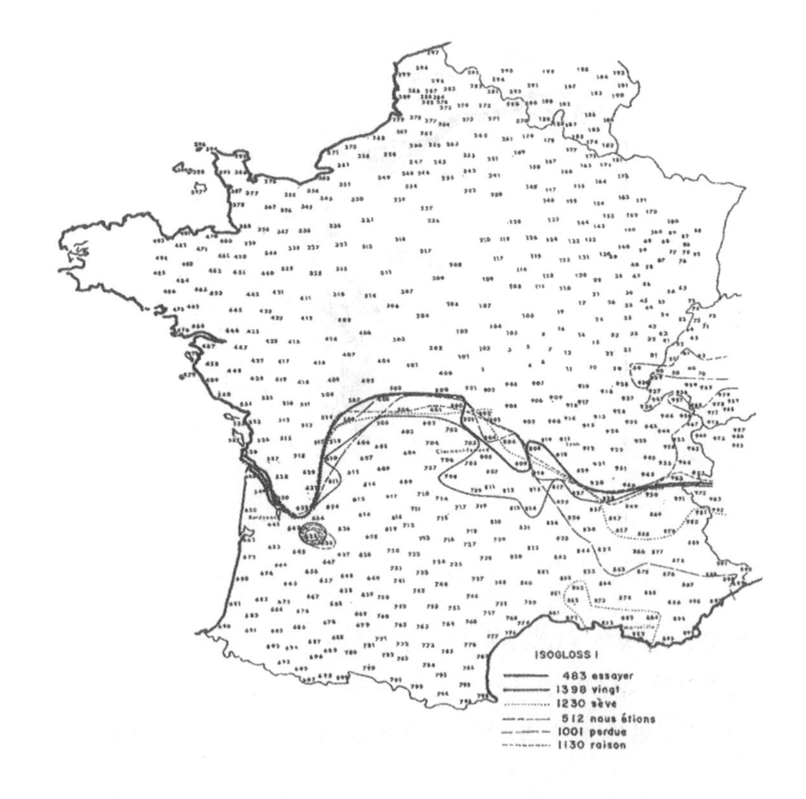

지도 2. 프랑스를 양분하는 등어선속[7]

7 원본은 Jochnowitz의 *Dialect Boundaries and the Question of Franco Provençal*

이러한 등어선속의 대표적인 예로 프랑스를 동서로 가로지르는 등어선속을 든다. 위의 **지도 2**에서 보듯이, 여러 가지 방언 특징[8]을 가르는 등어선들이 무리를 이루면서 거의 동일한 방향으로 흘러가는 것이다. 이는 북부의 '오일 방언(langue d'oil)'과 남부의 '오크 방언(langue d'oc)'을 구분하던 프랑스의 전통적인 방언구획과 거의 일치한다. 등어선속이 방언권의 구분에 중요한 역할을 한다는 것을 확인시켜 주는, 너무나 유명한 예 중의 하나다.

| 깁고 더하기 | 'langue d'oil'과 'langue d'oc'

프랑스어에서 'langue'는 '말'을 뜻하고 'de'는 속격 '-의'('de'는 모음으로 시작하는 단어 앞에서 'd''로 된다.), 그리고 'oil'이나 'oc'는 긍정의 대답으로서 '네'를 뜻한다(오늘날, 'oil'은 'oui'로 바뀌었다). '네'를, 북부방언에서는 'oil'이라 하고 남부방언에서는 'oc'라 한다는 것이다. 이를테면 한국어에서 중부방언의 '네'와 기타 방언의 '예'가 지리적으로 구분되었던 것과 평행한 양상을 보이는 셈이다(지금은 '네'와 '예'가 모두 표준어다).

방언구획에 크게 기여하는 등어선속과 관련하여, 또 하나의 유명한 예는 '라인강의 부채(Rheinish Fan)'라 불리는 등어선속이다.

(1973, The Hague : Mouton)의 100면에 있다(이익섭 2006: 171)고 한다.

8 구체적으로 이들은 'essayer, vingt, sève, nous étions, perdue, raison' 여섯 단어의 등어선이다.

Boundaries

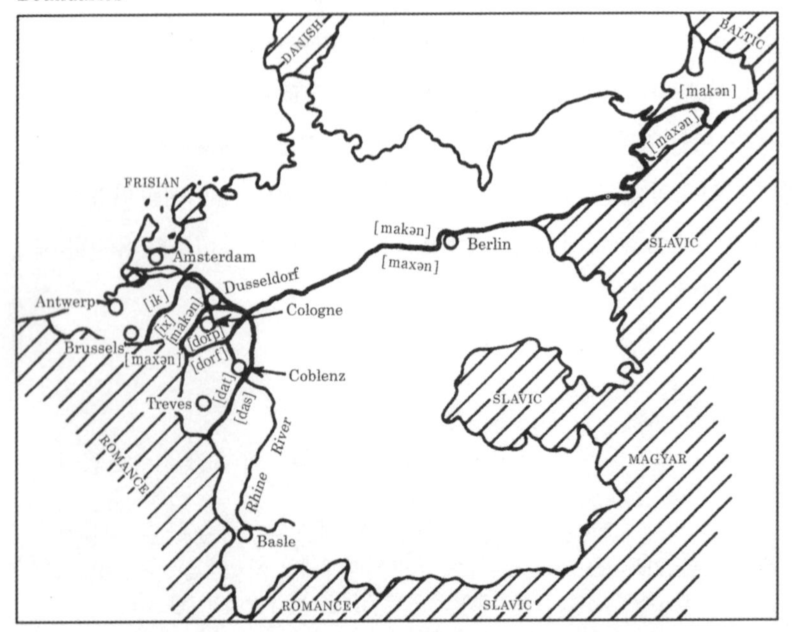

지도 3. 라인강의 부채

지도 3은 미국의 구조 기술언어학자 블룸필드(Leonard Bloomfield 1887~1949)가 쓴 *Language*(1933/1979) 제344면에 실린 것인데 이 지도는, 독일의 거의 전역을 횡단하는 등어선속에 의해 독일의 방언이 남북으로 이분된다는 사실을 보여 준다. 흥미로운 것은, 이 등어선속이 독일의 동쪽에서 시작되어 무리져 서진西進하다가 서쪽의 라인강에 이르러서는 부챗살처럼 등어선들이 여러 갈래로 갈라져 퍼져나가는 양상을 드러내 보인다는 점이다. 그와 같이 등어선들이 순차적으로 펼쳐지는 데 해당 지역의 정치 · 문화 · 역사적 배경이 관련되어 있다는 *Language*(1933/1979: 343~345)의 진술은 '방언구획론'뿐만 아니라 '방언분화론'의 관점에서도 주목할 만하다.

| 깁고 더하기 | '저지低地 독일어'와 '고지高地 독일어'

독일의 방언은 크게, 북부의 '저지 독일어(Low German)'와[9] 중부 및 남부의 '고지 독일어(High German)'로 이분된다. 이러한 방언분포는, 5~6세기경에 발생한 자음추이가 관여하여 형성되었다. 즉 남부의 고지 독일어에서 'k〉x', 'p〉f'(또는 'pf'), 't〉s'(또는 'ts')와 같이 파열음이 마찰음(또는 파찰음)으로 바뀌는 자음추이가 일어남으로써 북부의 저지 독일어와 방언 특징을 달리하게 되었다는 것이다. 이러한 고지 독일어 중, 그 남부의 고지 독일어 특히 정통 연구에서 써 온 말투는 표준 독일어의 근간이 되었다(오늘날의 표준 독일어는, 수도 '베를린'의 말을 중심으로 형성된 것이 아니다).

방언지도

등어선이 어떤 한 방언 특징에 대해 양립하는 방언분포를 직접적으로 보여 주는 장치라면 방언지도方言地圖(linguistic map 또는 language atlas)는 이보다 좀더 종합적으로 방언 특징들의 분포 양상을 보여 주는 장치다. 하나의 방언지도에 등어선 하나만 표시되는 일도 있지만 대개의 경우 방언지도에는 더 넓은 지역을 대상으로 여러 개의 등어선이 나열된다.[10] 이로써 방언지도를 통해 우리는 방언차의 다양한 모습을 총체적으로 확인할 수 있게 되는 것이다.

이러한 방언지도는 밑그림지도 위에 그려진다. 그러기에 밑그림지도에는 방언지도를 지도 형식으로 만들어 주는 기초 정보들이 표시된다. 일반적으로, 지도의 바깥 여백에는 '지도 이름, 일러두기(범례) 기입란, 축척, 방위' 등을 일정한 형식으로 제시하고 그 안쪽에는 '조사 지점 이름'(또는 '지점 번호')이나 지리적 정보 등을 밝혀 준다(**지도 4** 참조). 해당 지역과 관련된 지리적 정보를 제공해 주기 위해 지형도를 따로 제시하는 일도 있다(**지도 5** 참조).

9 독일의 북부가 평야 지대로 이루어져 있어 이 지역을 '저지低地'라 부른다.

10 후술할 '분포도'에서 보듯, 방언지도 상에 등어선이 직접 드러나지 않을 수도 있다.

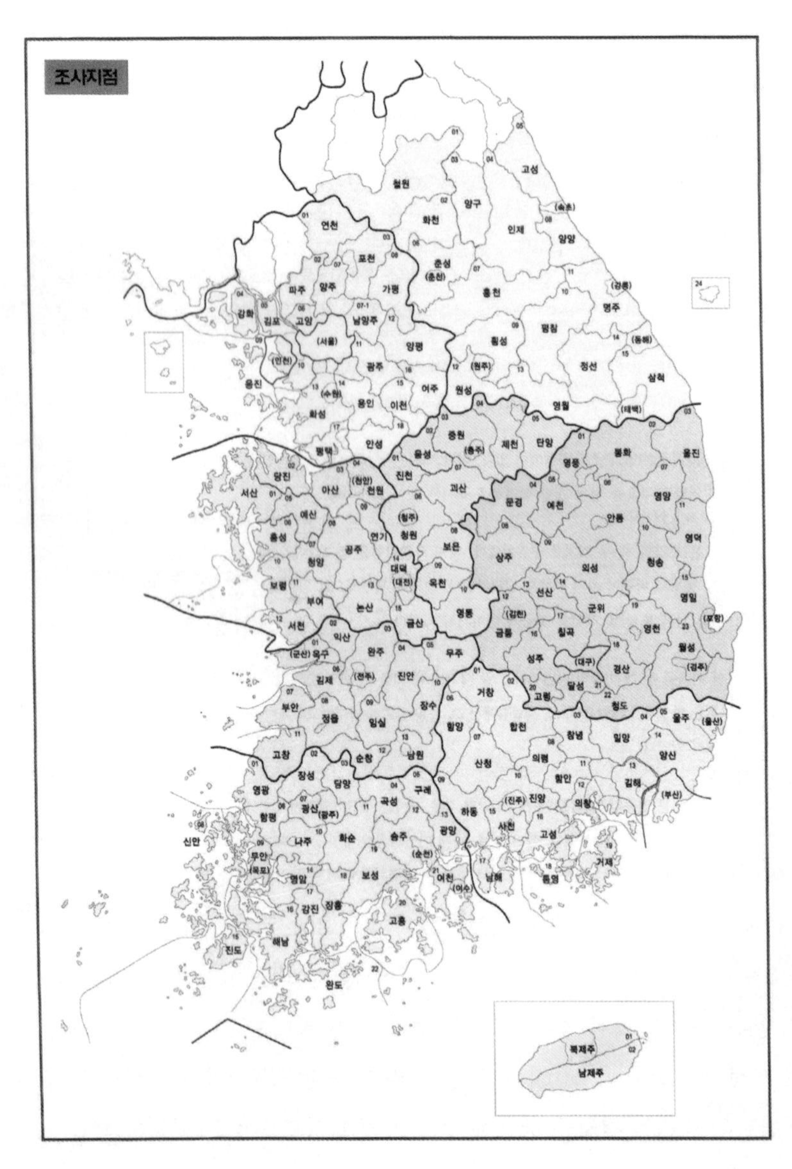

지도 4. 밑그림지도[11]

11 이익섭 외의 ≪한국언어지도≫(태학사, 2008)에 실려 있다. 이 지도에는 '일러두기(범례) 기입란, 축척, 방위'가 생략되었다.

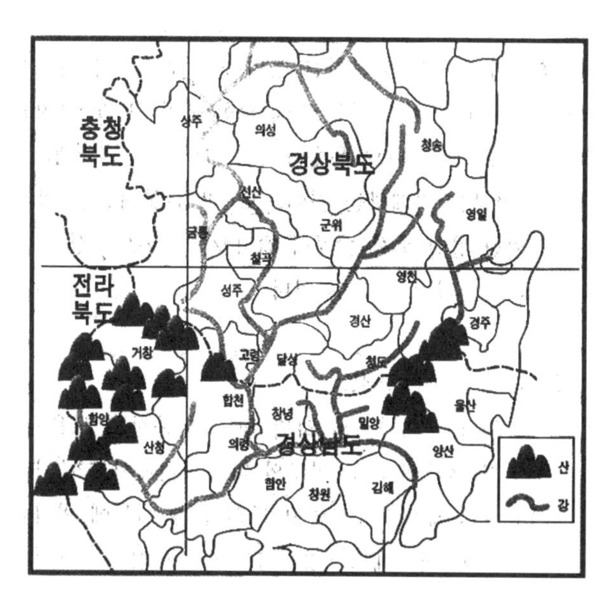

지도 5. 지형도(최명옥 1998b: 423)

'방언지도'는 일정 지역 내에 나타나는 언어적 차이를 한눈에 알아볼 수 있도록 지도 형식을 빌려 표시한 것을 가리킨다. 그러한 까닭에 방언지도의 작성에서 가장 중요한 것은 변별력(이를 '가시성可視性'이라고도 함.)이다. 기호의 사용이 매우 복잡하다든지, 또는 너무 작거나 비슷하다든지 해서 지역 사이의 방언차를 변별하는 데 어려움을 주는 방언지도라면 그것의 존재 가치는 현격히 떨어진다. 그러므로 지도를 작성할 때에는 무엇보다 변별력을 높이는 데 주의를 기울여야 한다. 특히, 기호를 사용하는 진열지도의 경우에는 그러한 변별력이 더욱 중시된다.

이러한 방언지도는 제작의 목적에 따라 크게 진열지도(display map)와 해석지도(interpretive map)로 나뉜다. 대체로 전자는 해당 지역에 어떠한 방언형이 (그리고 그것이 얼마만큼) 사용되는지를 보여 주기 위해 만든 지도이며 후자는 전체 지역이 몇 개의 방언권으로 나뉘는지를 보여 주기 위해 만든 지도다.[12]

그러한 까닭에 전자의 진열지도에서는 해당 지역에서 쓰이는 방언 특징을 충실히 보고하는 데 중점이 두어지며 후자의 해석지도에서는 일부 지역의 언어 사실을 무시하더라도 전체적인 방언권의 구획에 초점이 놓인다. 어떠한 유형의 지도이든, 실제 지도를 바탕으로 해서 그린 방언지도는 정식지도가 되며 어떠한 방식으로든 간략한 지역 정보만을 주어 그린 방언지도는 약식지도가 된다.

진열지도

진열지도는 방언 특징(또는 방언형)들을 지도상에 진열하여 지역 간의 방언차를 알아보기 쉽게 그린 지도다. 따라서 그러한 방언차가 잘 드러나지 않은 진열지도는 좋은 지도라 말하기 어렵다. 진열지도는 해당 지역에서 사용되는 방언 특징의 구체적인 모습을 어떠한 방식으로든 알려 주므로 방언자료집의 성격을 띠는 지도가 되기도 한다.

이러한 진열지도는 방언 특징을 기술하되 조사된 정보에 대해 상징성을 부여하였는지 여부에 따라 원자료지도와 기호지도로 나뉜다. 원자료지도(raw data map)는 조사된 정보를 지도에 직접 표시한 것, 기호지도는 조사된 정보에다가 상징적 기호를 배정하여 이를 지도에 표시한 것이다. 전자에는 대개 일러두기를 따로 둘 필요가 없지만 후자에는 일러두기가 없으면 제목이 있더라도 그 지도를 해석하는 일이 불가능해진다.

전자의 원자료지도에는 어형지도와 비율지도가 있다. 이는 지도가 제공하는 정보의 종류에 따라 구분한 것인데 어형지도에서는 조사된 방언형을 발음기호 그대로, 비율지도에서는 조사된 방언형의 출현 또는 사용

---

12 후술할 지도들이 해당 목적으로만 소용되는 것은 아니다. 실제 지도를 그릴 때에는 각각의 지도들이 얼마든지 다른 목적으로 응용, 제작될 수 있다는 사실을 명심해 두자. 예를 들어 어형지도나 기호지도가 '구획도'로, 또 분포도가 진열지도로 활용되는 일이 얼마든지 가능하리라는 말이다.

비율을 적절한 방식으로[13] 해당 지점에 직접 기록해 놓는다. 그 결과로서 두 지도는 모두, 해당 지역의 방언 특징을 즉시 알아볼 수 있게 해 준다는 공통점을 갖는다.

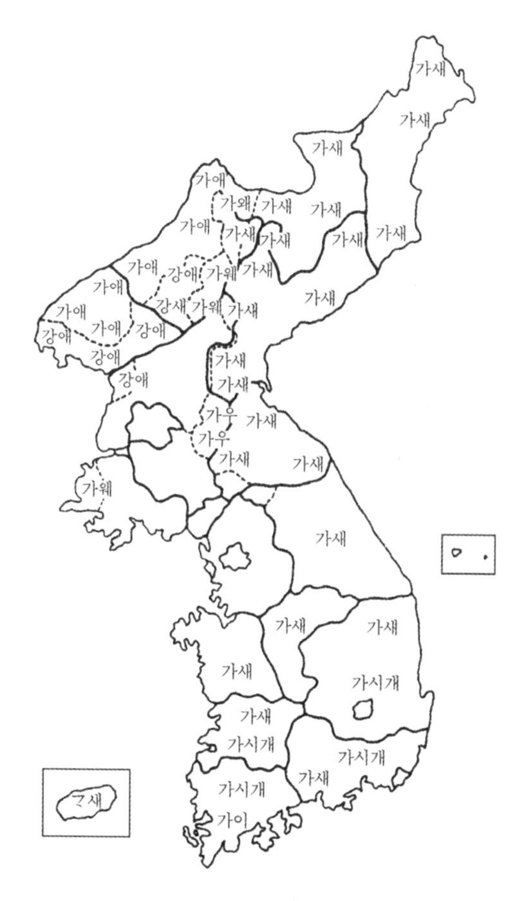

지도 6. 어형지도(김병제 1988: 241)

13 비율지도에서는 대개, 숫자가 아니라 원그래프를 이용하여 해당 비율을 나타낸다. 언뜻 보면 이는 기호지도와 유사하다. 하지만 원그래프는 비율의 실재를 비례적으로 드러내므로 원그래프에 의한 비율지도는 원자료지도의 범주에서 크게 벗어나는 것이 아니다.

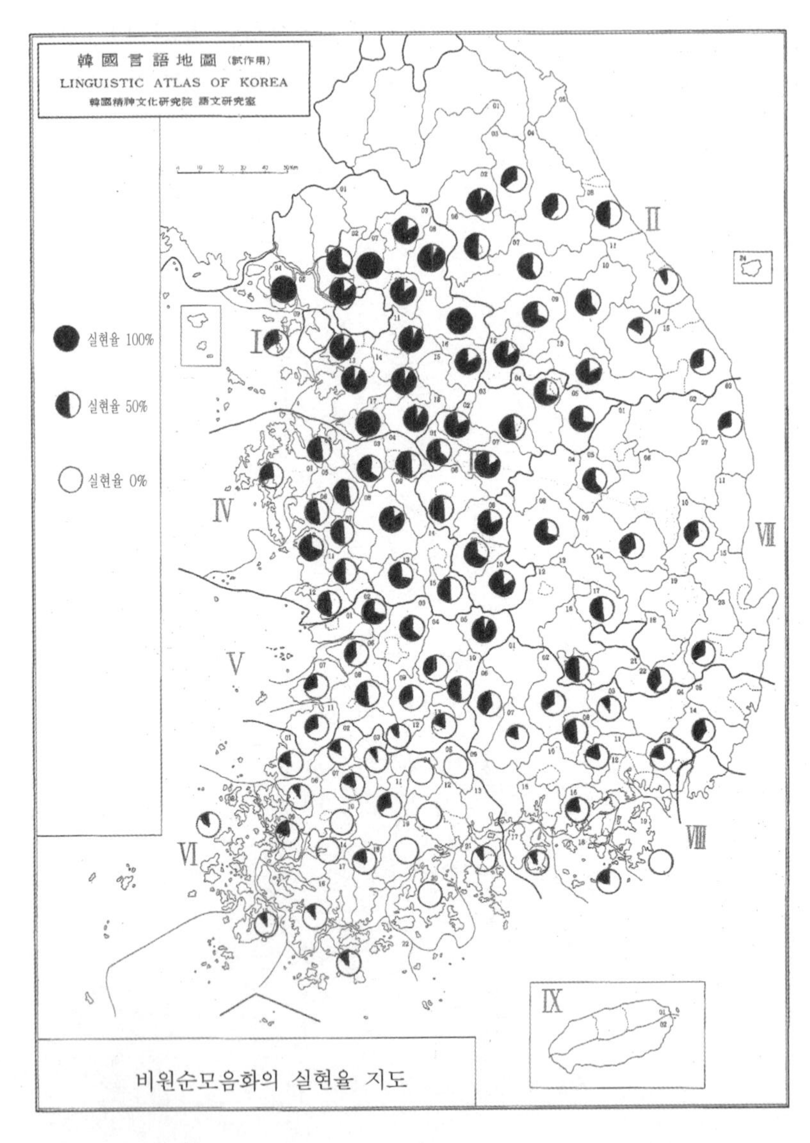

지도 7. 비율지도[14]

14 이는 김현(2007: 164)의 지도를, 원그래프를 이용한 비율지도로 다시 그린 것이다.

지도 6은 '가위'의 어형지도다. 이 지도에는 방언형이 직접 기입되어 있으므로 해당 지역에서 어떤 방언형을 사용하는지 즉시 확인하는 일이 가능하다. 이를 통해 볼 때 대체로 평안도 지역에는 '가애' 또는 '강애'가 쓰이며 강원도 · 충청도 · 함경도 지역에는 '가새', 그리고 경상도 · 전라도 지역에는 '가새' 또는 '가시개'가 쓰임을 알 수 있다.

지도 7은 '비원순모음화'의 실현율을 나타내는 비율지도다. 이 지도는 어떤 지역에 '버리(〈보리)' 등과 같이 비원순모음화를 겪은 단어가 몇 개나 출현하는지 그 비율[15]을 나타내고 있다.

이 지도에서는 경기도를 정점으로 남쪽으로 내려갈수록 해당 방언형들의 출현율이 점차 줄어듦을 보게 되는데 이로부터 비원순모음화가 경기도 지역을 진원지로 하여 남쪽으로 퍼져나간 현상이라는 사실이 잘 드러난다.[16] 특히 전라남도의 동부 즉 지리산의 남쪽은 비원순모음화형의 출현율이 거의 '0%'에 가까운바 비원순모음화에 관한 한 '지리산'이 이 현상의 전파를 적극적으로 저지하는 역할을 했다는 사실을 보여 주어 매우 흥미롭다.

| 깁고 더하기 | 비원순모음화非圓脣母音化 현상

경기도 지역어는 '보리(麥)〉버리, 포대기(襁)〉퍼대기, 모처럼〉머처럼' 등 양순음 뒤에서 '오'가 '어'로 바뀌는 비원순모음화를 활발히 보여 준다. 이 현상은 17 · 8세기의 근세국어 시기를 거치면서 모음체계가 재조정되어 가는 과정에서 새로이 출현하였다. 그 결과로서 비원순모음화는, '어'와 '오'가 [원순성]에 의한 새로운 대립짝으로 정립되었음을 단적으로 드러내 준 현상이다(이병근 1970).

---

15 이때의 분모는 ≪한국방언자료집≫(1987~1995)에 실린, 비원순모음화가 일어나는 조건을 갖춘 단어의 총수다.

16 물론 **지도 7**은 그 동쪽으로도 해당 방언형의 출현율이 줄어듦을 보여 주므로 이 현상이 사방으로 퍼져나가고 있음을 알려 준다.

이들 원자료지도는 조사된 정보를 조사지점 하나하나에 표시해 주는 만큼 조사지점이 촘촘할 경우에 그 지도의 형태가 매우 복잡해져 알아보기가 어렵게 된다. 이러한 단점을 극복하기 위해 고안된 것이 바로 기호지도다.

기호지도는 원자료지도 특히 어형지도를 알아보기 쉽게 변형한 것인데, 그 기호의 종류에 따라 도안형과 색깔형 그리고 문자형으로 구분된다. 해당 지도가 어떠한 유형에 속하든 관계없이, 기호지도에는 반드시 〈일러두기〉를 두어 기호와 방언 특징의 대응 관계를 명시해 주어야 한다.

다음 **지도 8**에서는 '가위'의 각 방언형에 대해 일정한 도안을 배정하고 이를 지도에 표시하였다(색깔도 넣음). 조사된 정보가 군별로 기록되어 있음에도 불구하고 이 지도는, 앞서 제시한 '가위'의 어형지도(**지도 6**)와 비교할 때 훨씬 단순해졌다고 할 만하다.[17] 결국 **지도 8**은 기본적으로는 도안형 기호지도이지만 부수적으로 색깔형을 원용한 지도라 할 수 있다.

색깔형 기호지도는 도안형의 '도안'을 '색깔'로 대치한 것이다(**지도 9** 참조). 하지만 색깔형은 제작하는 데 비용이 많이 들 뿐 아니라, 색이 여럿 사용되면 방언 특징의 변별에도 그다지 효용적이지 않다. 그러한 까닭에 색깔형은 비교적 명료한 구분을 보이는 방언지도의 작성에 사용되면 좋을 것이다. 두서너 가지 색으로만 그려진 색깔형 기호지도는 선명성에서 다른 어느 지도보다도 우월하다.

17 **지도 8**처럼 군마다 어형이 표시된 **지도 6**의 어형지도를 상상하여 비교해 보면 그 차이가 더욱 선명해진다.

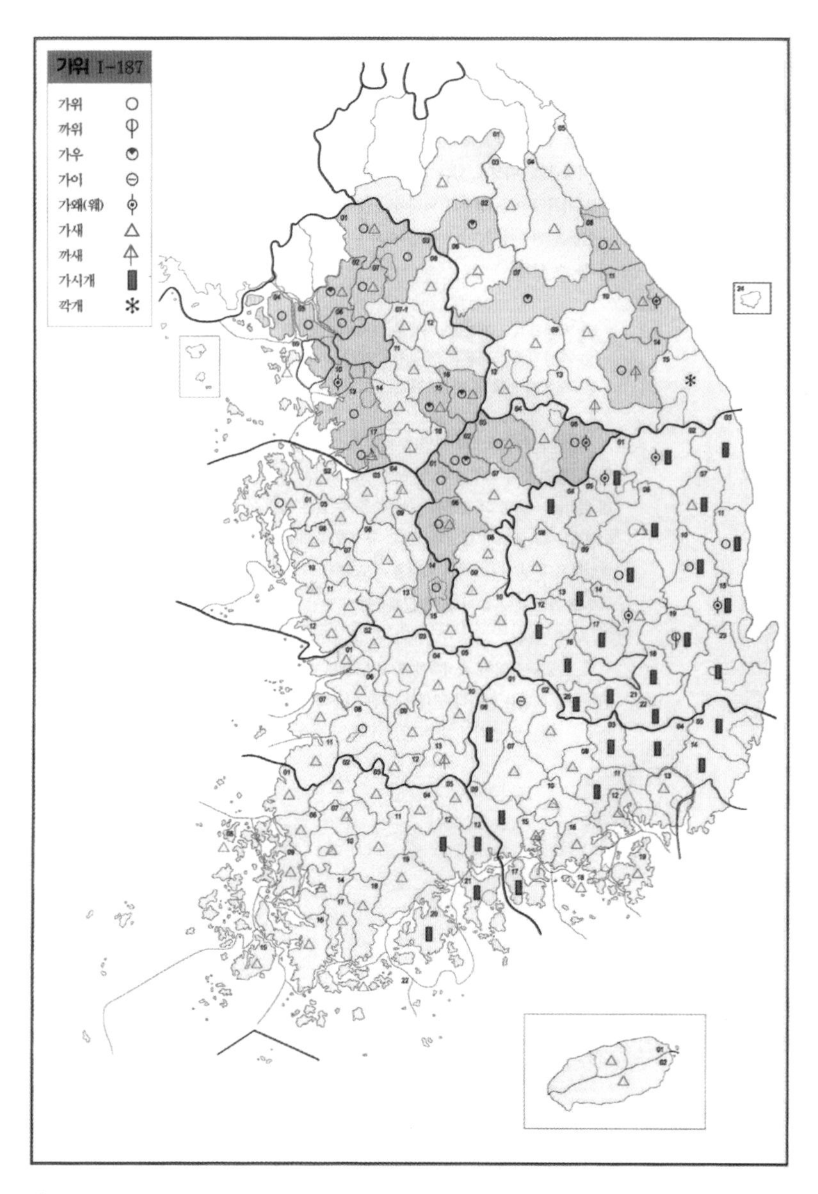

지도 8. 도안형 기호지도(≪한국언어지도≫ 140면)

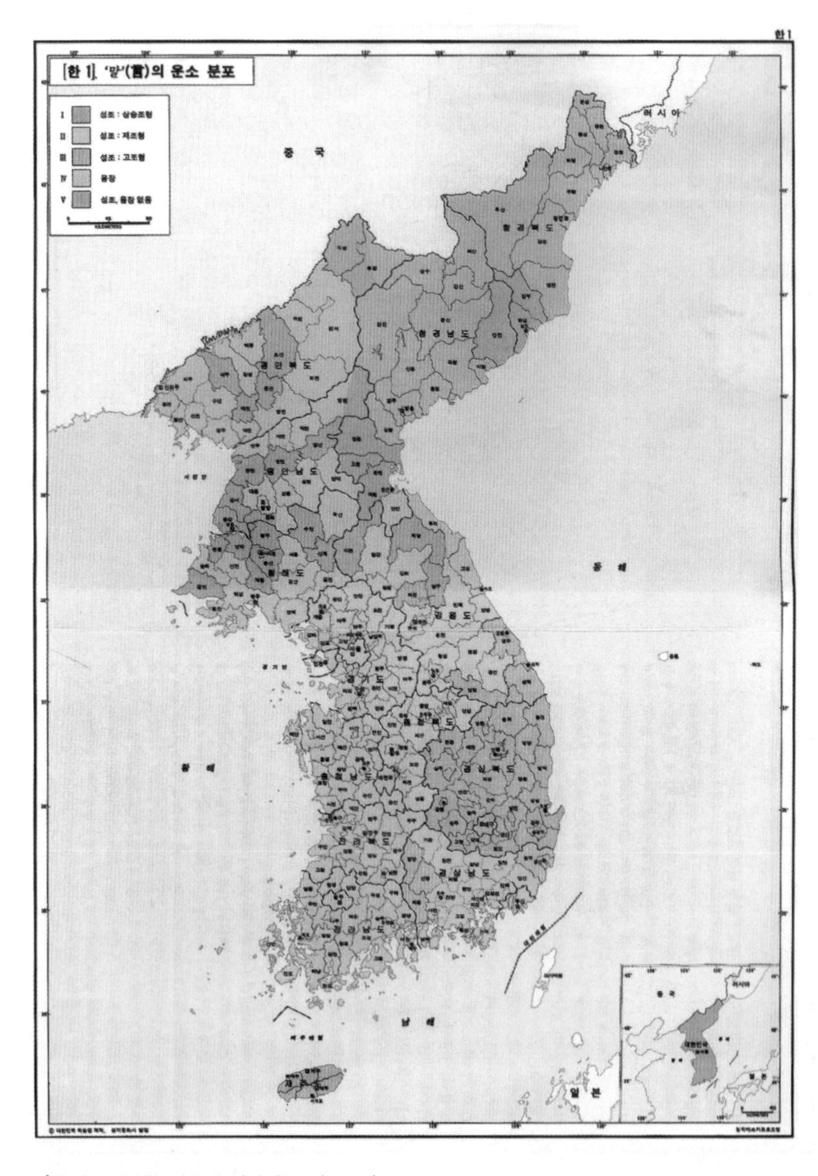

지도 9. 색깔형 기호지도(이기문 외 1993)

다음 **지도** 10에서 보듯, 문자형 기호지도는 도안으로 '문자'를 택한 것이므로 사실상 도안형 지도나 다름없다.[18] 다만 제시하는 '문자'에 언어적 정보를 담을 수 있다는 점에서 다른 기호지도들과 차별된다.[19] 이 지도를 제작할 때에는 〈일러두기〉의 언어적 정보를 잘 활용하여 적절한 '문자'를 선택하는 일이 중요하다.

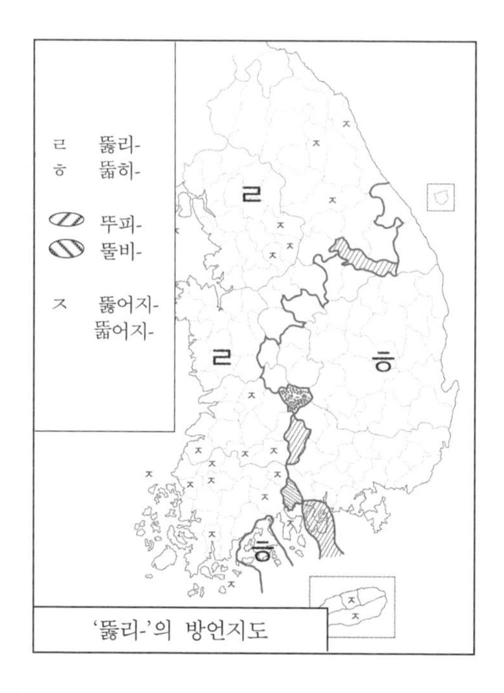

지도 10. 문자형 기호지도(정승철 2007: 137)

18 **지도** 10은 진열지도이므로 군별로 'ㄹ, ㅎ' 등의 기호가 표시돼 있어야 한다. 하지만 복잡성을 피하기 위해 해당 방언형이 출현하는 지역을 선으로 묶고 대형 도안으로 그것을 아우르도록 하였다. 이로써 진열지도지만, 구획도로서의 성격을 갖추게 한 셈이다(후술할 해석지도의 구획도 참조).

19 도안형 기호지도에서 사용되는 '→'나 '▷' 등은 방향성을 나타낼 수 있는 도안이다. 따라서 이 도안을 사용할 때에는 '방언 전파의 방향' 등의 언어적 정보가 담길 수 있다는 사실을 명심해야 한다.

이러한 기호지도의 작성에는 '일러두기(범례)'의 존재가 필수적이다. 〈일러두기〉는 기호와 실재를 직접 연결해 주는 장치이므로, 기호지도 특히 도안형 기호지도에서는 기호 사이의 관계가 실재(여기서는 '방언형' 또는 '방언 특징') 사이의 관계를 평행하게 보여 주어야 한다.[20] 즉 방언형(또는 '방언 특징')과 해당 기호가 1:1 대응을 이루면서 그것들 사이의 차이가 기호들 사이의 차이에 그대로 드러나 있어야 하리라는 말이다. 문자형 기호지도에는 이러한 대응 관계가 으레 반영되게 마련이지만 도안형 지도의 경우에는 그러한 관계가 반영되지 않아 크게 문제되는 수도 있다. 다음 예를 보자.

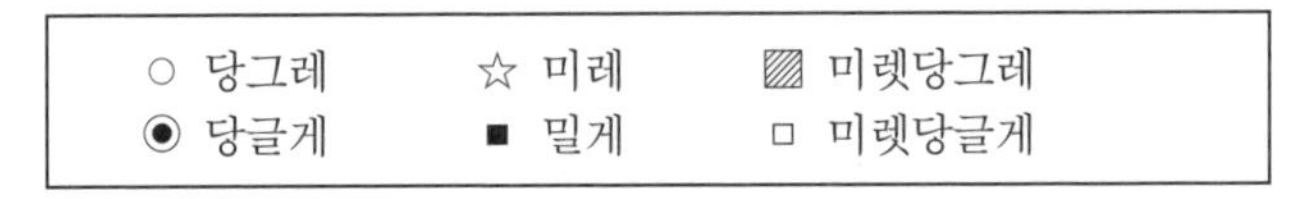

그림 3. '고무래' 방언지도의 〈일러두기〉

위의 그림은 어떤 '고무래'[21] 방언지도의 〈일러두기〉다. 이에 따르면 '고무래'에 대한 이 지역의 방언형은 '당글-'계, '밀-'계, '미렛당글-'계로 나뉜다. 이때 '당글-'계의 기본 도안은 동그라미, '미렛당글-'계의 기본 도안은 네모지만 '밀-'계는 기본 도안이 별과 네모 두 개다. 이로써 보면 '밀-'계의 기호 선택이 잘못되었음이 쉽게 드러난다. '미렛당글-'계는 '밀-'계와 '당글-'계의 합성이므로 도안의 면에서도 양자를 합성하는 게 좀더 체계적이다.

또 파생접사를 중심으로 이 지역의 방언형을 다시 분류해 보면 '-에'계와 '-게'계로 나뉜다. 이때 '당그레'에 대해 '당글게'는 동그라미 속에 까만

20 색깔형 기호지도에서는 그러한 관계의 표시가 사실상 불가능하다.

21 곡식을 그러모으고 펴거나, 밭의 흙을 고르거나 아궁이의 재를 긁어모으는 데에 쓰는 '정丁'자 모양의 기구. 장방형이나 반달형 또는 사다리꼴의 널조각에 긴 자루를 박아 만든다.(≪표준국어대사전≫)

색으로 작은 동그라미를 그려 넣은 데 반해 '미레'에 대해 '밀게'는 기본 도안 자체를 아예 바꾼 데다가 까만색으로 기본 도안을 꽉 메워 버렸다.

그리고 '당그레'와 비교할 때 '미렛당그레'는 부가 기호를 추가하는 대상과 방식을 달리하였다. '당그레'의 경우에는 '-게'계에 까만색을 칠해 넣었는데 '미렛당그레'의 경우에는 오히려 '-에'계에 빗금을 넣은 것이다. 얼핏 보아 '-게'계는 '-에'계에 'ㄱ'이 덧붙은 것이므로 도안의 면에서도 '-에'계에다가 부가 기호를 덧붙여 '게'계를 만드는 것이 좀더 순차적이다.

| 깁고 더하기 | (잘못된 도안 찾기) 다음에 제시하는 '고삐' 방언지도의 〈일러두기〉에서 문제점을 지적해 보자.

○ 고삐	△ 고뺑이	□ 꼬삐	▽ 꼬뺑이	◇ 소고삐
● 괴삐	▲ 괴뺑이	■ 꾀삐	▼ 꾀뺑이	◆ 소꾀삐
◎ 골삐		▣ 꼴삐	⊽ 꼴뺑이	◈ 소꼬삐

이처럼 도안형 방언지도의 기호를 선택하는 데 있어서는 기호 사용의 체계성을 항상 염두에 두어야 한다. 아울러 이러한 지도 여럿을 묶은 방언지도집(또는 지도첩)에서는 체계성뿐 아니라 일관성을 유지하는 데에도 관심을 기울일 일이다. 지도들 사이에서도, 동일한 방언 특징에 대해 가급적 동일한 기호를 배정하는 일관된 태도가 유지되어야 한다는 말이다.[22]

| 잡동사니 | '소'와 관련된 도구

- 코뚜레 : 소의 코를 꿰뚫어 끼는 나무 고리. 좀 자란 송아지 때부터 고삐를 매는 데 쓴다.

---

22 '지도집'에서 낱장의 지도가 매우 많은 경우에, 그러한 일관성을 유지하는 것이 쉬운 일은 아니다.

- 굴레 : 소 따위를 부리기 위하여 머리와 목에서 고삐에 걸쳐 얽어매는 줄.
- 고삐 : 소를 몰거나 부리려고 코뚜레와 굴레에 잡아매는 줄.
- 멍에 : 수레나 쟁기 등을 끄는 줄을 매기 위해 소의 목에 얹는 구부러진 막대.
- 길마 : 짐을 싣거나 수레를 끌기 위하여 소 따위의 등에 얹는 안장.

해석지도

해석지도는 방언 특징(또는 방언형)에 따라 구획된 방언권을 쉽게 알아볼 수 있도록 그린 지도를 가리킨다. 이 지도에서는 지도 제작의 목적에 따라 의미 없는 차이가 무시되며 의미 있는 차이에만 근거하여 지도가 만들어진다. 방언 특징의 차이를 유의미한 것과 무의미한 것으로 분류 · 해석했다는 점에서 해석지도라 부른다.

이러한 해석지도는 해당 지역에 대한 방언구획론의 결과를 반영한 지도인데 구획의 중첩이 가능한지 여부에 따라 분포도와 구획도로 나뉜다.[23] 분포도는 방언분포를 빗금 등과 같은 도안을 이용해 표시한 지도, 구획도는 동일한 방언 특징을 보이는 일정한 지역(즉 방언권)을 선으로 에우고 숫자나 색깔[24] 등을 이용해 구별 표시한 지도를 이른다. 전자는 후자에 비해, 방언권 사이의 접촉 또는 전이지역을 쉽게 표시해 줄 수 있다는 장점을 지닌다.

---

23 구획도는 전체를 대상으로 하지만 분포도는 반드시 전체를 아울러야만 하는 것이 아니라는 점도 주목할 만한 차이다. **지도 11**에서 보듯, 전체 지도에서 일부 지역의 방언 분포만 표시한 분포도도 성립할 수 있다는 말이다.

24 어형이나 도안, 문자 등을 이용할 수도 있다.

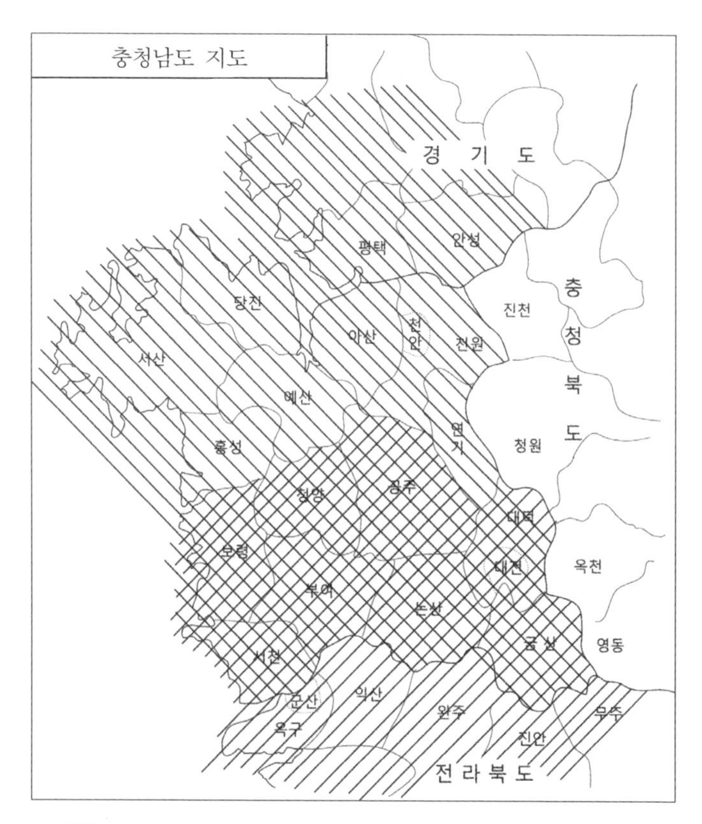

지도 11. 분포도

지도 11은 충청남도를 중심으로 한 분포도다. 중부방언(특히 경기도방언)으로서의 성격을 ▧로 표시하였고 서남방언으로서의 성격을 ▨로 표시하였는바 두 도안의 중첩형 ▩로 그 중간적 성격을 나타내었다. 이를테면 분포도를 통해 언어적으로 중부방언과 서남방언의 중간적 특징을 보이는 지역이 자연스럽게 상정된 셈이다.

이 지도에서 ▩로 표시된 지역은 충청남도의 차령산맥 이남의 '청양, 공주, 보령, 부여, 서천, 논산, 대전, 금산' 지역 정도가 해당한다. 하지만 방언권 사이를 가르는 구획선이 없는 까닭에 도道 경계와 같이 명쾌한 경계선을 상정할 수 있는 것은 아니다.

이와 달리 구획도는 각각의 방언권에 구획선을 두르고 번호를 부여하여 방언권을 명확히 구분하여 그린 지도다. 이때 번호 대신에 색깔을 이용하여 이를 표시할 수도 있다. 그 결과로서, 분포도에 비해 구획도에서는 명확한 경계선을 확인하는 일이 가능해진다. 아래 **지도 12**에서는 함경북도의 세 방언권이 숫자로, **지도 13**에서는 강원도의 세 방언권이 색깔로 구별, 표시되어 있다.

| 깁고 더하기 | 육진방언

두만강 연안에 위치한 함경북도 북부 지역에서 쓰이는 동북방언의 한 하위 방언. 이를 '육읍방언'이라 부르기도 한다. 조선 초기의 세종 시대에 개척한 '육진六鎭'에는 '회령, 종성, 온성, 경원, 경흥, 부령'이 속하나 육진방언 지역은 이 중 가장 남쪽의 '부령'을 제외한 다섯 곳이 해당한다.

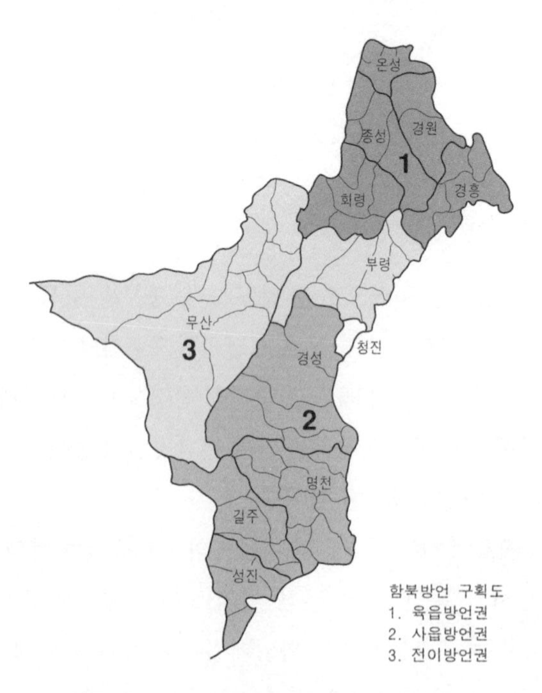

지도 12. 숫자를 이용한 구획도(김태균 1986: 16)

지도 13. 색깔을 이용한 구획도[25]

이와 같은 구획도는 방언권을 쉬 알아보게 하는 장점이 있지만 특정 지역에 나타나는 방언 특징을 무시함으로써 언어 사실을 왜곡하는 단점을 함께 갖는다.[26] 이를 보완하기 위해 고안된 지도가 바로 혼합형지도다. 이 지도는 구획도의 일종인데, 한쪽 어형이 다른 쪽에서 간헐적으로 등장하는 경우를 나타내는 데에 유용하다(**지도 14** 참조).

25 이는 ≪방언학사전≫ 31면에 실린 지도인데 원본의 음영陰影 대신에 색깔을 넣은 것이다.

26 그리 무시된 방언 특징이, 결코 무시되어서는 안 되는 것이 될 때도 있다.

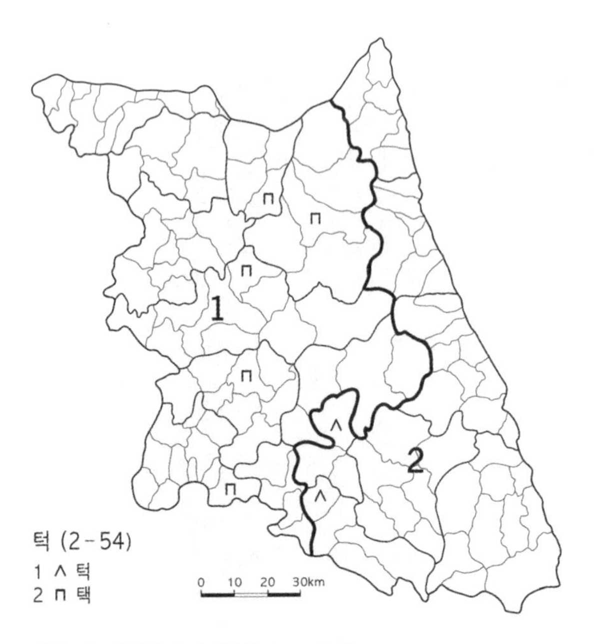

지도 14. 혼합형지도(이익섭 1981: 220)

특히 그러한 방언형(또는 방언 특징)의 출현이 언어적으로 유의미한 가치를 지니는 경우에는 이를 무시하지 않는 편이 좋다. 가령 어떤 방언형이 한 방언형의 사용 영역 안에서 수의적으로 출현한다거나 해당 지도에 표시된 간헐적 출현형이 방언형의 전파 양상을 드러낸다거나 할 때는 이를 표시해 주어 혼합형지도를 만든다(**지도 15** 참조).

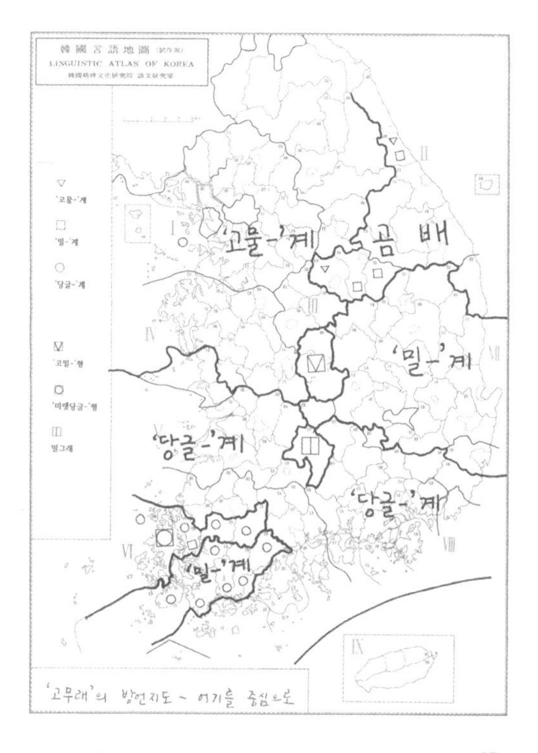

지도 15. '고무래'의 방언지도(정승철 2013: 40)[27]

위의 **지도** 14~15에서는 한 구역 안에서 시현되는 이질적인 어형의 출현을 특별한 기호를 사용해 표시해 주었다. 이와 같은 혼합형지도는 구획도상으로 무시되었던 방언차를 표면에 드러냄으로써 방언의 분포 상태를 좀더 사실적으로 보여 주는 게 가능하다는 점에서 장점을 제공한다. 이를테면 혼합형지도는 진열지도의 성격을 어느 정도 갖춘 해석지도가 되는 셈이다.

---

27 이는 '고물-'계(고무래, 고물개), '밀-'계(미래, 밀개), '당글-'계(당그래, 당글개)를 중심으로 한 고무래 관련 어형의 분화 과정을 검토하기 위해 작성된 지도다. 그리하여 다른 지역과 비교해 매우 이질적인 형태('군데/근데, 불그네, 글그네' 등)를 간직한 제주방언이 지도에서 제외되었다.

3.1.2 방언지도와 방언구획

방언구획이란 언어상의 공통점과 차이점에 기반하여 어떤 지역을 몇 개의 하위 구역으로 나누는 작업이다. 이때 그 나누어진 하위 구역을 '방언권(dialect area)'이라 부르며 그 구역들 사이를 지나는 경계선을 '방언 경계(dialect boundary)'라 부른다.

하나의 방언권은 어떤 언어 특징들을 공유하여 일정한 정도의 동질성을 유지하게 마련인데 그러한 '정도'의 상대적 크기에 따라 방언군方言群, 대방언권大方言圈, 중방언권中方言圈, 소방언권小方言圈, 핵방언권核方言圈이 구분된다. 방언권의 크기가 크면 클수록 방언권 내의 동질성은 약해지며 그 크기가 작으면 작을수록 그러한 동질성은 강해진다.

그런데 이와 같은 '방언 특징의 동일성 정도'는 상대적이므로 방언권의 크기 또한 절대적으로 규정할 수 있는 것은 아니다. 다만 한국어의 경우에는 대체로, 1차 구획에 의한 방언권을 방언군이라 하며 2차, 3차, 4차, 5차 구획에 의한 것을 각각 대방언권, 중방언권, 소방언권, 핵방언권이라 부른다. 이에 따르면 방언군은 행정구역상 몇 개의 남북도南北道를 합친 구역 정도의 크기, 대방언권은 남도南道와 북도北道를 합친 구역 정도의 크기, 중방언권은 도道 정도의 크기, 소방언권은 도보다 작은 크기, 그리고 핵방언권은 이보다 더 작아 몇 개의 군郡을 합친 구역 이하 크기의 지역을 포괄하게 된다.

하지만 제주방언의 경우, 2차 구획한 구역[28]을 중방언권이라 할 수는 없으므로 방언권의 크기를 규정하는 데 그 언어 동질성의 정도가 고려되어야 함은 너무나 당연한 사실이다. 따라서 제주방언을 하위 구획하면 바로

---

28 전통적으로 제주방언은 한라산을 경계로 산남 방언과 산북 방언으로 이분二分해 왔다. 하지만 이들의 차이는 소방언권으로서 "경남중서부방언"과 "경남동부방언" 정도의 차이(최명옥 1994)에도 전혀 미치지 못한다.

핵방언권이 상정된다.

이와 같이 방언구획은 동질성 정도에 따라 전체를 부분으로 나누어 하위 방언권을 정하는 일이다. 이러한 작업은 대개, 방언지도를 통해 이루어지는바 그 방언구획의 방법은 크게 두 가지로 나뉜다. 하나는 해당 지역을 가르는 등어선(isogloss)에 의한 것이고 다른 하나는 인접하는 두 지역 사이의 언어적 거리(linguistic distance)에 의한 것이다.

전자는 방언지도에 나타난 등어선속의 굵기를 측정하여 방언구획을 하는 방법이고, 후자는 두 지점 간에 차이 나는 항목수를 비율로 환산하여 방언구획을 하는 방법이다. 물론 어느 방법을 택하였든, 해당 지역 화자를 통해 그러한 방언구획의 결과가 심리적으로 타당한지를 반드시 확인해 보아야 한다.[29] 해당 방언 화자의 인식에 부합하지 않은 구획은 결코 타당한 방언구획이 될 수 없다.

등어선에 의한 방언구획

등어선은 방언 특징에 근거하여 전체를 부분으로 나눈다. 그리하여 어떠한 경우에는 하나의 방언 특징 즉 하나의 등어선에 의해 방언구획이 이루어지는 수도 있다. 하지만 통상적인 의미에서의 방언구획은 여러 개의 등어선에 의지하는 것이 보통이다.

만일 여러 개의 등어선, 다시 말해 등어선속이 동일한 구획 양상을 적극적으로 보여 준다면 그러한 등어선속은 방언구획에 기여하는 정도가 클 수밖에 없다. 그러하기에 등어선에 의한 방언구획은 등어선속을 발견하고 그 굵기를 재는 일에서부터 시작된다. 등어선속의 굵기가 굵으면 굵을수록 방언구획에의 기여도는 더 커진다.

그런데 등어선속이 등어선의 뭉치인 만큼, 방언 경계를 등어선속의 단

29 이때에는 일정 수의 해당 지역 출신자들에게 직접 물어보는 게 가장 효과적이다.

순한 굵기에만 의지해 결정하면 그 결과가 잘못될 가능성이 있다. 모든 등어선이 동등한 가치를 지니는 것이 아니기 때문이다. 가령 동일한 언어 현상을 나타내는 열 개 단어의 등어선속과 상이한 언어 현상을 각기 나타내는 다섯 개 단어의 등어선속을 비교할 때 대체로, 전자보다 후자가 방언 경계의 기준선이 될 소지가 많다. 이러한 차원에서 등어선의 등급 문제가 논의된다.

등어선의 등급이란 등어선이 방언구획에 기여하는 정도에 따라 매긴 등급을 말한다. 우선, 등어선들은 다음과 같이 구분된다.

① 발음 등어선 : 한 단어 안에서 체계적이지 않은 발음 차이를 나타내는 등어선. (예) '개구리/깨구리'의 등어선

② 어휘 등어선 : 어원차를 드러내거나, 통시적 음소 목록 또는 현상의 차이를 나타내는 등어선. (예) '벼/나락'의 등어선, '모이/모시'의 등어선, '파리/포리'의 등어선

③ 음소 등어선 : 공시적 음소 목록 또는 현상의 차이를 나타내는 등어선. (예) '날/늘(刃)'의 등어선이나 '쌀/살(米)'의 등어선, '줘/조(←주-어)'의 등어선

④ 운소 등어선 : 운소의 목록 또는 유형의 차이를 나타내는 등어선. (예) '밤/밤:'의 등어선, '밤/밤LH'의 등어선

⑤ 형태 등어선 : 곡용이나 활용 또는 파생에서의 차이를 나타내는 등어선. (예) 주격조사 '-가/-레'의 등어선, 의문의 종결어미 '-습니까/-는교'의 등어선, 피동형 '뚫리다/뚧히다'의 등어선

⑥ 통사 등어선 : 문장 구조상의 차이(또는 의미상의 차이)를 나타내는 등어선. (예) '안 기뻐하다/기뻐하지 않다/기뻐 안하다'의 등어선

| 깁고 더하기 | 음성 등어선

자음 'ㅈ, ㅊ, ㅉ'이 방언에 따른 음성차를 보인다는 것은[30] 이젠 제법 많이 알려진 사실이다. 그러한 발음이 원래는, 월남한 평안도민에게서나 '남북의 창' 등의 북한 관련 방송에서 드물게 접하는 것이었으나 지금은 우리 주위에서 흔히 들을 수 있는 것이 되었기 때문이다. 이는 우리가 이주민으로서 연변 '조선족'의 말투를 흔히 접하게 되면서부터 생긴 일이다. 한국에서 'ㅈ, ㅊ, ㅉ'이 치음(또는 치조음)으로 발음되는 것은 평안도의 서북방언과 함경도의 육진방언[31]으로 한정된다.

이와 같이 음소 차원이 아니라 음성 차원의 발음차를 나타내는 등어선을 '음성 등어선'이라 부른다. 한국어의 대표적인 음성 등어선은 바로 위에서 언급한, 치음(또는 치조음) 'ㅈ'과 경구개음 'ㅈ'의 등어선이다. 그러기에 이 음성 등어선은 서북방언 및 육진방언 지역과 그 이외의 지역을 가르는 등어선이 된다.

이들은 등어선을 언어 층위와 관련지어 등급화한 것인데, 표면 구조에 가까울수록 등급 번호가 낮고 심층 구조에 가까울수록 등급 번호가 높게 되어 있다. 각 등급에 주어진 번호는 해당 층위가 표면 구조의 도출 과정에서 얼마나 멀리 떨어져 있는지를 의미하는 수치이므로 그것은 결국 방언구획에 기여하는 정도를 나타낸다.

■ 등어선속의 굵기 = 발음 등어선의 수 × 해당 가중치 + … + 운소 등어선의 수 × 해당 가중치 … + 통사 등어선의 수 × 해당 가중치[32]

이 방식에 따르면 등어선의 개수가 많다고 반드시, 그 등어선속이 방언 경계의 기준선이 될 확률이 높은 것은 아니다. 발음 등어선 다섯 개보다

30 한국어에 'ㅈ, ㅊ, ㅉ'이 음소목록상으로 존재하지 않는 방언은 없다.

31 '연변 조선족'은 대개, 육진방언을 사용한다.

32 위에서 제시한 등어선의 등급 번호를 가중치로 삼는 게 보통이다. 발음 등어선은 가중치가 1, 통사 등어선은 가중치가 6이라는 말이다.

통사 등어선 한 개가 방언구획에서 더 크게 기여할 수도 있기 때문이다. 그리하여 등어선의 등급에 따라 점증하는 가중치를 주고 이를 고려하면서 그 수를 기준으로 등어선속의 굵기를 측정하여 방언을 구획한다. 이러한 방식에 의해 경상도방언을 하위 구획한 예를 보이면 다음과 같다.

지도 16. 등어선에 의한 방언구획(최명옥 1998c: 463)

위의 **지도** 16은 등어선속의 굵기를 재고 그 수치를 바탕으로 경상도방언을 구획한 것이다. 그 굵기가 20점 이상이 되는 곳에 가장 굵은 선을 그어 남북으로 방언구획을 하였는데 이 구획선이 대체로 경상남북도의 도 경계선과 일치하므로 경상도는 경북방언과 경남방언으로 이분된다고 할 수 있다. 다만 **지도** 16에 따르면 경남 창녕은 경남방언권이 아니라 경북방언권에 속하게 된다.

이와 같이 등어선의 등급을 반영하여 방언구획을 하는 방식은 기존의 어떤 방법보다 합리적인 결과를 제공해 준다. 하지만 다음의 몇 가지 문제를 지니는 것도 사실이다.

우선, 각 등어선에 매겨진 등급이 상대적으로 적절한가 하는 문제가 그 단적인 예다. 변화 가능성의 면에서 보면 '날/늘(刃)'의 음소 등어선이 '뚫리다/뚫히다'의 형태 등어선보다 등급이 낮다고 단정하여 말하기는 어렵다.

또 같은 층위의 등어선이라고 다 같은 값을 가지는지도 문제다. 모든 단어가 우리의 언어생활에서 동등한 가치를 가지는 것이 아니듯 동일한 등급에 속한 등어선들도 그 의의가 다 다를 수 있다.

마지막으로 각 등어선에 배정된 가중치가 방언구획에 기여하는 정도를 비례적으로 또 제대로 반영하였는지도 논의해 봐야 할 문제다. 발음 등어선 두 개가 어휘 등어선 한 개와 동등한 값을 지니는지 등은 분명히, 앞으로도 쉬 해결할 수 있는 문제가 아니다.

언어적 거리에 의한 방언구획

언어적 거리란 인접하는 두 지점 사이의 방언차를 가리킨다. 그러기에 언어적 거리에 의한 방언구획의 방법은 지점과 지점을 비교하면서 방언 경계를 찾아 방언권을 확립하는 방법이나 다름없다. 일차적으로 두 지점을 비교하고 그 결과를 종합하는 방식이므로 언어적 거리에 의한 방언구획선은 그 모양이 흔히, 연속되지 않는다.

언어적 거리는 전체 항목 중 차이를 보이는 항목 수 또는 그것을 백분율로 환산하여 측정한다. 항목 수를 바탕으로 방언구획을 한, 다음 예를 살펴보자.

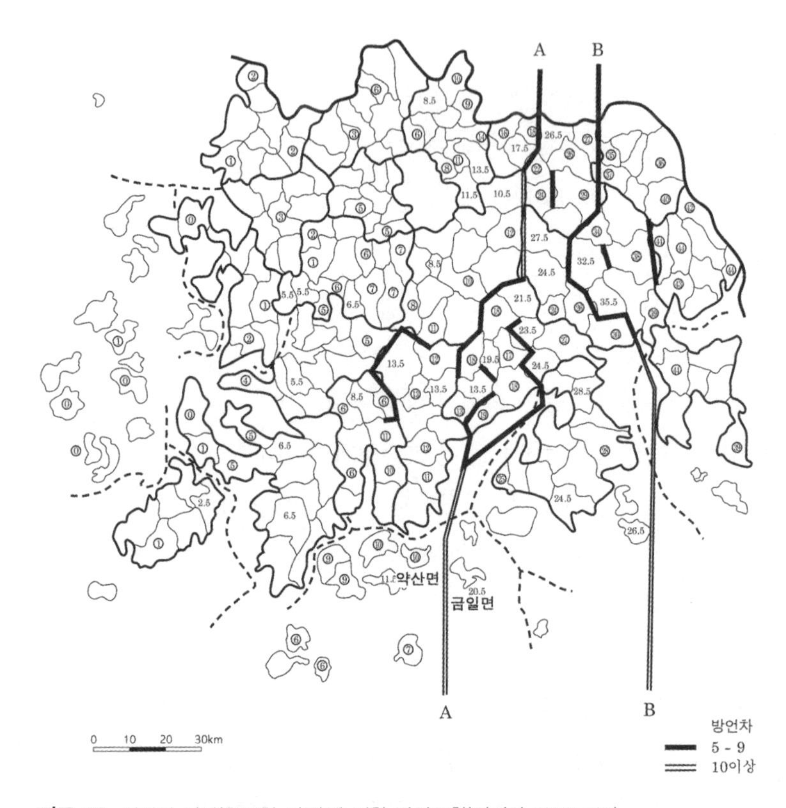

지도 17. 언어적 거리(동부형 기준)에 의한 방언구획(이기갑 1986: 129)

지도 17에서는 44개 단어를 중심으로 전라남도 지역의 언어적 거리를 계상하여 방언구획을 하였다. 동쪽의 광양과 여수의 숫자 44는 이 지역의 방언형을 기준으로 하여 언어적 거리를 상정하였음을 알려 준다. 서쪽의 무안이나 신안, 해남에 숫자 0이 나타나므로 이 지역이 기준점에서 가장 대척적인 지역이 된다.

위 지도의 남쪽에, 완도의 약산면(서쪽)과 금일면(동쪽)은 A구획선에 의해 갈리어 있는데 이는 두 지점 간의 언어적 거리를 고려한 결과다. 즉 약산면은 수치가 10이고 금일면은 20.5이므로 그 사이에는 10.5의 언어적 거리가 측정된다. 전체 기준 단어와 차이 나는 단어의 비율이 44:10.5이므로 전체 기준 단어 중에 1/4 정도가 두 지점 사이에서 차이를 보인다고 말할 수 있다. 이러한 방언차는 전라남도 내에서는 가장 크므로 이들 지역 사이에서 방언구획이 이루어짐은 매우 타당하다.

하지만 언어적 거리에 의한 방언구획은 여러 가지 문제점을 드러낸다. 우선 어느 정도의 차이를 방언권 구분의 기준으로 삼을지 불분명하다. **지도 17**의 범례에서 보듯, 방언권 구분을 위해 방언차를 몇 단계[33]로 나누는데 대해 합리적 근거를 제시하기란 불가능하다. 또 언어적 거리에 의한 방언구획에서 그 구획선이 불연속일 수밖에 없다는 점도 문제다. 결국 정확한 경계를 알려 주지 못한다는 말이다. 마지막으로, 같은 방언권에 속하는 방언들이 어떤 방언 특징을 공유하는지 전혀 알 수 없는 것 또한 문제가 된다.

3.1.3 한국의 방언구획

한국이 몇 개의 방언권으로 나뉘는지를 본격적으로 처음 논한 연구자는 이극로李克魯다.[34] 그는 일부의 방언 특징과 해당 지역의 역사를 고려하여 한국어를 다음과 같이 5대 방언으로 구획하였다(이극로 1932).[35]

① 관서방언 : 평안도, 황해도 일부

② 호남방언 : 전라도, 충청남도

③ 영남방언 : 경상도, 주문진 이남의 강원도

---

33 **지도** 17에서는 방언차를 세 단계(4 이하, 5-9, 10 이상)로 구분하였다.

34 이극로의 방언구획론은 계승되지 못하고 잊혀졌다가 김영배(1992: 356), 최명옥(1998b)에 이르러 비로소 다시 알려지기 시작했다.

35 여기에는 제주도가 제외되어 있다. 이는 아마, 제주도를 전라도에 소속시켰기 때문일 터이다.

④ 관북방언 : 함경도

⑤ 중부방언 : 경기도, 충청북도, 양양 이북의 강원도, 황해도 일부

그의 방언구획은 어조語調[36]에 의해 서부방언과 동부방언을 구분했다든지, 강원도를 둘로 나누어 그 한쪽을 "영남방언"으로 포괄하게 했다든지 하는 주목할 만한 특징을 드러낸다. 하지만 이에 대해 특별한 근거를 제시하고 있지 않은 것으로 보아 그의 방언구획은 아마도, 당시에 일반인들 또는 관련 연구자들 사이에 어느 정도 공유되어 있던 방언권에 대한 인식에 바탕을 두고 이루어졌을 것으로 판단된다.

| 깁고 더하기 | 이극로(1893~1978)

경남 의령 출신. 독일인이 경영하는 중국 상해의 동제대학(1916~1920)과 독일의 베를린대학교 철학부 정치경제학과(1922~1927)를 다녔다. 1919년, 상해에서 만난 김두봉(1890~1961?)의 권유로 국어 연구를 시작하였다. 광복 후에는 월북하여 북한의 언어정책에 큰 영향을 미쳤다.

방언구획과 관련하여 그는 한국을 일차적으로, 고저(pitch)나 음장(length)에 따라 동서東西로 이분하였다. 즉 음장이 중심이 되는 서해안평야어조西海岸平野語調 지역(=전라도, 경기도, 평안도)과 고저가 중심이 되는 동해안산악어조東海岸山嶽語調 지역(=함경도, 경상도)으로 구획한 것이다.

오구라신페이小倉進平의 방언구획

오구라신페이(1882~1944)는 일부의 방언사적 특징에 근거하여 한국어를 다음과 같이 6개의 대방언권(경기도방언, 경상도방언, 전라도방언, 평안도방언, 함경도방언, 제주도방언)으로 구획하였다.

---

36 이때의 어조는 고저(pitch)나 음장(length)을 이른다.

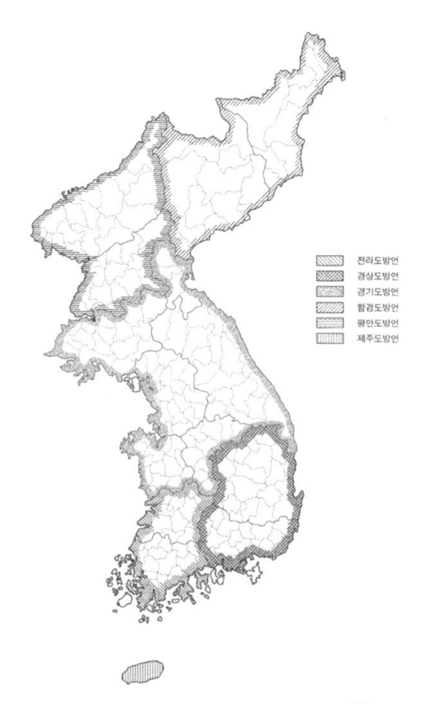

지도 18. 오구라신페이의 방언구획[37]

그의 6개 대방언권 구획은 그 경계나 명칭 등에서 약간의 차이를 보이면서도 이제까지, 한국의 방언 연구자들에게 큰 수정 없이 받아들여져 왔다. 하지만 그러한 구획의 결과는 운소 등어선을 고려하지 않았다든지 하는 중요한 문제를 드러낸다.

특히 강원도는, 영서 지역과 영동 지역의 심대한 방언차를 고려할 때 하나의 대방언권(오구라신페이에 따르면 '경기도방언')으로 묶을 수 있는 근거가 충분치 않아 더 큰 문제를 제기한다. 이는 오구라신페이가, 당시의 한국인들 사이에 공유되어 온 방언권에 대한 인식을 고려하지 않고 방언구획을 시도한 데에서 기인한 결과로 여겨진다.

---

37 원본은 그의 *The Outline of the Korean Dialects*(1940)에 〈지도 10〉으로 실려 있다.

강원도의 영서방언과 영동방언

두 방언은 여러 가지 언어적 특징에 의해 구별된다. 김봉국(2001)에 근거하여, 양자 사이에 드러나는 중요한 방언차를 기술하면 다음과 같다.

- 영서방언은 순수히 음장이 변별적 기능을 하는 지역이며 영동방언은 성조(또는 성조와 음장 모두)가 변별적 기능을 하는 지역이다.
- '디뎌(←디디-어)'와 '디데'의 비교에서 알 수 있듯, 영서방언은 활음화('디뎌')를 보이는 데 반해 영동방언은 동일한 환경에서 모음축약('디데')을 보인다.
- '이색이(←이삭-이)' 등에서 보듯, 영동방언의 일부 지역은 형태소 경계에서의 움라우트를 보여 준다.
- '먹아, 먹았아' 등에서처럼 영동방언은 형태소 경계에서의 모음조화를 보이지 않는다.
- '도매(〈도마)' 등에서 보듯, 영동방언에는 어간말의 'ㅣ' 첨가 현상이 활발히 나타난다.
- '아시(=아이), 또바리(=똬리), 갈강비(=가랑비)' 등처럼, 영동방언은 어중 자음 'ㅅ, ㅂ, ㄱ'의 존재를 보여 준다.
- 영동방언의 일부 지역에서는 주격조사로 '-거'가 출현한다.
- '어대 가나?(=어디 가니?)' 등에서 보듯, 영동방언에서 해라체 의문형 어미로 '-나'가 쓰인다.
- '줄구다(=줄이다)' 등과 같이 영동방언에는 사동 접미사 '-구-'의 쓰임이 생산적이다.

위에 제시한 영동방언만의 특징들이 대체로 경상도방언의 특징에 부합한다는 점은 주목할 필요가 있다. 이로써 강원도의 영동방언을, 중부방언이 아니라 동남방언으로 포괄하는 태도가 타당함을 보게 되는 것이다.

이에 대한 면밀한 관찰을 통해, 세 방언권(중부방언, 동남방언, 동북방언) 사이의 좀더 세밀한 경계가 찾아져야 할 일이다.

| 깁고 더하기 | 행정구역과 방언권

행정구역 경계가 언어에 영향을 미치리라는 점은 쉽게 상상할 수 있는 일이다.[38] 강원도의 경우도 그러한데, '강원도'라는 자치단체가 내적 통합을 매우 공고히 하게 되면 영서방언과 영동방언 사이의 방언차가 현격히 줄어들 수도 있다. 그 시대에는 오구라신페이가 규정한 6개 대방언권 구획으로 되돌아가야 할는지도 모른다. 하지만 그 시대에 이르더라도 휴전선(사실상, 남북한 사이의 국경)의 강력한 단절 효과 때문에, 오구라신페이의 '경기도방언' 구역이 그대로 유지될 성싶지는 않다.

대방언권의 명칭

한국의 대방언권에 대한 명칭은 연구자마다 다르다. 이러한 명칭 중에 '호남, 영남' 등 관습적 명칭이나 '전라도, 경상도' 등 행정적 명칭을 활용한 것은 해당 지역과 방언 구역이 서로 일치하지 않아 문제가 된다. 이러한 사정을 감안하면 방위명方位名을 활용한 명칭이 가장 효율적이면서 체계적이다.[39]

국내에서 처음으로 방위명을 활용한 방언권 명칭을 사용한 것은 이기문(1961: 179)에서다. 여기에서는 한국을 6개 대방언권으로 구획하고 각각에 대해 '서북방언, 동북방언, 중부방언, 서남방언, 동남방언, 제주도濟州島방언'으로 명명하였다. '동서東西'의 방언구획을 1차로 하고, '남북南北'의 방언구획을 2차로 하여 그 용어가 정립되어 있다는 점은 유념해 둘 일이다. 서부방언과 동부방언의 일차 구획을 염두에 둔 조처로 판단된다.

---

38 언어에 대한 영향력 차원에서 보면 '행정구역 경계'보다 '국경'이 더 절대적이다.

39 일반인들에게 생소한 용어라는 점이 약간의 문제로 남는다.

한국의 대방언권

여러 가지 부면(component)의 방언 특징에 근거할 때 일반적으로 한국어는 크게 6개의 방언권으로 나뉜다. 일반적으로 '동서東西'의 방언구획을 1차로 하고 '남북南北'의 방언구획을 2차로 하여 계층적으로 구획을 한다.

먼저 동 · 서의 1차 구획은 운율적 요소(성조 또는 음장)를 중시하여 방언을 구획한 데 따른 결과다. 이때 동 · 서의 지리적 경계는 대체로 백두대간(백두산에서 지리산에 이르는 길이 약 1,500km의 산줄기)을 기준으로 삼는다. 그리하여 이러한 1차 구획의 결과는 다음과 같이 정리된다.

(1) ㄱ. 동부방언 : 성조를 변별적 요소로 가지는 방언
ㄴ. 서부방언 : 음장을 변별적 요소로 가지는 방언
ㄷ. 제주방언 : 둘 중 어느 요소도 변별적이지 않은 방언

남 · 북의 2차 구획에서는 인문지리적인 거리에 비례해 나타나는 방언 차이 그리고 휴전선과 같은 정치적 경계가 구획의 주요 기준이 된다. 이러한 언어 내적 · 외적 기준들을 반영한 두 층위의 방언구획을 통해 한국어의 방언권을 나타내 보이면 다음과 같다.

(2) ㄱ. 동부방언
- 동남방언 : 경상도, 강원도 영동 지역
- 동북방언 : 함경도

ㄴ. 서부방언
- 서남방언 : 전라도
- 중부방언 : 경기도, 충청도, 강원도 영서 지역
- 서북방언 : 평안도, 황해도

ㄷ. 제주방언 : 제주도

위 (2)에서의 '동부방언, 서부방언'은 방언군方言群에 해당하며 '제주방언'은 방언군은 아니지만 이에 상당하는 방언권이 된다. 통상적으로 2차 구획에 따라 이를 더 세분한 '동북방언, 동남방언, 서북방언, 중부방언, 서남방언, 제주방언'을 한국의 6개 대방언권大方言圈이라 부른다. 해당 방언 구획을 전국 지도로 드러내 보이면 다음 **지도 19**와 같다. 이들 대방언권의 정확한 지리적 경계에 대해서는 3.2절에서 각 방언권의 특징을 서술할 때 자세히 언급하기로 한다.

지도 19. 한국 방언구획 지도

3.2 개별방언론

지역방언이거나 사회방언이거나, 또 음운론 · 문법론 · 어휘론 어느 영역에서나 개별 방언의 언어적 특징을 관찰 · 기술하는 방언학의 하위 영역이 바로 개별방언론이다. 이 영역에서 무엇보다 중요한 것은 해당 방언의 언어체계 또는 그 속에서 일어나는 언어 현상들을 얼마나 정밀하게 관찰 · 기술하고 그것들의 변화를 합리적으로 설명할 수 있는지 여부다. 다시 말해 개별방언론에서는 공시적이든, 통시적이든 한 방언의 체계나 현상의 전모를 체계적으로 기술하고 설명하는 일이 가장 중요하다는 말이다.

| 깁고 더하기 | 방언학과 국어학

국어(또는 한국어)는 한국에 존재하는 개별 방언들의 총체다. 즉 한국의 모든 방언 하나하나가 '국어'가 된다는 말이다. 사실상 이는 국어의 실체가 '방언'임을 내포한다. 이러한 의미에서 방언학은 곧 국어학이 된다. 따라서 '서울말'(또는 '표준어')을 다룬 업적은 '국어학'이고 '방언'을 다룬 업적은 '방언학'이라 하여 둘을 구별하는 태도는, '국어'나 '방언'의 정의에 부합하지 않으므로 타당하다 하기 어렵다.

3.2.1 개별방언론과 체계

어떠한 대상물이든 여러 요소로 이루어진 것들은 '체계'를 이루게 마련이다. 이때 대상물 전체를 이루는 요소들끼리 맺고 있는 가깝고 먼 관계를 '구조(structure)'라 부른다. 이 구조를 모두 모아 놓은 것이 바로 '체계(system)'다.

이러한 의미에서 하나의 방언은 독립된 언어체계를 갖는다. 이는 해당 방언 속에서, 음운 · 문법 · 어휘의 각 요소들이 서로서로 관계를 맺으면서 하나의 완전한 체계를 이루고 있다는 뜻이다. 물론 이는 자음 · 모음 등의 음소나 운소, 시제나 서법, 호칭어나 친족명칭 등의 요소들이 이루는 하위 체계로 구성된다. 그러므로 전체 체계든 부분 체계든, 해당 방언에 드러나는 언어체계의 전모를 기술하는 개별방언론은 결국, 해당 방언의 특징을 구명하는 작업이 된다. 이와 같은 개별방언론에서는 한 방언의 전체 또는 부분 체계를 정밀하게 기술하는 데 중점을 둔다. 그것은 사회방언일 경우에도 마찬가지다. 특히 어휘체계의 기술을 위해 개별방언론에서는 각 방언을 구성하는 어휘장들이 고려된다.

'친족명칭'과 같이 한 무리의 단어들이 어휘장(lexical field=일정한 의미를 공유하는 단어들의 체계)을 이루는 것으로 '신체/가옥/그릇/색채/시간/바람/비/눈/농작물/가축/해산물/물때 관련어'나 단위명사 등을 들 수 있다. 동사나 형용사로는 '요리/사육/감각/측정 관련어' 등이 그러한 관계를 보이는 계열어들이다. 어휘에 관한 한, 개별방언론의 중심 주제로 좀더 풍부한 단어를 포괄한 어휘장을 선택 · 상정하는 일이 필요하다.

※(과제) 하나의 지역어를 택하여 그에 대한 개별방언론을 전개해 보자.

제목 : (　　　　　) 지역어

1. 서론

2. 음운
2.1 음운체계
(1) 음소체계 : 자음체계, 모음체계(단모음/이중모음)
(2) 운소체계
2.2 음운변동
(1) 대치 (2) 탈락 (3) 첨가 (4) 축약
2.3 음운변화 : 이중모음, 어간말 자음, 불규칙 활용 등
3. 문법(형태·통사)

3.1 조사
(1) 격조사 : 주격, 목적격, 속격, 도구격, 공동격, 호격 등
(2) 보조사 : 주제 및 대조, 비교, 출발, 도착, 선택 등
3.2 활용어미
(1) 선어말어미 : 시상時相, 의도 또는 추측, 존대 등
(2) 연결어미 : 대등, 동시, 양보, 이유나 원인, 조건, 당위, 의도 등
(3) 종결어미 : 평서, 의문, 명령, 청유, 감탄 등
3.3 인용
3.4 파생접사 : 명사 파생, 형용사 파생, 부사 파생, 피사동사 파생 등
3.5 기타 : 경어법, 부정법 등

4. 어휘
4.1 명사 : 신체, 가옥, 복식, 그릇, 음식, 직업, 색채, 시간, 자연('물때' 포함), 식물('농작물' 포함), 동물('가축, 해산물' 포함), 친족명칭 등
4.2 대명사
4.3 수사
4.4 동사 및 형용사 : 요리 동사, 사육 동사, 감각 형용사, 측정 관련어
4.5 관형사
4.6 부사 : 일반 부사, 의성의태어 등
4.7 감탄사 : 일반 감탄사, 욕 등
4.8 기타 : 인사말, 속담 등의 관용어, 담화 표지

5. 결론

참고논저

3.2.2 개별방언론의 실제 : 6개 대방언권의 특징

한국어의 방언구획은 1차적으로는 성조 또는 음장과 같은 운율적 특징, 2차적으로는 방언들 사이의 인문지리적 경계 및 휴전선과 같은 정치적 경계를 기준으로 삼는다. 이러한 기준에 따라 방언구획을 하고 방위명을 활용한 명칭을 붙인 결과, 한국어는 통상적으로 동남방언, 동북방언, 서남방언, 중부방언, 서북방언, 제주방언의 6개 방언권으로 나뉜다고 말한다.

이 중에 동남방언과 동북방언에서는 성조가 변별적인 데 반해 서남방언과 중부방언과 서북방언에서는 음장이 변별적이다. 이와 달리 제주방언은 성조나 음장 등 어떠한 운율적 요소도 변별적이지 않다는 특징을 지닌다. 여러 가지 면에서 이들 6개의 방언권은 언어적으로나 역사적으로나 사회적으로 대등한 지위를 갖는다고 할 수 있다. 해당 방언권의 특징을 대략적으로 서술하면 다음과 같다.[40]

3.2.2.1 동남방언[41]

개관

경상도 전 지역 및 강원도 영동 지역(강릉 · 고성 · 삼척 · 양양 · 영월 · 정선 · 평창)에서 사용되는 방언. 동남방언은 대방언권의 하나로, 행정구획상의 도 경계에 따라 세 방언권(경남방언, 경북방언, 영동방언)으로 나뉜다. 다만 강원도 북부의 고성 · 양양 지역은 동북 · 중부방언과 전이 지역을 형성하며 타 방언권에 속한 충북 영동 황간면 · 황금면 및 전북 무주 무풍면과 남원 동면 · 산내면 그리고 전남 광양 · 구례의 섬진강 유역 등은 동남방언과 전이지역을 이룬다.

동남방언은 지형지세의 험준함에서 비롯하여 여러 가지 면에서 타 방언권과 확연히 구별되는 특성을 보인다. 반면에, 많은 사람들이 여기저기서 고립적으로 모여 산 까닭에 방언권 내의 언어적 동질성은 매우 약하다

---

40 아래의 방언 특징에 대한 서술 중에 서남방언, 서북방언, 제주방언은 ≪한국민족문화대백과사전≫(한국학중앙연구원)에 실린 해당 항목을 바탕으로 작성되었다(이에 대해서는 직접 인용된 부분이더라도 따로 언급하지 않는다). 이 항목들은 저자가 '민족문화대백과사전' 편집자의 의뢰를 받아 2014년에 집필한 것으로, 훗날 네이버의 〈지식백과〉에 탑재되어 일반인들에게도 공개되었다.

41 동남방언에 대해서는 ≪방언학사전≫(2001)과 최명옥(1986), 이기갑(2003) 등을 참고하였다.

고 할 수 있다.

음운적 특징

음운상으로 동남방언의 가장 큰 특징은 성조가 변별적이라는 점이다. 강원도 북부의 고성·양양을 제외한 거의 모든 지역에서 어두음절의 성조는 단어의 뜻을 구별해 주는 기능을 한다. 성조체계에 대해서는 연구자에 따라 여러 견해가 있으나 대개 경남방언은 '고조(H)·중조(M)·저조(L)'의 3단체계, 경북·영동방언은 '고조(H)·저조(L)'의 2단체계를 이루면서 음장(length)이 변별적 기능을 가지는 것으로 본다. 경북방언과 영동방언의 차이는 성조의 면에서보다 분절음 특히 모음 '으/어'의 변별 여부에서 분명히 드러난다. 영동방언 화자들이 '으'와 '어'를 구별하는 반면에 경북방언(경남방언 포함) 화자들은 대체로 두 모음을 구별하여 발음하지 못한다(경상도의 일부 청소년층 화자는 두 모음을 구별하는 경향을 보이기도 한다).

동남방언의 단모음체계는 6모음체계(이, E, ㅋ, 아, 우, 오)가 가장 널리 사용되며, 지역이나 세대에 따라 10모음체계(이, 에, 애, 위, 외, 으, 어, 아, 우, 오)나 7모음체계(이, E, 으, 어, 아, 우, 오)가 실현되기도 한다('E'와 'ㅋ'는 각각 '에/애'와 '으/어'가 합류한 발음). 이중모음도 방언별로 실현 양상이 다르다. 일반적으로 경남방언은 8개의 이중모음(예[jE], 여[jㅋ], 야, 유, 요, 웨, 워, 와) 그리고 경북방언은 9개의 이중모음(예[jE], 여[jㅋ], 야, 유, 요, 위, 웨, 워, 와)을 가지며 영동방언은 대개 11개의 이중모음(예, 얘, 여, 야, 유, 요, 위, 웨, 왜, 워, 와)을 가진다(이중모음 '의, 외'가 실현되는 지역도 있다). 대체로 이들 이중모음은 초성에 자음이 없을 때 명확히 발음된다.

자음의 경우, 낙동강 동쪽 지역의 경상도 화자들이 'ㅅ'과 'ㅆ'을 변별하지 못한다는 점을 제외하면 전 지역이 대체로 동일한 특성을 지닌다. 다만 해당 지역의 청소년층 화자들도 'ㅅ'과 'ㅆ'을 점차 구별해 가는 추세를 보인다는 사실은 특기할 만하다.

그밖의 음운적 특징으로 '읽다[일따], 읽고[일꼬]'나 '짧다[짤따], 짧고[짤꼬]' 등처럼 'ㄹ'을 가진 자음군子音群 말음 용언 어간의 활용에서 'ㄹ'이 남는다는 점, 또 '꽃~꽅(花), 밭~밫(田), 무릎(膝)' 등 격음으로 끝나는 체언 어간을 많이 보유하고 있다는 점, '갈강비~갈그랑비(=가랑비), 따뱅이~또바리(=똬리), 마실(=마을)' 등 어중에 'ㄱ, ㅂ, ㅅ'을 가진 단어들이 자주 출현한다는 점, '먹아(=먹어), 입아(=입어)' 등처럼 어미 '-아/어'의 선택에서 '-아'쪽을 택하는 경향을 강하게 드러낸다는 점 등을 들 수 있다. 'ㅂ'불규칙 용언의 경우, 경상도 화자들이 '무섭어, 춥어'처럼 'ㅂ'규칙 활용을 보인다는 점도 흔히 언급되는 특징의 하나다.

문법적 특징

동남방언의 문법 요소로서 조사나 연결어미는, 다른 방언과 비교하여 대체로 형태상의 차이만 가진다(기능상의 차이는 거의 없다). 그중에 특징적인 것으로는 '니거(=네가)' 등에 연결된 주격조사 '-거'[영동방언]나 '니캉 내캉(=너하고 나하고)'의 공동격조사 '-캉'[경남 · 경북방언] 그리고 '보이까, 보이께네(=보니까)' 등에 결합된 연결어미 '-으이까(네)~으이께(네)' 등을 들 수 있다. '간대이(=간다)'처럼 문종결에 쓰이는 '-이'는 경상도 특유의 문법 요소로 흔히 언급된다. 나아가 파생접사의 면에서는 '바꾸키다(=바뀌다)' 등에 나타나는 피동 접사 '-키-'와 '알기다~알구다(=알리다)' 등에 나타나는 사동 접사 '-기-~-구-'가 주목된다. 전자는 영동방언을 특징짓는 접사, 후자는 경상도방언을 특징짓는 접사라 할 만하다.

무엇보다 문법의 면에서 동남방언을 다른 방언과 뚜렷이 구별 지어 주는 것은 종결어미에서다. 동남방언의 종결어미는, 전반적으로 지형이 험준한데도 인구가 많음으로 인해 지역에 따른 방언차를 매우 크게 보여 준다. 이 방언의 청자경어법은 '존대(일명 '하이소체'), 공대('하소체'), 평대,

하대'로 4분 하는 것이 일반이므로 다음 표와 같이 각각의 등급에 해당하는 대표적 종결어미를 정리 · 제시할 수 있다('존대'와 '공대'가 통합되어 3분 체계를 가진 하위 방언도 존재한다).

	평서	의문	명령	청유
존대	-ㅁ니더[경남, 경북 중·동남]~ㅁ니다[영동] -니더/시더[경북 중·동부] -아여[경북 서부]	-ㅁ니꺼[경남, 경북 중·동남]~ㅁ니까[영동] -는교[경남 동북] -니껴/이껴[경북 중·동부] -아요/지요/이라요	-으이소/으시이소[경남·경북] -으십시오[영동]	-입시더[경남·경북] -시더[경북 중·동부] -읍시다[영동]
공대	-소/요[경남] -ㅁ니더[경북 동남] -니더/시더[경북 중·동부] -아여[경북 서부] -소/오~우~와[영동]	-소/요[경남, 경북 서부] -는교[경남 동북] -니껴/이껴[경북 중·동부] -소/오~우[영동]	-으소[경남·경북] -으우[영동]	-입시더[경남·경북] -시더[경북 중·동부] -읍시다[영동]
평대	-네	-는고/는가 -과[영동]	-게	-세
하대	-다/는다/라~래 -아[영동]	-(이)고/가[경남·경북]~이로/라[경북 중·동북] -노/나[경남·경북] -나[영동] -제	-아라/거라	-자

표 1. 동남방언의 청자경어법에 따른 종결어미 체계

특히 '하대'의 의문 어미는 영동방언과 경상도방언을 가르는 문법 요소가 된다. 즉 "오데 가노?(=어디 가니?)"와 "집에 가나?" 그리고 "언제가 장(이)고?(=언제가 장날이니?)"와 "오늘 장(이)가?"처럼 경상도방언에서는 형태가 다른 종결어미를 써서 설명/판정 의문문을 구분하나 영동방언에서는 "어대 가나?, 오늘 장이나?(오늘 장날이니?)"처럼 그러한 구분이 없

다. 경상도방언의 '-는고/는가'(평대) 또한 그러한 대립을 보여 주는 대표적인 어미다. "오데 가는고?(=어디 가는가?)"와 "밭에 가는가?" 그리고 "어느게 좋은고?(=어느 것이 좋은가?)"와 "저게 좋은가"에서 보듯, 의문사에 대한 설명을 요구하는 설명 의문문에는 '-는고'(동사 뒤)와 '-ㄴ고'(형용사 뒤)가 연결되고 해당 질문에 대해 '예/아니오'의 판정을 요구하는 판정 의문문에는 '-는가'(동사 뒤)와 '-ㄴ가'(형용사 뒤)가 연결된다.

어휘적 특징

동남방언에서는 '꿀밤(=도토리), 마카(=전부), 장물~지렁(=간장), 정지(=부엌), 하마(=벌써)' 등 표준어와 형태를 완전히 달리하는 단어들이 매우 많이 발견된다. 아울러 지역에 따른 방언차도 흔한데 '골뱅이[경북 · 영동]/고딩이[경남](=우렁이)' 등처럼 형태의 차이를 동반하거나 '아재' 등처럼 의미의 차이(삼촌[경남 · 경북]/삼촌+고모 · 이모[영동])를 동반한 단어들도 자주 나타난다. 문학작품이나 영화 등을 통해 비교적 널리 알려진 경상도방언의 특징적인 어휘로는 '머라카다~머라쿠다(=꾸짖다), 억수로(=매우), 퍼뜩(=얼른)' 등을 들 수 있다. '자야(ex. 숙자야), 준아(ex. 효준아)'처럼 사람 이름을 부를 때 약칭(대개는 마지막 음절에 호격 조사를 붙임.)을 사용한다는 점도 그러한 특징 중의 하나다.

3.2.2.2 동북방언[42]

개관

함경도 전 지역 및 휴전선 북쪽 해안의 강원도 통천 지역에서 사용되는

42 동북방언에 대해서는 ≪방언학사전≫(2001)과 이기문 외(1993), 곽충구(2001a), 오선화(2015), 곽충구(2019), 김옥영(2019), 소신애(2021) 등을 참고하였다.

방언. 현재는 중국 연변조선족자치주에서도 이주민들의 언어(이를 '조선어'라 부름.)로 이 방언이 쓰인다. 19세기 중기에서 20세기 전반 사이에 상당수의 함경도 주민이 집단적으로 압록강 · 두만강 경계를 넘어 중국 땅으로 이주하였는바 모어 방언의 특징을 그대로 간직한 채 한곳에 모여 삶으로써 원래 살던 함경도 지역의 말씨를 그대로 유지하되 지역에 따른 언어차를 드러내게 되었다.

역사적으로 볼 때 함남 영흥 북쪽의 함경도는 고려말 · 조선초 시기에 이르러 우리나라 영토로 편입된 지역이다. 그리하여 이 지역에는 세종 때 시행된 하삼도下三道 주민의 사민徙民 정책에 힘입어 전라도 · 경상도 · 충청도 사람들이 입거入居하게 되었다. 이러한 역사적 사실을 감안할 때 동북방언은 이주민의 언어로서의 성격을 강하게 가짐을 알 수 있다. 전라도 · 경상도방언의 전형적 특징으로 언급되는 '몰(=말, 馬), 뽈다(=빨다), 포리(=파리)' 등 양순음 아래 'ㆍ〉오'의 원순모음화를 겪은 형태가 압록강 · 두만강 주변 지역의 말에서 흔히 발견되는 것도 이러한 성격에서 비롯된 것으로 여겨진다.

이와 같은 동북방언은 한국어 대방언권의 하나로 언어적 동질성이 비교적 강하지만 육진방언(두만강 하류의 회령 · 온성 · 종성 · 경원 · 경흥 5개 군의 방언)만은 독자적인 언어 특징을 지녀 동북방언의 한 하위 방언으로 구분하기도 한다. 또 전통적으로는 성조가 변별적이지 않은 함남 정평 남쪽의 영흥 · 고원 · 문천 · 원산 · 안변과 강원도 통천 지역을 동북방언에서 제외해 왔으나 이들 지역도 '새비(=새우)'나 '곱아서(=고와서)' 등 함경도의 전형적인 방언 특징을 보여 주므로 동북방언에 소속시키되 중부방언과의 전이지역으로 보는 편이 여러모로 유용하다.

음운적 특징

음운상으로 동북방언의 가장 큰 특징은 성조가 변별적이라는 점이다.

함남 영흥 이남 지역을 제외한 거의 모든 지역에서 어두음절의 성조는 단어의 뜻을 구별해 주는 기능을 한다. 다만 함북 길주·성진과 함남 단천 지역은 '상승조'를 하나 더 가진다는 점에서 '고조·저조'의 2단 체계를 보여 주는 다른 지역들과 구별된다. 단모음의 경우에는 '이, 에, 애, 으, 어, 아, 우, 오'의 8모음체계가 일반적이나 일부 노년층 화자들은 이에 더하여 '위, 외'를 단모음으로 실현하기도 한다. 현재 이 방언에서는 서북방언과 마찬가지로 '으'와 '우'가 합류되는 모음체계상의 변화를 겪고 있다.

음운의 면에서 육진방언의 독자성을 가장 잘 드러내 주는 특징은 이중모음과 구개음화의 실현 여부와 관련된다. 육진방언에서는 '땨르다(=짧다), 둏다(=좋다), 념튀(=염통)' 등에서 보듯 자음 뒤에 'j'계 이중모음(야, 여, 유, 요, 예, 얘)이 비교적 자유롭게 연결되며 '딮(=짚), 댱화(=장화)' 등 구개음화 또한 이루어지지 않았다.

이러한 통시적 음운변화 이외에는 전 지역이 대체로 동일한 모습을 보이는바 '읽다[익따], 읽구[익꾸]'나 '얇다[얍따], 얇구[얍꾸]' 등처럼 'ㄺ, ㄼ'말음 용언 어간의 활용에서 'ㄹ'이 떨어진다는 점, '겇(=겉), 솥(=鼎)' 등 격음으로 끝나는 체언 어간과 '여스/엯(=여우), 자르/잙-(=자루)' 등 특수한 교체를 보이는 어간(청소년층의 말에는 '여끼, 잘기' 등으로 단일화)을 많이 보유하고 있다는 점, '술기(=수레), 기불다(=기울다), 나시(=냉이)' 등 어중에 'ㄱ, ㅂ, ㅅ'을 가진 단어들이 자주 출현한다는 점, '모재(=모자), 염퉈(=염통)' 등 어말 '이'첨가를 겪어 전설모음으로 끝나는 어간이 대부분이라는 점 등은 동북방언의 음운적 특징으로 흔히 언급되는 것들이다. 'ㅂ'불규칙 용언의 경우, '칩어(=추워)'처럼 'ㅂ'규칙 활용을 보인다는 점도 그러한 특징 중의 하나다.

문법적 특징

문법적 요소로서 동북방언의 조사를 다른 방언과 비교하면 대체로 형태상의 차이가 두드러진다. 그중에 특징적인 것으로는 주격조사에 '-이' 만 있고 '-가'가 없으며 공동격조사에 '-과'만 있고 '-와'가 없다는 점 그리고 '-암사라(=-조차, -마저), -이라메(=-이며)' 등 일부 문법화한 보조사들이 쓰인다는 점 등을 들 수 있다. 나아가 파생접사의 면에서는 '알기다(피동)'와 '알구다(사동)' 등에 나타나는 피사동 접사 '-기-'와 '-구-'가 주목된다.

한편 동북방언의 청자경어법은 크게 '존대, 평대, 하대'로 3분 된다. 이에 따라 각각의 등분에 해당하는 대표적 종결어미를 간단히 표로 제시하면 아래와 같다.

	평서	의문	명령	청유
존대	-슴메다/ㅁ메다 -수다/우다 -습꾸마/읍꾸마[육진]	-슴메다/ㅁ메다 -슴둥/ㅁ둥[육진]	-습소세/ㅂ소세 -수다/우다 -습쇼/ㅂ쇼[육진]	-습세다/ㅂ세다 -깁소~겝소[육진]
평대	-슴메/ㅁ메 -소/오 -지비[함남]	-슴메/ㅁ메 -소/오	-소/오	-습세/ㅁ세 -기오
하대	-슴/음 -다/ㄴ다	-니 -냐	-으라이 -아라/어라	-자

표 2. 동북방언의 청자경어법에 따른 종결어미 체계

표 2에서 보듯 동북방언의 종결어미는 지역에 따른 방언차가 나타나기는 하지만 대체로 단조로운 편이다. 이는 동일한 형태의 어미가 여러 서법에 걸쳐 쓰이면서 문말 어조에 따라 다른 서법을 나타내는 데 기인한다고 할 수 있다.

또 하나, 동북방언의 문법적 특징으로 언급할 수 있는 것은 부정 표현이다. 부정의 '아이'나 '못'이 동사나 형용사를 선행하기도 하지만 그것이 합성어일 때는 "기뻐 아이 하구(=기뻐하지 않고)"나 "알아 못 듣소.(=못 알아듣소.)"처럼 두 합성 요소 사이에 부정어를 개재하는 일이 매우 활발히 일

어난다는 것이다. '도장 찍어 아이 준다' 등 보조동사 앞에 부정어를 개재하는 경우도 실제 들을 수 있는 부정 표현의 한 방식이다.

어휘적 특징

어휘적인 면에서 동북방언은 중국어나 러시아어 차용어가 많다는 점과 여진어 지명의 잔재가 발견된다는 점 그리고 친족명칭의 체계가 주목된다. 특히 친족명칭에서 '큰/클아바이(=할아버지)'와 '큰/클아매(=할머니)' 등 '크-'계가 '조부모祖父母'를 가리키고 '맏아바이(=큰아버지)'와 '맏아매(=큰어머니)' 등 '맏-'계가 '백부모伯父母'를 가리키며 부계와 모계의 구별 없이 동일한 명칭을 사용하여 매우 독특한 특징을 보여 준다. 그 외 '바쁘다(=어렵다), 불술기(=기차), 자란이(=어른)' 등 다른 방언과 비교해 형태적 · 의미적으로 구별되는 단어들은 무수히 발견된다.

3.2.2.3 서남방언[43]

개관

전라도 지역에서 사용되는 방언. 동쪽은 지세가 험준한 소백산맥(태백산에서 갈라져 충청 · 전라도와 경상도 사이의 경계를 따라 뻗어 내려간 남부 지방의 가장 큰 산맥)에 면해 있으나 북쪽은 평균 높이가 비교적 낮은 차령산맥(태백산맥의 오대산에서 갈라져 남서 방향으로 뻗은 약 250km의 구릉성 산지)을 제외할 때 대체로 평탄한 지대가 연속되어 그에 인접한 중부방언(사실상 중앙어)으로부터의 영향을 지속적으로 받아 왔다. 아울러 노령산맥(소백산맥의 추풍령 부근에서 갈라져 남서 방향으로

---

43 서남방언에 대해서는 이승재(1987), 김창섭(1997), 배주채(1998), 이기갑(2003) 등을 참고하였다.

뻗은 약 200km의 구릉성 산지. 우리나라에서 평균 높이가 가장 낮은 노년기 산맥)을 제외하면 방언권 내에 구성원들 사이의 소통을 방해하는 지리적 요소를 거의 포함하지 않으므로 다른 방언권에 비해 서남방언은 언어적으로 상당히 동질적인 모습을 보여 준다.

서남방언은 대방언권의 하나로, 노령산맥을 경계로 전북방언과 전남방언으로 나뉜다. 대체로 전남방언 화자들은 어미 '-으니까'를 '-응께'로 발음하며, 전북방언 화자들은 '-응개'로 발음한다.

음운적 특징

모음체계상으로 '에/애'의 구별이 없는 전라남도 서부를 제외할 때 대부분의 지역은 10개의 단모음('이, 에, 애, 위, 외, 으, 어, 아, 우, 오')을 가진다. 다른 방언에 비해, 모음의 음장(length)에 대한 화자들의 인식은 비교적 강한 편이다.

모음의 면에서 서남방언의 가장 두드러진 특징은, 표준어의 '의'가 대개 '으'로 대응되어 나타난다는 사실이다. '으사醫師, 처남으덕(=처남댁), 우리으(=우리의)' 등에서 보듯, 한자음이나 관형격조사에 기원하는 '의'는 이 방언에서 '으'로 실현된다. 자음의 면에서 발견되는 중요한 특징은, 'ㄱ, ㄷ, ㅂ'과 'ㅎ'이 연속될 때 'ㅋ, ㅌ, ㅍ'으로의 격음화가 일어나지 않는다는 것이다. '유강년(=육학년), 모다다(=못하다), 바반그럭(=밥 한 그릇)' 등, 한자어나 합성어 또는 단어의 연쇄에서 서남방언은 'ㅎ'을 탈락시켜 발음하고, 격음화를 보이지 않는다.

그밖의 음운적 특징으로 '읽다[익따], 읽고[익꼬]'나 '짧다[짭따], 짧고[짭꼬]' 등처럼 'ㄹ'을 가진 자음군子音群 말음 용언 어간의 활용에서 'ㄹ'을 탈락시켜 발음한다는 점, 또 '꺽정(=걱정), 쩌그(=저기)' 등 어두(word-initial) 경음화가 활발하다는 점, 양순음 'ㅂ, ㅍ, ㅃ, ㅁ'과 'ᄋᆞ'의 연쇄를 가졌던 단어들이 '포리(〈ᄑᆞ리, 蠅), 보르다(〈ᄇᆞ르다, 塗)' 등처럼 'ᄋᆞ〉오'의 변화를 겪었다는 점, 그리고 '빵아리(=병아리), 괴통(=교통), 모구(=모기)' 등 표준어와 비교해 '여-이, 요-외, 이-우' 등의 독특한 모음 대응을 보여 준다는 점을 더 들 수 있다. 특히, 노인층 화자들이 '잼이(←잠+이), 뵉이(←복+이)' 등 주격조사에 의한 움라우트를 활발히 보인다는 점은 서남방언의 전형적인 특징으로 언급되어 온 것이다.

문법적 특징

서남방언의 조사 중에 특징적인 것은 '-에가'와 '-할라'다. "어디에가 있냐?(=어디에 있니?)" 등에 나타나는 '-에가'는 표준어의 처소격조사 '-에'(또는 '-에서')와, "비할라 온디 어디를 가냐?(=비조차 오는데 어디를 가니?)" 등의 '-할라'는 보조사 '-조차'와 기능이 유사하다.

문법적 기능을 가진 어미로는 '-니'와 '-아게/어게-(~-아겨/어겨-)'가 주목된다. 우선 서남방언의 '-니'는 '깨까다니(=깨끗하게), 누러니(=누렇게)' 등에서 보듯, 접사 '-하-' 또는 그것에서 발달한 '-ㅎ-'을 가지는 대부분의 형용사와 결합하여 부사형을 만든다. 그리고 주체존대의 선어말어미 '-아게/어게-'는 그 기능이, 주어를 높여 대우할 때 쓰이는 '-(으)시-'와 동일하다. 다만, 이 어미는 "언능 와게.(=얼른 오셔.)", "짐장 다 해겠소?(=김장 다 하셨소?)", "봐게서(=보셔서)" 등처럼 '아/어'로 시작하는 어미('-아/어, -았/었-, -아서/어서' 등) 앞에만 연결된다는 점에서 '-(으)시-'와 차이를 보인다. 이 '-아게/어게-(~-아겨/어겨-)'는 어원적으로 '계시다'의 '계-(~겨-)'에서 기원한 것으로 추정된다.

한편 서남방언의 청자경어법은 크게 '존대, 평대, 하대'로 3분된다. 다만, 평대의 어미를 화자 자신보다 약간 높은 윗사람에게 사용할 수 있다는 점은 특기할 만한 사실이다. 각각에 해당하는 대표적 종결어미를 간단히 표로 정리하면 아래와 같다.

	평서	의문	명령	청유
존대	-소/요 -아라우/어라우	-소/요 -습디여/ㅂ디여	-으씨요	-ㅂ시다
평대	-네 -시	-는가	-소	-드라고 -세
하대	-는다	-냐	-아라/어라	-자

표 3. 서남방언의 청자경어법에 따른 종결어미 체계

그밖에 반말 종결어미로 '-어/아, -제'가 더 쓰인다. 이 어미는 문말 어조에 따라 평서, 의문, 명령, 청유를 나타낸다. 가령 '-제'의 경우, 문말 어조의 차이를 동반한 채 "나가 가제.(=내가 가지.)", "어디 가제?(=어디 가지?)", "자네 먼처 가제.(=자네가 먼저 가지.)", "우리 같이 가제.(=우리 같이 가지.)"처럼 나타나는 것이다.

또 하나, 서남방언의 문법적 특징으로 언급할 수 있는 것은 부정否定 표현이다. 대개의 경우 "잡도 안해.(=잡지 않아.)"에서 보듯, 어미 '-지'가 부정어 '안' 앞에 나타나지 않으며, 대신 '-도(-들, -든)'가 사용된다. 아울러 부정어 '안'이 확인 의문에 쓰이며, 해당 문장 내의 각 어절 뒤에 나타날 수 있는 것도 매우 독특한 특징이다. 서남방언의 '안'은, "우리 거그 안 갔다고?(=우리 거기 갔잖아?)"와 같은 확인 의문문에서 선행하는 '거그'에 이어 발음되고, '갔다고'와는 끊겨 발음되며, "안 우리 거그 갔다고?"나 "우리 안 거그 갔다고?" 또는 "우리 거그 갔다고 안?" 등처럼 문장의 처음이나 각 어절 뒤에 자유롭게 분포하는 모습을 보이기도 한다.

그밖에 서남방언의 전형적인 말투로, 말끝에 붙이는 '-잉'을 들 수 있다. 이는 모음 '이'에 콧소리를 얹은 것인데, 문장 또는 어절 끝에 쓰여 화자가 상대에 대해 갖는 다정함을 드러낸다. "나도잉, 헌닥 허먼잉, 꼭 허는 사람잉께잉.(=나도~ 한다고 하면~ 꼭 하는 사람이니까~)" 등이 바로 그러한 예에 속한다.

어휘적 특징

서남방언에는 표준어와 형태가 유사하면서도 뜻을 달리하는 단어가 매우 흔하다. 예를 들어, 부사 '겁나게'는 '무섭게'보다 '굉장히'의 뜻, 그리고 '머시락하다'는 '야단치다'의 뜻으로 쓰이며, '거그서 내려야 할 놈을 여까징 와 불었네.' 등과 같이 '놈'이 의존명사 '것'과 같은 용법으로 쓰이기도 한다. 그리고 '-보'나 '-시룹-' 등의 접사가 표준어보다 훨씬 더 생산적이어서 이들을 붙여 만든 단어가 매우 많이 나타난다는 점도 서남방언에서 발견되는 특징이다. '배보(=배가 유난히 큰 사람), 할딱보(=대머리)'와 '미안시룹다(=미안하다)' 등은 표준어에 나타나지 않는 그런 단어들이다. 아울러 서남방언에 정감 어린 욕들이 매우 풍부히 발달해 있다는 것도 어휘상의 특징 중의 하나라 하겠다.

3.2.2.4 중부방언[44]

개관

경기도(서울 · 인천 포함) · 충청도 및 강원도 영서 지역(양구 · 원주 · 인제 · 철원 · 춘천 · 홍천 · 화천 · 횡성)에서 사용되는 방언. 다만, 황해도의 멸악산맥 이남 지역을 중부방언에 포함하는 견해도 상당한 근거를 갖는다.

한국 사회에서 중부방언(특히 경기도방언)은 고려의 성립(918년) 이후 지금까지 1,000년 동안 중앙어로서의 지위를 유지해 왔다. 특히 한글 창제 이후, 이 방언을 기반으로 형성된 문어를 통해 전국적으로 영향을 미쳤는바 그로 인해 중부방언은 수많은 현상에서 언어 전파의 중심지로서

---

44 중부방언에 대해서는 ≪방언학사전≫(2001)과 이병근(1983), 이병근 · 박경래(1992), 곽충구(1997), 유필재(2002), 임석규(2012), 김수영(2022) 등을 참고하였다.

의 역할을 수행하였다. 더구나 20세기 들어, 표준어가 서울말 중심으로 정립 · 보급되면서 다른 전통 방언들을 소멸 위기에 빠뜨릴 정도로 절대적 영향을 발휘하게 되었다. 물론 표준어로 채택되지 못한 서울 사투리도 그러한 소멸의 대상에서 벗어나지는 못했다. '너두(=너도), 책으루(=책으로)'나 '먹구(=먹고)' 등에 결합된 조사 '-두, -으루'나 어미 '-구' 등이 바로 그러한 예들인데 이들은 현재 표준어 조사 '-도, -으로'나 어미 '-고'에 밀려 사라져가는 추세에 있다.

한편 중부방언은 지리적으로 중앙에 위치한 까닭에 접촉방언으로서의 성격을 드러내기도 한다. 가령 '밝고, 밝지'의 자음군단순화에서 중부방언은 '[발꼬], [발찌]' 발음 지역(경상도 · 평안도 · 황해도 및 강원도 영동)과 '[박꼬], [박찌]' 발음 지역(함경도 · 전라도 · 제주도) 사이에 있으면서 '[발꼬], [박찌]' 등 후행 어미의 종류에 따라 자음탈락의 양상을 달리하는 접촉 결과를 노정하는 것이다.

음운적 특징

중부방언은 지역에 따른 분화보다 세대에 따른 분화를 뚜렷이 보여 준다. 모음체계의 면에서 중부방언의 노년층 화자는 일반적으로 10개의 단모음('이, 에, 애, 위, 외, 으, 어, 아, 우, 오')을 갖는 반면, 청소년층 화자는 대부분 '위, 외'가 이중모음으로 실현되고 '에/애'가 합류된 '이, 애[E], 으, 어, 아, 우, 오'의 7모음체계를 갖는다. 또한 '눈(目)'과 '눈:(雪)' 그리고 '눈:(雪)'과 '첫눈'의 대비에서 알 수 있듯 중부방언은 단어의 첫음절에 한해 모음의 음장(length)에 따라 단어가 변별되는 음장 방언권에 속하지만 대부분의 청소년층 화자들에게는 이러한 음장이 비변별적이다.

다른 방언과 비교하여 음운의 면에서 중부방언의 특징을 가장 잘 보여주는 현상은 모음조화다. 모음조화 다시 말해 모음어미 '-아/어'의 교체 현상에서 중부방언은 '잡었다, 잡어라' 등과 같이 '-어'계 어미를 선택하는 경향을 매우 강하게 드러내는 것이다. 특히 충청도 방언은 그러한 '-어'계 어미 선택의 중심지라 할 만하다. 폐음절 어간의 모음이 '아'일 경우(ex. 잡-어)뿐 아니라 해당 어간의 모음이 '오'일 경우(ex. 좁-어)에도 어미 '-어'를 취하는 경향을 보여 주기 때문이다.

그 외 'ㅎ'축약도 중부방언을 특징짓는 현상의 하나다. 중부방언에서는 '외탁-하다, 못-하다, 밥-하다' 등처럼 'ㄱ, ㄷ, ㅂ'과 'ㅎ'이 순차적으로 연속될 때 'ㅋ, ㅌ, ㅍ'으로의 격음화가 필수적으로 일어난다(충남 서남부 지역은 제외된다). 나아가 '으:른(=어른), 늫:다(=넣다), 응:감(=영감)' 등 단어의 첫음절에서 장모음 '어:'를 '으:'로 상승시켜 발음하는 경향이 매우 강하다거나 '보리〉버리(麥), 모처럼〉머처럼' 등 양순음 뒤 '오〉어'의 비원순모음화를 겪은 형태가 제법 많이 나타난다는 점도 중부방언의 또 다른 음운 특징으로 언급할 만하다.

문법적 특징

문법의 면에서 중부방언과 다른 방언을 구별하는 요소 중의 하나로 '-요'(충청도에서는 '-유')를 들 수 있다. 중부방언에서 '-요'(또는 '-유')는 문장 끝은 물론 어절 뒤에, 숨을 끊을 때마다 수의적으로 덧붙이는 상대 높임의 문법 요소다. 손위의 청자에게 말을 할 때 "제가(요), 어제(요), 장에 갔는데(요), 친구를 만났거든요. 근데(요), 저를 보더니(요), 그냥 도망가던데요."와 같이 어절 끝에 '-요(~유)'를 수의적으로 붙여 이야기하는 것이다. 비록 문장 끝에다가 '-요'를 붙였더라도(ex. 만났거든요. 도망가던데요.) 그 앞 마디마디에 '-요(~유)'를 계속 붙여 가며 상대방에 대한 존경심을 표시하지 않으면 윗사람에게 건방진 인상을 주게 된다.

중부방언의 또 다른 문법적 특징은 형용사와 부정 요소 '아니'의 순서와 관련된다. 이 방언에서 형용사를 부정할 때는 '좋지 않다, 빠르지 않다'나 '깨끗하지 않다'처럼 부정 요소를 뒤에 놓는 게 자연스러운 표현이다. 그럼에도 청소년층의 화자들은 '안 좋다, 안 빠르다'나 '안 깨끗하다'처럼 부정 요소('안')를 형용사 앞에 놓는 경향을 더 자주 보여 세대차를 드러내기도 한다.

종결어미 또한 중부방언을 다른 방언과 구분짓는 요소다. 중부방언의 청자경어법은 '존대(일명 '하십시오'체), 공대(일명 '해요'체), 평대(일명 '해체' 또는 반말체), 하대(일명 '해라'체)'로 4분되는데 각각의 등급에 해당하는 종결어미를 간단히 표로 나타내 보이면 다음과 같다.

	평서	의문	명령	청유
존대	-습니다/ㅁ니다	-습니까/ㅁ니까	-으십시오	
공대	-아요/어요	-아요/어요	-아요/어요	-아요/어요
평대	-아/어 -지	-아/어 -지	-아/어 -지	-아/어
하대	-는다/ㄴ다/다	-느냐 -니/으니	-아라/어라	-자

표 4. 중부방언의 청자경어법에 따른 종결어미 체계

특히 주체 높임의 '-시-'나 서술격조사 '-이-' 뒤에 공대의 어미 '-어요'가 결합하여 형성된 종결어미 '-세요'나 '-이에요'는 주로 중부방언에서 확인되는 매우 특징적인 형태다. 그밖에 장년층 이상의 화자들이 쓰는 격식체 어미로서 일명 '하게'체의 '-네(평서), -나, -는가/은가(의문), -게, -세(명령)'나 '하오'체의 '-으오(평서, 의문, 명령), -소(평서, 의문, 명령), -읍시다(청유)' 등이 더 출현한다. 하지만 청유의 '-읍시다'를 제외할 때 이들은 오늘날, 그 쓰임이 극도로 제한되어 '교수-제자'의 대화 등 특수한 경우에만 사용되고 있는 형편이다.

어휘적 특징

중부방언의 어휘는 대부분 표준어로 국어사전에 실려 있다. 그러기에 중부방언은 생명력이 가장 강한 단어들을 소유한 대방언권이라 할 만하다. 그렇다고 이들이 모두 표준어가 되어 생명력을 확보한 것은 아니다. 먼저 '망핳다~망하다'는 '좋다'의 반대말로, '망핳다, 망했어, 망할' 등과 같이 제한된 활용형만 보이는 특징을 갖는데 이미 일부 노년층에서만 사용하는 말이 되었다. 또 노년층의 말을 기준으로 하면 '궤'(서울 · 인천을 포함한 경기도 북서부 지역)와 '그이'(그 이외의 지역)처럼 중부방언 내에서 선명한 방언구획을 보이는 단어들도 존재한다. 이때의 '궤'는 화자에 따라 '게(蟹)'로도 발음된다.

3.2.2.5 서북방언[45]

개관

평안도 및 황해도 지역에서 사용되는 방언. 다만, 황해도의 멸악산맥(낭림산맥의 남부에서 장산곶까지 걸쳐 있는 약 120km의 구릉성 산지) 이남 지역을 서북방언이 아니라 중부방언에 포함하는 견해도 상당한 근거를 갖는다.

하지만 멸악산맥(최고봉 멸악산 816m, 평균 높이 약 340m)이 남북의 소통을 방해할 정도로 험준한 것도 아니고 그 서쪽에 평탄한 평야 지대가 남북으로 이어져 이를 서북방언과 중부방언의 경계로 삼는 데는 다소간의 어려움이 있다. 따라서 멸악산맥 이남의 황해도에 한해서는 서북방언에 소속시키되 중부방언의 영향권에 있는 전이 지역으로 이해하는 편이 좀

45 서북방언에 대해서는 김영배(1998), 이병근 · 정인호(2003), 최명옥(2010), 곽충구(2019) 등을 참고하였다.

더 합리적으로 판단된다. 아울러 남쪽으로는 대체로 평탄한 지대가 연속되어 있는 까닭에 광복 이전까지는 그에 인접한 중부방언(사실상 중앙어)으로부터의 영향을 지속적으로 받아 왔다.

서북방언은 대방언권의 하나로, 북한의 표준어 즉 '문화어'의 기반이 된 것으로 알려져 왔다. 하지만 전통적인 서북방언의 특징을 고려할 때 현재의 문화어가 서북방언 또는 그것의 하위 방언인 평양말에 기반을 두었다고 말하기는 어렵다. 방언 특징의 면에서 문화어는, 평양말이나 서북방언보다 오히려 남한의 표준어와 더 유사한 모습을 보여 주기 때문이다. 단적으로 '어머니'의 예를 들 수 있다. 평양말은 '오마니'인데 문화어로는 '어머니'가 선택된 것이다. 따라서 북한 문화어의 기준이 되는 '평양말'은 지역방언으로서의 전통 평양말이 아니라, 이 땅에서 수백 년간 사용되어 온 문어를 통해 서울말이 북한에 널리 보급된 상태의 평양말을 가리킨다고 할 수 있다.

음운적 특징

서북방언은 'ㄷ〉ㅈ'류의 구개음화를 경험하지 않은 방언으로 유명하다. '딜그릇(=질그릇), 가디 말라(=가지 말라), 티다(=치다), 띠르다(=찌르다)' 등에서 보듯 서북방언은, 모음 '이' 앞의 'ㄷ, ㅌ, ㄸ'을 경구개음 'ㅈ, ㅊ, ㅉ'으로 바꾸어 발음하는 구개음화를 보이지 않는다. 이처럼 서북방언에서 구개음화가 일어나지 않은 것은 'ㅈ, ㅊ, ㅉ'이 경구개음이 아니라 치조음이기 때문이다. 아울러 다른 방언과 비교하여 서북방언의 두음법칙은, 그 실현 양상이 달라 독특하다고 할 수 있다. 두음법칙은 'ㄹ'이나 '니, 냐, 녀, 뇨, 뉴'로 단어가 시작되는 것을 꺼리는 현상인데, 서북방언은 독특하게도 'ㄹ'에 관한 두음법칙만을 보여 준다. 즉 '노동勞動, 니론理論' 등이나 '니르다(=이르다, 謂), 닐굽(=일곱)' 등처럼 단어의 첫머리에서 'ㄹ〉ㄴ'의 변화는 경험하였으나 '니〉이'(또는 '냐〉야, 녀〉여, 뇨〉요, 뉴〉유')의 변화는 경험하지 않은 것이다. 그러기에 북한의 맞춤법에서 전자의 '노동, 니론'을 '로동, 리론'으로 쓰도록 한 것은 서북방언의 특징을 반영한 것이 아니다.

모음의 면에서 서북방언의 가장 두드러진 특징은, '어'가 '오'로 그리고 '으'가 '우'로 실현된다는 것이다. 전통적인 서북방언은 8개의 단모음(이, 에, 애, 으, 어, 아, 우, 오)을 가지지만 광복 이후에 출생한 대부분의 화자들은, '어/오'와 '으/우'의 합류로 6개의 단모음(이, 에, 애, 아, 우, 오)만을 발음한다. 이러한 변화는 평남방언에서 시작되어 평북방언으로 확산되었다. 그밖의 음운 특징으로 '둏다〉돟다(=좋다), 천년〉천넌, 대륙大陸〉대룩' 등처럼 초성의 'ㄷ, ㅌ, ㄸ, ㄴ, ㅅ, ㅆ, ㄹ'과 이중모음 'ㅑ, ㅕ, ㅛ, ㅠ'의 연결에서 활음을 탈락시켜 'ㅏ, ㅓ, ㅗ, ㅜ'로 발음한다는 점, '승겁다(=싱겁다), 아츰(=아침) 등 'ㅅ, ㅈ, ㅊ' 뒤에서 '으〉이'의 변화를 겪지 않았다는 점 등을 더 들 수 있다.

문법적 특징

서북방언의 조사 중에 독특한 것은 주격조사와 공동격조사다. 이 방언의 주격조사로는 '-이'와 '-래'가 있는데 '-이'는 자음으로 끝나는 체언 뒤에, '-래'는 모음으로 끝나는 체언 뒤에 연결된다. 특히 "파리 네래 잡안?(=파리 네가 잡았니?)" 등에 쓰이는 '-래'는 서북방언의 특징적인 조사라 할 수 있다. 다만 "더기 바다이 뵘네다.(=저기 바다가 보입니다.)" 등에서 보듯 모음으로 끝나는 일부 명사 뒤에 '-이'가 통합되기도 한다. 이 경우의 명사는 이전 시기에 'ㅎ'을 종성으로 가졌던 것들이다. 한편 이 방언의 공동격조사 '-과'는 "친구과 얘기 좀 햇수다.(=친구와 이야기 좀 했습니다.)"에서처럼 모음으로 끝나는 체언 뒤에도 연결된다는 점에서 중부방언과 차이를 보인다.

선어말어미로는 '-앗/엇-'과 '-갓-'이 특징적이다. '-앗/엇-'은 과거 시제를 표시하며 '-갓-'은 추측이나 의도를 표시하는 선어말어미다. "귀는 기케 안 먹엇어.(=귀는 그렇게 많이 안 먹었어.)"나 "내레 가갓어.(=내가 가겠어.)" 등에서 보듯 두 어미 모두, 음절말 자음으로 'ㅆ'이 아니라 'ㅅ'을 갖는다는 점이 주목된다. "그 사람 어드메 간?(=그 사람 어디에 갔니?), 원제 가간?(=언제 가겠니?)"은 서북방언의 '-앗/엇-' 또는 '-갓-'이 의문형 종결어미 '-안/언'에 결합될 때 '-아/어-' 또는 '-가-'로 나타남을 알려 준다.

한편 서북방언의 청자경어법은 크게 '존대, 평대, 하대'로 3분된다. 각각의 등급에 해당하는 대표적 종결어미를 간단히 표로 나타내 보이면 다음과 같다.

	평서	의문	명령	청유
존대	-슴네다/ㅁ네다 -수다/우다	-슴네까/ㅁ네까	-으라요	-읍세다
평대	-슴메/ㅁ메 -소웨/웨	-슴마/ㅁ마 -소와/와	-으시	-읍세
하대	-는다/ㄴ다 -아/어	-아/어 -안/언 -네	-으라	-자

표 5. 서북방언의 청자경어법에 따른 종결어미 체계

어휘적 특징

서북방언의 친족명칭에서 '큰아바지/클아바지/큰아반(=할아버지)'과 '클마니/클만(=할머니)' 등 '크-'계가 '조부모祖父母'를 가리키고, '맏아바지/맏아뱀(=큰아버지)'과 '맏어맴(=큰어머니)' 등 '맏-'계가 '백부모伯父母'를 가리킨다는 점은 매우 특징적인 사실이다. '(값이) 싸다'도 독특한데 이 단어는 물건값이 비쌀 때 사용하는 단어다. 물건값이 쌀 때는 '눅다' 또는 '헐하다'란 말을 쓴다. 이처럼 서북방언에는 표준어와 형태가 유사하지만 뜻은 매우 다른 단어들이 상당하다. 표준어의 '후추'를 뜻하는 '고추'도 그러

한 예 중의 하나다. 표준어의 '고추'는 서북방언에서 '당가지, 댕가지, 당추' 등으로 부른다.

3.2.2.6 제주방언

개관

제주도 지역에서 사용되는 방언. 다만, 추자면은 행정구역상 제주도에 속하나 서남방언이 쓰이므로 제주방언 사용 지역에 해당하지 않는다. 제주도는 지리적으로 중앙에서 멀리 떨어져 주변에 위치하므로 잔재적 요소를 많이 포함하고 있기도 하지만 오랜 기간 고립되어 다른 지역과의 소통이 원활치 못했던 까닭에 독자적으로 발달한 요소 또한 매우 많이 가진 것으로 판단된다.

이러한 성격에서 비롯하여 제주방언은 대방언권의 하나로, 방언권 내의 언어적 동질성이 매우 강하다. 전통적으로 한라산을 중심으로 산북/산남 방언을 구분해 왔지만 다른 방언권의 경우와 비교할 때, 이 두 방언의 차이는 하나의 소방언권을 하위 구획한 정도의 차이에 불과하다. 그럼에도 불구하고 오늘날의 제주방언은 '세대'에 따른 방언차를 매우 크게 드러내는데 이는, 거의 대부분의 청소년층 화자들이 전통적 제주방언의 시대적 변종 대신에 표준어의 한 지역적 변종을 사용하기 때문이다.

한편 제주방언은 그 지리적 특성으로 인해 고어古語가 많이 남아 있는 방언으로 알려져 왔다. 하지만 'ᄋᆞ'를 제외하면 제주방언이 15세기 한글 문헌에서 발견되는 고어를 특별히 더 가진다고 단정 짓기는 어렵다. 오히려 다른 방언들과 비교해 제주방언은, 독자적 발달을 보인 형태를 매우 풍부하게 보여 준다는 점에서 더 주목된다. 운소적인 면에서 음장(length)이나 성조(tone) 중 어느 요소도 변별적이지 않은 특성도 그러한 독자성과 관련된다 할 수 있다.

음운적 특징

다른 방언과 비교할 때, 제주방언의 모음체계는 'ᄋᆞ[ɒ]'가 존재한다는 점에서 독보적이다. 대체로 단어의 첫음절에 한해 실현되는 제주방언의 'ᄋᆞ'는, '혀의 앞뒤 위치'에서 '아'보다 더 뒤쪽에서 발음되고 '혀의 높이'에서 '오'와 '아' 사이에서 발음되며 입술을 어느 정도 둥글게 하면서 내는 모음이다.

그런데 제주방언의 모든 화자들이 동일한 모음체계를 가지는 것은 아니다. 55세 이하(2020년 기준)의 화자들은 대부분 이러한 'ᄋᆞ'를 '오'로 발음하기 때문이다(표준어와 동일하게 이를 '아'로 발음하기도 한다). 이를 'ᄋᆞ'로 발음하든, '오'로 발음하든 상관없이 이 모음의 존재는 제주방언만의 특징이라 할 수 있다. 또 '딸기, (베)짜다' 등 경음으로의 대응을 보이는 15세기 한국어의 어두자음군이 제주방언에서 '탈(〈ᄡᅡᆯ기), ᄎᆞ다(〈ᄧᆞ-)' 등 격음으로의 변화를 보인다는 점도 특기할 만한 일이다.

이 이외에, 음운 관련 특징으로 하나 더 언급할 수 있는 것은 복사 현상이다. 이 현상은 단어의 연쇄에서, 선행 요소가 자음으로 끝나는 말이고 후행 요소가 모음으로 시작하는 말(문법 형태소는 제외)일 때 일어난다. 이때 제주방언에서는 '한국끔식(=한국음식), 만따덜(=만아들)', '솜못(=솜옷), 칠뤌(=칠월)', '목까프다(=목 아프다), 눈나프다(=눈 아프다)' 등에서 보듯 앞말의 종성을, 비어 있는 뒷말의 첫음절 초성 자리에 복사해 발음한다. 이 현상 또한, 'ᄋᆞ'의 존재와 함께 제주방언 화자라는 사실을 나타내 주는 대표적 표지다.

문법적 특징

제주방언의 처소격조사는 형태가 넷이라는 점에서 특징적이다. 이 중에 '-에'가 일반적인 형태라면 '-레, -이, -디'는 일부 명사에만 결합되는 특수한 형태다. '-레'는 'ᄒᆞ르(=하루), 마리(=마루)' 등의 명사, '-이'는 '집(家),

밤(夜)' 등의 명사, '-디'는 '밧(=밭), 솟(=솥)' 등의 명사에 결합된다. 오늘날에는 모두 '-에'로 단일화되고 있다.

선어말어미로는 '-앖/없-'과 '-앗/엇-', 그리고 '-(으)크-'가 독특하다. 이때의 '-앖/없-'과 '-앗/엇-'은 시제나 상(aspect) 그리고 '-(으)크-'는 의도나 추측을 나타내는 선어말어미다. '막앖저[막암쩌](=막는다), 막앗저(=막았다)'에서 보듯 '-앖/없-'은 현재, '-앗/엇-'은 과거에 일어난 사건을 나타내는 어미다. 이를 '먹없어(=먹어), 먹엇어(=먹었어)'와 비교할 때, '-앖-, -앗-'과 '-없-, -엇-'은 선행하는 어간의 모음 부류에 따라 교체되는 형태임을 알 수 있다. 한편 '-(으)크-'는 형태상으로는 특이하나('-으크-'는 기원적으로 '-을 것-'의 형태 변화형) 기능 면에서는 표준어의 '-겠-'과 크게 다르지 않다. "나가 먹으크라.(=내가 먹겠다.)"나 "철수가 제일 크크라.(=철수가 제일 크겠다.)"에서 보듯, '-(으)크-'는 주어가 1인칭이면 화자의 의도를 나타내며 주어가 3인칭이면 추측을 나타낸다.

무엇보다도 제주방언을, 다른 방언과 뚜렷이 구별 지어 주는 것은 종결어미다. 특히 의문을 나타내는 종결어미는 형태나 기능의 면에서 매우 독특한 모습을 보여 준다.

먼저, 제주방언에서는 형태가 다른 종결어미를 써서 설명/판정 의문문을 구분하기도 한다. "누게가 제일 예쁜고?(=누가 제일 예쁜가?)"와 "영희가 제일 예쁜가?"에서처럼, 의문사에 대한 설명을 요구하는 설명 의문문에는 '-ㄴ고'가 연결되고 해당 질문에 대해 '예/아니오'의 판정을 요구하는 판정 의문문에는 '-ㄴ가'가 연결된다. 제주방언에는 '-(으)ㄴ고/ㄴ가', '-(으)니/냐', '-고/가' 등과 같이, 이러한 대립을 보여 주는 어미들이 상당히 많다.

다음으로, 주어의 인칭에 따른 출현 제약을 가지는 종결어미가 존재한다. 제주방언에서 "는 누게 아덜인디?(=너는 누구의 아들이니?)"는 성립하지만 '철수는 누게 아덜인디?'는 성립하지 않는다. 이는 '-ㄴ디'가 2인칭 주어하고만 어울리며 3인칭 주어와는 함께 출현할 수 없는 어미이기 때문이다.

아울러 인용어미 '-엔'의 존재도 특징적이다. 제주방언의 인용문은, 피인용문의 종결어미에 어미 '-엔'을 융합시켜 만든다. 예를 들어, "철수는 집이 갓저.(=철수는 집에 갔다.)"를 인용하면 "철수는 집이 갓젠 헷저. (=철수는 집에 갔다고 했다.)"가 된다. 종결어미 '-저'와 인용어미 '-엔'이 융합하여 '-젠'으로 나타나게 된 것이다.

한편 제주방언의 청자경어법은 '존대, 평대, 하대'로 3분된다. 각각의 등급에 해당하는 대표적 종결어미를 간단히 표로 나타내 보이면 다음과 같다.

	평서	의문	명령	청유
존대	-수다/우다	-수꽈/우꽈～수광	-읍서	-읍주
평대	-어 -주	-어 -은고/은가		-주
하대	-저 -나/ㄴ다	-고/가 -으니/으냐 -ㄴ디/ㄴ디아	-으라	-게 -자

표 6. 제주방언의 청자경어법에 따른 종결어미 체계

어휘적 특징

제주방언에는 다른 방언과 의미 영역이나 어원을 달리하는 단어 또는 몽골어 등의 외래어로 인해 독특한 모습을 보이는 단어가 매우 많이 나타난다. '패마농(=파), 대사니(=마늘), 꿩마농(=달래)'을 총칭하는 말('마농')이 있다든지, '새끼줄'의 방언형이 굵기에 따라 '배(大), ᄉᆞᆫ네끼(中), 노(小)'로 분화되어 있다든지 하는 것은 의미 영역을 달리하는 경우다. 그리고 '가라ᄆᆞᆯ(黑馬), ᄀᆞᆯ겡이(=호미), 꽝(=뼈), ᄂᆞ단손(=오른손), ᄂᆞᆷ삐(=무), 비바리(=처녀), 세우리(=부추), 지실(=감자)' 등은 어원을 달리하거나 외래어에 기원을 두어 이질적인 모습을 보이는 단어들이다. 아울러 '빙떡(=채 썰

어 데쳐 낸 무를 양념해서 메밀전병의 소로 넣고 길쭉하게 둘둘 말아 만든 음식), 올레(=골목에서 마당으로 들어오는 짧은 진입로), 허벅(아가리가 매우 작고 어깨가 불룩한 매병 모양의 물동이)' 등처럼 제주 지역에서만 발견되는 특수어도 그 수가 상당하다.

제4장

방언의 변화

방언은 변한다. 하나의 방언이 여러 개의 상이한 방언으로 나뉘기도 하고 거꾸로 둘 이상의 상이한 방언이 하나의 방언으로 합쳐지기도 한다. 시간의 흐름에 따라 방언이 분화하고 합류하는 일들이, 인간들이 사는 세계에서는 끊임없이 일어나는 것이다.

이러한 방언의 변화는 사람들 사이에 이루어지는 언어접촉의 정도가 다르기 때문에 발생한다. 방언의 분화와 합류가 사회 구성원들의 접촉 정도에 따라 결정된다는 말이다. 언어란 사람들 사이에 접촉이 많으면 많을수록 비슷해지고 접촉이 적으면 적을수록 달라지게 마련이다. 같아지면 방언이 합류하고, 달라지면 방언이 분화한다. 물론 그 과정에 다양한 언어변화가 관련된다.

이와 같은 방언의 변화를 다루는 분야가 방언분화론과 방언접촉론이다. 전자는 방언들이 역사적으로 분화해 온 변화 과정에 초점을 맞춘다. 이와 달리 후자는 분화된 방언들 사이에서 발생한 언어변화에 초점을 맞춘다. 그리하여 전자에서는 어떠한 언어변화가 관여하여 현재의 방언분포 양상을 보이게 되었는지를, 후자에서는 현재의 방언분포에 근거하여 어떠한 언어변화가 초래되었는지를 탐구한다.

4.1 방언분화론

방언분화론은 둘 이상의 방언을 비교하여 이전 시기의 상태를 재구성하고 이로부터 방언분화의 과정, 다시 말해 현재의 방언분포가 이루어지게 된 역사적 과정을 탐구하는 영역이다. 그러하기에 방언분화론은, 방언이 경험한 언어변화의 역사 즉 '방언사'에 바탕을 둔다. 방언의 분화란 결과적으로, 해당 지역들이 언어변화를 달리 겪은 데에서 비롯한 것이기 때문이다.

이러한 방언분화의 과정에는 여러 가지 언어 외적 요소가 관여한다. 지리적 요소가 언어변화의 확장을 방해하기도 하고 '교육, 통혼, 시장市場' 등의 사회문화적 요소가 지역에 따라 상이한 언어변화를 초래하기도 한다. 따라서 방언분화 양상을 탐구하는 데에는 그러한 언어 외적 요소에 대한 해석이 전제된다. 말하자면 방언분화론이란 언어 내적·외적 요소를 고려한 방언사의 총체인 셈이다.

4.1.1 언어변화와 개신파

언어는 끊임없이 변화한다. 한 단어의 소소한 발음에서부터 어순語順이나 텍스트 구조에 이르기까지 모든 영역에서 언어변화가 일어난다. 그렇더라도 대개의 경우에 우리는 그러한 변화가 일어나고 있다는 사실을 전혀 알아채지 못한다. 언어변화란 아주 조금씩, 거의 아무도 의식하지 못할 정도로 서서히 진전되는 것[1]이기 때문이다. 하지만 일정한 시간이 흘러 그 변화의 폭이 커졌을 때에는 그러한 변화가 누구에게나 감지된다.

1 이를 언어변화의 점진성(gradualness)이라 부른다.

| 깁고 더하기 | 급격한(abrupt) 언어변화

언어변화는 대개 점진적으로 이루어지게 마련이다. 하지만 인위적 과정을 상정할 때, 급격한 언어변화가 실제 세계에서 나타나는 일이 있다. 식민주의 또는 이주移住 등에 의해 이루어지는 언어 또는 방언 대체 현상이 바로 그러한 변화에 해당한다.

순전히 단어의 차원에서는 언어순화(말다듬기) 운동 또한 급격한 언어변화를 일으킨다. 다듬어진 말을 받아들이는 사람의 처지에서 그것은, 하루아침에 일어난 매우 급격한 언어변화라 할 만하다.

개신과 개신파

언어변화에는 일단 발생해서 다른 사람에게 별다른 영향을 미치지 못하고 사라지는 것이 있는 반면, 일정 지역에 사는 사람 거의 모두에게 영향을 미쳐 그 말을 완전히 바꾸어 놓는 것도 있다. 언어학에서 말하는 언어변화는 대개, 후자의 경우를 일컫는다.

하지만 살아 있는 말의 역사를 연구 대상으로 하는 방언분화론에서 후자와 같은 이미 완성된 언어변화[2]만 마주 대하게 되는 것은 아니다. 진행 중인 언어변화, 심지어 갓 출현한 언어변화와 마주치는 일도 매우 흔히 일어난다. 그러하기에 방언분화론에서는 다소 결과적인 '언어변화'의 개념보다 그 변화의 시초始初를 가리키는 '언어 개신改新(innovation)'이라는 개념을 사용하는 것이 더 유용하다.

'리플(=인터넷상에서, 한 사람이 게시판에 올린 글에 대해 다른 사람이 대답의 형식으로 올리는 글)'이란 단어를 예로 들어 보자. 이는 '리플라이(reply)'의 준말로, 지금은 순화어 '댓글'에 밀려나 거의 쓰이지 않는다. 따라서 현시점에서 '리플'이 '댓글'로 바뀌는 언어변화는 완료되었다고 할 수 있다(물론 이는 아직도 '리플'이란 말을 쓰고 있는 사람들을 제외하고

---

2 더 정확히는, 한 언어 또는 방언의 언어체계 속에 수용된 결과로서의 언어변화를 가리킨다.

서의 이야기다). 다만 '리플'을 아예 모르는 화자들도 '악플(=인터넷의 게시판에 올린 글에 대해 악의적인 평가를 하여 쓴 댓글)'이란 단어를 사용한다는 사실은 주목할 필요가 있다. '리플〉댓글'의 변화에 대해 시초 단계부터 검토해야 이들 단어(특히 '악플')의 형성 및 수용 과정을 해명하는 일이 비로소 가능해진다.

한편 한 방언에서 어떤 언어 개신이 발생하면 그것은 이 사람에게서 저 사람으로 전해지고 사방팔방 이 지역, 저 지역으로 퍼져나간다. 그러한 개신이 전파되는 모습은 마치, 잔잔한 물 위에 돌이 떨어졌을 때 일어나는 파문波紋의 형태와 유사하다.

파문의 경우에 그 중심에서 멀어질수록 이는 물결의 높이가 낮아지듯이, 언어 개신의 중심지 인근에는 해당 개신이 강력하게 영향을 미치며 거기에서 멀어질수록 그 영향력은 점점 약해진다. 개신의 전파력은 일차적으로, 중심지로부터의 거리와 밀접히 연관되어 있는 것이다.

하지만 장애물이 있으면 파문의 진행이 방해를 받는 것과 마찬가지로, 비록 중심지 인근이더라도 언어 개신의 전파를 방해하는 매우 강력한 요소가 존재하면 그 개신은 전달되지 않는다. 개신파를 저지하는 힘의 크기에 따라 그러한 개신을 수용하는 정도가 결정된다.

이처럼 언어의 개신은 장애물을 비껴가면서 물결치듯 공간적 · 사회적으로 확산되어 간다. 그리하여 이러한 개신의 전파에 따른 언어변화의 물결을, 수면에 이는 물결에 비유하여 개신파改新波라 부른다.

| 깁고 더하기 | 파동설과 계통수설

■ 슈미트(Johannes Schmidt 1843~1901)의 파동설(Wave theory) : 언어변화는 물결처럼 중심지에서 그 주변으로 전파된다는 이론. 이에 따르면 대체로, 언어변화의 진원지 또는 그에 가까이 위치하는 언어(또는 방언)들은 해당 변화의 충격을 강하게 받으며 거기에서 공간적으로 멀어질수록 그 변화의 효력

은 약화된다.

- 슐라이허(August Schleicher 1821~1868)의 계통수설(Stammbaum theory) : 언어는 나뭇가지 모양처럼, 공통 조어가 갈라져 하위 언어로 분화된다는 이론. 이에 따르면 분화의 단계가 앞선 언어들일수록 더 가까운 친근성과 유사성을 보이게 된다. 이 이론은 언어의 발전도 '진화'의 일반적인 생물학적 법칙의 지배를 받는다는 생각에 바탕을 두고 있다. 이러한 계통수설은 파동설보다 먼저 제안되었다.

이러한 개신파는 시간의 흐름에 따라 언어 내적으로 또 공간적 · 사회적으로 영역을 확장해 간다. 그러기에 개신파가 퍼져나가는 모습을 직접 보이기 위해서는, 해당 언어변화의 역사를 시기별로 정리하고 이를 바탕으로 지도가 작성되어야 한다.

하지만 한국어의 경우에는 그 사정이 여의치 않으므로[3] 시간상으로 계기적인 개신파의 모습을 공간상으로 현재적 · 정태적인 분포로 바꾸어 지도상에 드러내 보이고자 한다. 동일시기에 조사되었으면서 해당 언어 개신의 영향을 받은 몇 단어의 분포를 지도상에 표시해 주면 개신파의 진행 모습을 간접적으로나마 시각화해 볼 수 있다.

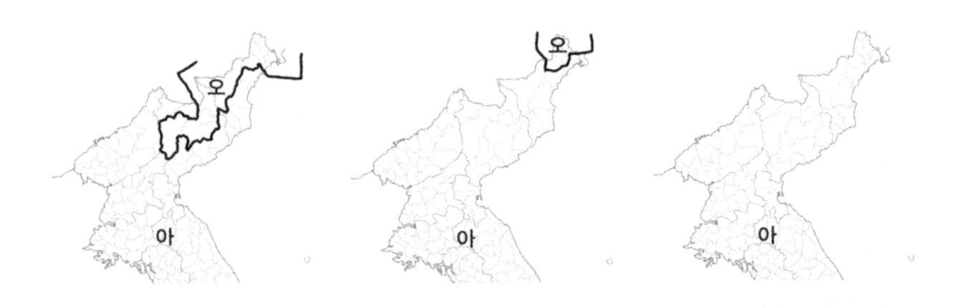

지도 1. '파리'의 방언지도 **지도 2.** '팥'의 방언지도 **지도 3.** '밝다'의 방언지도

3 한국어의 모든 방언을 대상으로, 해당 언어변화의 역사를 시기별로 정리하는 일이 거의 불가능하다는 뜻이다.

앞의 **지도 1**, **지도 2**, **지도 3**은 각각 '파리, 퐅, 볽다'의 방언분포를 나타낸 지도다.[4] 이들의 방언형은 크게 '아'계열('파리, 팥/팟/팢, 밝다')과 '오'계열('포리, 퐅/폿/퐃, 볽다')로 나뉘는데[5] 이들 지도를 순차적으로 살피면 '아'계열이 '오'계열을 밀어내고 있는 형상이다. '아'계 방언의 개신파가 북쪽으로 퍼져나가다가 종국에는 '오'계 방언을 완전히 물러나게 하는 형국[6]을 위의 지도들이 보여 주고 있다는 말이다. 이로써, 이들 지도를 통해 언어의 개신파가 물결치듯(?) 확산되어 가는 모습을 (소박하게나마) 확인하게 된다.

| 깁고 더하기 | '팥/팟/팢'의 활용

'팥'은 '팥이[파치], 팥은[파튼], 팥도[팓또]'로 활용하며 '팟'은 '팟이[파시], 팟은[파슨], 팟도[팓또]'로, '팢'은 '팢이[파치], 팢은[파즌], 팢도[팓또]'로 활용한다. 하지만 실제 세계에서는 이처럼 일관된 활용을 보이기보다 활용형이 섞이는 현상을 보이는 일이 더 많다. 가령 한 화자에게서 '팟이[파시], 팢은[파즌], 팥에[파테]'의 활용을 듣는 것이 그다지 어려운 일이 아니라는 말이다.

진원지

물 위에 일어나는 파문의 시작점은 돌이 떨어진 지점이다. 그리하여 해당 지점은 수면에 이는 물결의 진원지이자 그 물결을 전파하는 중심지가 된다. 언어적 개신도 이와 유사한 면을 지닌다. 그것이 시작된 지역을 진원지로 하여 물결치듯 사방으로 퍼져나가기 때문이다.

하지만 물 위의 파문과 달리 언어의 개신파는, 특별한 경우가 아니라면

---

4 이들은 小倉進平(1944)를 바탕으로 하여 그린 지도다.

5 이들은 이전 시기에 'ᆞ'를 가졌던 단어들인데 '아'계열의 단어는 'ᆞ〉아'의 변화, '오'계열의 단어는 양순음 아래에서 'ᆞ〉오'의 변화를 겪어 형성된 것이다.

6 물론 이들 지도를 역순으로 해석하여, '오'계열의 개신파가 북쪽 끝에서 생겨 남쪽으로 퍼져 가는 것으로 이해할 수도 있다.

그 진원지가 정확히 어디인지 알기 어렵다. 또 언뜻 보아, 진원지와 전파의 중심지가 다른 경우도 종종 발견된다. 이른바 '파동'의 면에서, 자연 현상과 언어 현상의 사이부동似而不同한 양상을 보게 되는 것이다.

한편 수면의 두 지점에 돌이 떨어지면 파문의 진원지는 둘이 된다. 이는 언어에서 또한 마찬가지다. 동일한 개신파의 진원지가 둘일 수도 있기 때문이다. 이처럼 언어변화의 진원지를 둘 이상 인정하는 태도를 언어적 개신의 다원 발생설이라 부른다. 다시 다음 지도를 보자(이제야 비로소, 지도 전체의 모습이 드러났다).

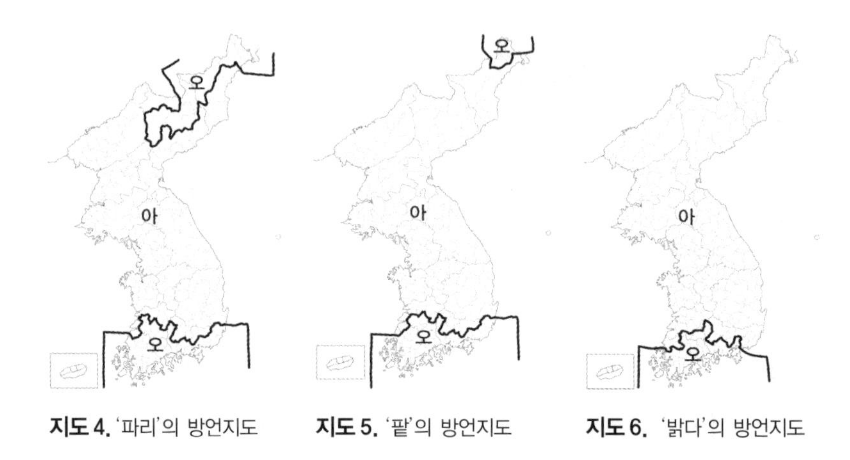

지도 4. '파리'의 방언지도 **지도 5.** '팥'의 방언지도 **지도 6.** '밝다'의 방언지도

개신의 발생 및 전파와 관련하여 이들 지도는 두 가지 관점에서 해석될 수 있다. 하나는 '아'계열의 개신파가 세력을 확장하여 '오'방언을 밀어낸다고 보는 관점이고 다른 하나는 '오'계열의 개신파가 세력을 확장하여 '아'방언의 영역을 침식해 간다고 보는 관점이다.[7]

---

7 물론 두 관점에 대한 선택에서 남한 지역은 그다지 주목할 바가 없다. '오'방언의 영역이 크게 다르지 않기 때문이다.

전자는 개신파의 확산 과정을 **지도 4 → 지도 5 → 지도 6**의 순서로 이해하는 것이고 후자는 **지도 6 → 지도 5 → 지도 4**의 순서로 이해하는 것이다. 물론 후자에서는 '오'계열의 개신파에 있어 두 군데의 진원지를 인정해야 한다.

하지만 후자의 관점 즉 '오'계열의 개신파가 '아'방언의 영역을 침식해 간다고 보는 관점은 방언의 분화 과정을 설명하는 데에 다소의 어려움을 제공한다. 매우 멀리 떨어진 두 지역에서 동일한 언어적 개신이 발생한 이유를 합리적으로 설명해 줄 수 없기 때문이다. 이 지도가 비교적 최근의 자료[8]에 근거하여 그려졌다는 사실과, 한반도의 남쪽 끝에 나타나는 언어변화가 저 북쪽 끝(함경북도 육진 지역)에서 새로이 출현했다는 사실을 고려하면 그럴 개연성은 더욱 희박해진다.

이처럼 매우 멀리 떨어진 두 지역에서 동일한 언어적 개신이 생긴 이유를 분명히, 합리적으로 설명할 수 없다면 다수의 진원지를 인정하지 않는 편이 바람직하다. 특별한 경우가 아니라면 진원지를 일단 하나로 보는 관점이 방언분화에 대한 해석에서 훨씬 더 유용하리라는 말이다. 다만 이주移住에 의한 방언분포의 변화 가능성을 아예 배제하자는 말은 아니다.

중심지역과 잔재지역, 그리고 전이지역

어떤 개신파에 대하여 그 세력이 매우 강력한 지역을 중심지역(center of innovation)이라 하며 그러한 개신파의 영향이 미치지 않은 지역을 잔재지역(relic area)이라 한다. 다음 지도를 보자.

---

8 해당 자료가 小倉進平(1944)의 것이라는 점은 앞서 밝혔다. 따라서 '오'계열의 개신파가 퍼져나간다는 견해를 따르면, 함북 육진방언에서 'ᄋᆞ 〉 오' 변화가 발생한 것은 20세기의 일이 된다. 20세기초까지도 육진방언에 'ᄋᆞ'가 남아 있었다는 말이다.

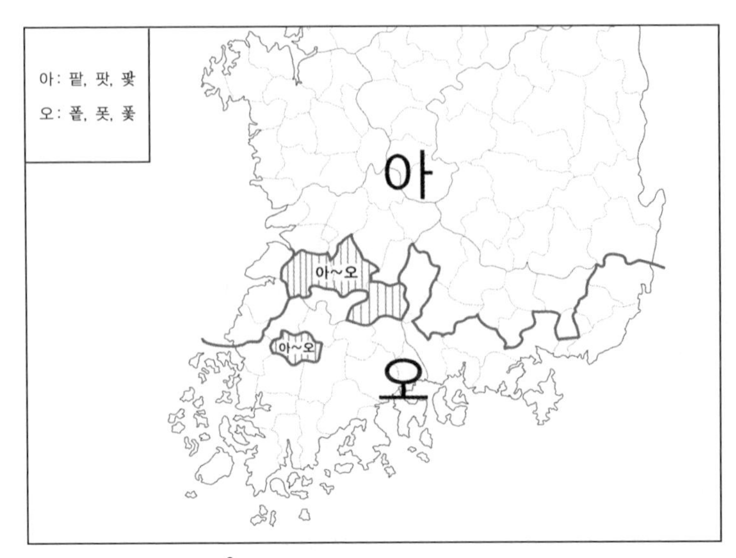

지도 7. '팥'의 방언지도[9]

이를 '아'계열('팥/퐛/퐟')의 개신파가 '오'방언 지역으로 확산되어 가는 것을 나타내는 지도로 해석할 때 '오'방언 지역(전라남도 거의 전역과 경상남도 남부)은 그러한 개신파의 영향이 미치지 않은 지역이므로 잔재지역이 된다. 물론 '아'로 표시된 구역은 '아'계열의 세력이 매우 강한 지역이므로 이 개신파의 중심지역이라 할 수 있다.

그런데 보통의 경우, 중심지역과 잔재지역 사이에는 전이지역(transition area)이 존재하게 마련이다. **지도** 7에서 보듯 '아'방언과 '오'방언 사이에, '아'계열의 방언형도 사용되고 '오'계열의 방언형도 사용되는 '아~오'지역(전라북도 정읍 · 임실 · 남원)이 나타나는 것이다. 해당 지역에서는 중심지역과 잔재지역의 언어 특징이 다 드러나므로 전이지역임에 틀림없다. 이 지도상으로는 전이지역이 촘촘한 수직선(▥)으로 표현되었다.[10]

---

9 이는 한국정신문화연구원에서 펴낸 ≪한국방언자료집≫(1987~1995)을 바탕으로 하여 그린 지도다.

개신파의 근거지와 교두보

진행 중인 언어변화의 개신파와 관련하여, 그것의 중심지역은 언어 개신의 수용이 완료되어 그러한 개신을 전파하는 '근거지(base)'가 된다.[11] 아울러 개신파는 보통, 앞쪽으로 첨병을 계속 내보내면서 전진한다. 이러한 상황에서 개신파의 첨병이 가 닿은 가장 끝 지역을 '교두보(beach head)'라 부른다. 이에 따르면 전이지역은 근거지와 교두보 사이의 지역을 가리키게 된다.

이러한 교두보의 구축 양상에 주목하면, 개신파가 확산되어 가는 과정은 크게 두 유형으로 나뉜다. 하나는 어떤 개신파가 근거지에서부터 조금씩 조금씩 앞으로 나아가면서 교두보를 확보해 가는 유형이며 다른 하나는 그것이 껑충껑충 뛰어 앞으로 나아가되 일단 확보된 교두보가 다시 근거지로서 개신의 전파에 참여하게 되는 유형이다.

그 개신파의 전달 양상을 사물에 빗대어, 전자를 파도형 확산(contagious diffusion pattern)이라 한다면 후자는 이른바 물수제비형 확산(hierarchical diffusion pattern)이다. 언어 개신의 전파에 사회심리학적 요인이 중요하게 관여한다는 사실을 고려할 때 전자보다 후자의 유형이 좀더 자연스러운 확산 과정임을 짐작하게 한다. 지리적으론 가깝지만 경제적 · 심리적으로 유대가 이루어지지 않은 바로 이웃보다, 좀 멀리 떨어져 있더라도 경제적 · 심리적으로 가까운 동료에게 언어 개신을 전파하는 일이 더 흔할 것으로 여겨지기 때문이다.

---

10 위 **지도 7**에서 보듯 전이지역이 이처럼 좁게 나타나는 것은 그다지 흔한 일이 아니다. 이는 틀림없이, 조사調査할 때의 여건 때문에 초래된 결과로 판단된다. 대개의 경우, 방언 연속체 속의 전이지역은 중심지역과 잔재지역 사이에 폭넓게 펼쳐진다.

11 근거지는 대체로 중심지역 안에 있으나 개신파의 확산 과정을 고려하면 중심지역 밖에 자리할 수도 있다.

언어섬

지리적·사회적 요인으로 인해, 개신파가 지리적으로 건너뛰면서 불연속적으로 전달되는 일이 있다. 이때 어떤 지역이 그러한 개신파의 영향을 받으면 해당 지역은 인근 지역과 전혀 다른 언어 특징을 간직하는 언어섬이 된다. 이러한 차원에서 보면, 일시적이지만 언어 개신의 진원지 또는 교두보는 모두 언어섬이다.

이처럼 인접 지역과 상이한 방언적 특징을 보이는 지역을 방언학에서는 언어섬(language island 또는 speech island)[12]이라 부른다. 이들은 어떠한 이유로, 전달된 개신파의 영향에서 벗어나 있거나 인근 지역과 다른 개신파의 영향을 받은 지역이다. 이러한 언어섬에 주목하여 앞서 제시한 지도를 다시 가져와 보자.

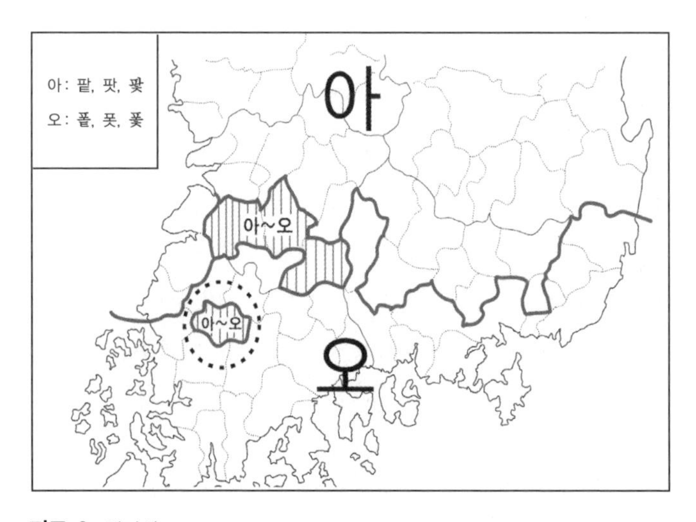

지도 8. 언어섬

12 방언의 차원에서 이를 '방언섬'이라 부르기도 한다.

지도 8은 '팥'의 방언지도인데 설명의 편의를 위해 초점이 되는 지역을 중심으로 내보였다. 특정 개념 때문에 의도적으로 사태를 다소 특화한 면이 없지 않으나 위 지도에서, 남북을 가르는 등어선의 바로 아래쪽에 보이는 '아~오'지역('▥' 표시 지역)은 일종의 언어섬이다. 해당 지역은 '오' 방언에 속하지만, 자신이 속한 방언권과는 다른 언어 특징을 드러내고 있기 때문이다. 이곳은 전라남도 광주 지역으로, '도시'라는 사회적 요인 때문에 인접 지역과 다른 언어적 특징을 보이게 된 것으로 판단된다.

| 깁고 더하기 | 또 다른 '언어섬'

방언의 차원이 아니더라도 우리는 누구나, '여행'이나 '유학' 등으로 외국에서 일정 기간 혼자 머물러 있을 때 언어섬을 경험하게 된다. 한편 '문학' 등 기타 다른 영역에서는 '언어의 섬에 갇혀' 할 때처럼 '언어섬'이, '언어라는 의사소통 수단이 가지는 표현상의 한계'를 의미하는 말로 쓰이기도 한다.

이러한 언어섬의 형성[13]은 대체로 해당 지역의 역사와 관련된다. 가령, 강화도 지역은 외세의 침략에 대응하기 위해 스스로를 고립시킨 역사적 특수성을 가진 지역인데 이로 인해 일부의 언어 특징에서 언어섬으로서의 모습을 보인다.

또 행정구역의 재편도 언어섬을 형성한다. 제주도 추자면(=추자도)[14]이 그러한데 제주 방언권에 속해 있으면서도 추자도는 전남 방언을 쓰는 지역이다. 1946년에 제주도가 전라남도에서 분리될 때 추자도 또한 분리, 제주도에 소속된 까닭에 추자도가 언어섬이 되었다.

한편 전라북도 고창 지역은 '에'와 '애'가 구별되지 않는 9모음체계를 가

13 방언 조사가 잘못되어 지도상에 언어섬이 형성되는 일도 있다. 이는 진정한 의미에서 언어섬이라 할 수 없으므로 논의에서 제외한다.

14 원래는 전라남도에 속했었는데 1914년부터 제주군에 속한 면이 되었다.

진다는 점에서 대체로 10모음체계를 가지는 다른 전북 지역과 구별되는 특징을 갖는다. 전라북도 무주군 무풍면 또한 인근 경상도방언의 영향으로 전북방언과 상이한 방언 특징을 보인다. 이러한 점은 황해도방언을 쓴다고 여기는 강화도 교동 지역에서도 마찬가지다.

그렇지만 이들 지역은 모두, 지리적으로 인근 지역과 방언 연속체를 이루고 있으므로 엄밀한 의미[15]에서 언어섬이라 하기 어렵다. 제주도의 추자면이나 전라북도의 고창군은 전라남도와 연속체를 이루며 전라북도 무풍 지역은 경상북도 김천시나 경상남도 거창군과 연속체를 이룬다. 이러한 차원에서 보면, 지역적으로 자연스레 형성된 언어섬은 한국 내에 존재하지 않는다.[16]

오히려 언어섬은 이주移住에 의해 인위적으로 형성되는 것이 보통이다. '매몰' 등에 의해 해당 지역 주민들이 집단적으로 다른 지역으로 옮겨가 살게 되었다든지, 또는 어떤 지역에 새로이 신도시가 건설되었다든지 하여 지역적으로 언어섬이 출현하게 되는 것이다. 이와 반대로 이주민에 의해 둘러싸여 원주민들이 언어섬을 형성하는 수도 있다.

포항의 지곡동이나 울산의 서부동·전하동·화암동 등은 거대 산업체가 입주하면서 언어섬이 된 경우다. 이 지역의 주민 대부분은, 인근의 경상도 지역과 달리 '으'와 '어'도 구별하고 'ㅅ'과 'ㅆ'도 구별한다. 따라서 이들 지역은, 그 사방을 둘러싼 경상도 지역과 전혀 다른 언어 특징을 보여주는 분명한 언어섬인 셈이다.

주민의 이주와 관련되어 있지 않은 사회방언으로서의 언어섬도, 비록

---

15 언어섬이라면 해당 지역을 제외한 사방의 인근 지역 사회가 모두 동일한 언어 특징을 보여야 한다는 뜻이다.

16 언어의 차원이지만, 중국 연변의 조선어나 중앙아시아의 고려말을 쓰는 마을은 분명히 언어섬들이다. 사방 인근 지역에 중국어 또는 러시아어가 굳건히 자리하고 있는 것이다.

부분적이지만 종종 언급되어 온다. 최명옥(1980: 155)에 따르면, 경상북도 영덕군 영해면의 '괴시槐市'는 바로 그러한 언어섬으로서의 방언 특징을 보여 준다. 'ㅅ'과 'ㅆ'이 전혀 변별되지 않는 인근 지역과 달리, 이 지역에서는 두 음소의 변별이 유지되는 것이다. 이처럼 경북 영덕군 안에서 '괴시' 지역이 언어섬으로서의 특징을 보이게 된 것은, 해당 지역이 가진 '반촌어'로서의 성격 때문이다.

| 깁고 더하기 | 'ㅅ'과 'ㅆ'의 대립

동남방언에서 'ㅅ'과 'ㅆ'이 변별되지 않는다는 것은 익히 알려진 사실이다. 최명옥(1992: 57)에 따르면, 'ㅅ'과 'ㅆ'의 대립이 없는 곳은 경상북도의 청송·영덕·군위·영일[17]·칠곡·경산·영천·고령·달성·청도·경주와 경상남도의 밀양·울산·김해·양산·부산 지역이다.

이들은 전통적으로 언급되어 온 경상좌도 지역에 해당한다. 조선시대에 낙동강의 서쪽 지역을 경상우도, 그 동쪽 지역을 경상좌도라 했으므로 'ㅅ'과 'ㅆ'이 변별되지 않는 지역은 낙동강을 경계로 한 경상도의 동부 지역이라 할 수 있다.

4.1.2 개신파와 방언분화

개신을 전달하는 주체는 인간이다. 그러기에 개신의 전파력은 인문지리적 환경에 의해 결정된다. 방언학에서 언어 외적 요소로 '교통'이나 '교육, 통혼, 시장' 등을 고려하는 것은 방언의 분화와 합류가 해당 지역의 인문지리와 관련되어 있기 때문이다.

이러한 개신이 전파되는 원리는 파동설로 잘 설명된다. 즉 개신파의 중심지 또는 그에 가까이 위치하는 방언들은 해당 언어 개신의 영향을 강하게 받으며 거기에서 멀어지면 그 개신의 효력은, 중심지와의 거리에 비례

17 1995년 1월부터 영일군은 포항시와 통합하였다.

하여 약화되는 것이다. 결국 개신의 전파 결과로서, 이전 시기의 방언 특징이 외곽 지역에 분포하는 양상을 보이게 된다.

| 깁고 더하기 | 방언 주권론周圏論

일본의 유명한 민속학자 야나기타 구니오柳田國男(1875~1962)가 제창한 이론. 슈미트(Schmidt)의 파동설을 수용하여, '주변周邊 분포의 원칙' 즉 정치·문화의 중심지에서 멀리 떨어진 주변 지역일수록 오래된 형태를 보존하고 있음을 주장하였다. 이때의 '주권周圏'은 일본어로, '파문波紋' 또는 '파동波動'을 뜻한다.

개신의 전파와 인문지리적 경계

개신파는 사람이 다니는 길을 따라 이동한다. 그러기에 길이 좁으면 개신파는 많이 전진하지 못하고, 길이 넓으면 그만큼 더 빨리 그리고 더 멀리 앞으로 나아가게 된다.

개신파가 얼마나 멀리까지 퍼져나갔는지를 나타내는 선은 바로, 해당 언어 개신을 공유하는 지역의 경계선이다.[18] 이 경계선의 안쪽과 바깥쪽은 서로 다른 방언 특징을 보이므로 사실상 이 경계선은 관련 방언 특징의 등어선이나 다름없다.

이러한 경계선 즉 등어선은 일직선을 이루지 않는다. 거의 모든 등어선이, 지역에 따라 들락날락하는 굴곡을 보인다는 말이다. 그러한 굴곡의 형성이 개신파의 이동로와 관련되어 있음은 분명하다. 이는 거꾸로, 등어선의 굴곡을 면밀히 관찰해 보면 개신파의 이동 경로를 추정하는 일이 가능해진다는 뜻이기도 하다. 이를 살피기 위해 앞서 제시한 지도를 다시 꺼내 보이면 다음과 같다.

---

18 이때의 언어 경계선은 지리적 · 사회적 경계와 연관되어 있는 게 보통이다. 지리적(자연적) 경계로는 '산맥, 바다, 아주 큰 강' 등이 해당되고(보통의 '강'은 오히려 소통의 창구가 된다.) 사회적(인위적) 경계로는 '국경(또는 행정구역), 신분제' 등이 해당된다.

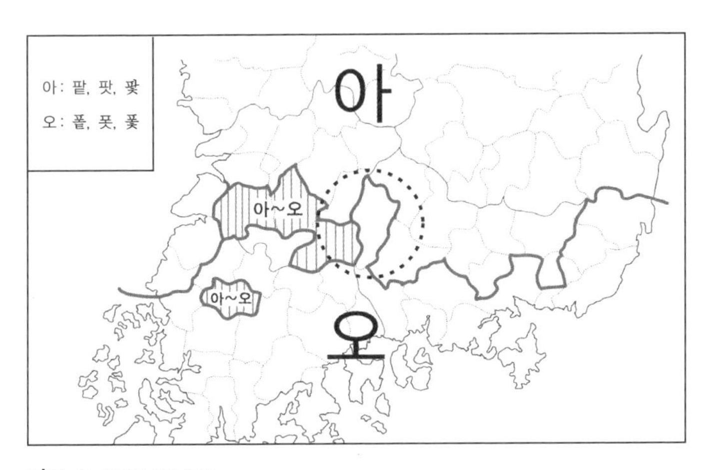

지도 9. 등어선의 굴곡

지도9는 역시 '팥'의 방언지도다. 앞서 언급했듯, 개신파의 이동과 관련하여 이 지도는 두 가지로 해석될 수 있다. 하나는 '아' 계열의 개신파가 '오' 방언을 밀어냈다고 보는 것이고 다른 하나는 '오' 계열의 개신파가 '아' 방언의 영역을 침식해 갔다고 보는 것이다.

지도9에서 점선으로 표시된 초점 구역에 주목하면 개신파의 이동 방향은, '북쪽 → 남쪽'(전자의 견해)과 '남쪽 → 북쪽'(후자의 견해)으로 지극히 단순화된다. '아' 계열의 개신파가 '오' 방언을 밀어냈다고 보는 전자의 견해를 따르면 해당 언어 개신은 전라북도 '무주 → 장수'와 경상남도 '거창 → 산청'으로 이동하는 길을 따라 북쪽에서 남쪽으로 전파되었다고 이해하는 것이다. 그리고 '오' 방언이 '아' 방언을 침식해 갔다고 보는 후자의 견해를 따르면 경상남도 '하동→함양'에 이르는 길을 따라 남쪽에서 북쪽으로 개신파가 전달되었다고 이해하게 된다. 어느 쪽 견해가 좀더 사실에 가까울까?

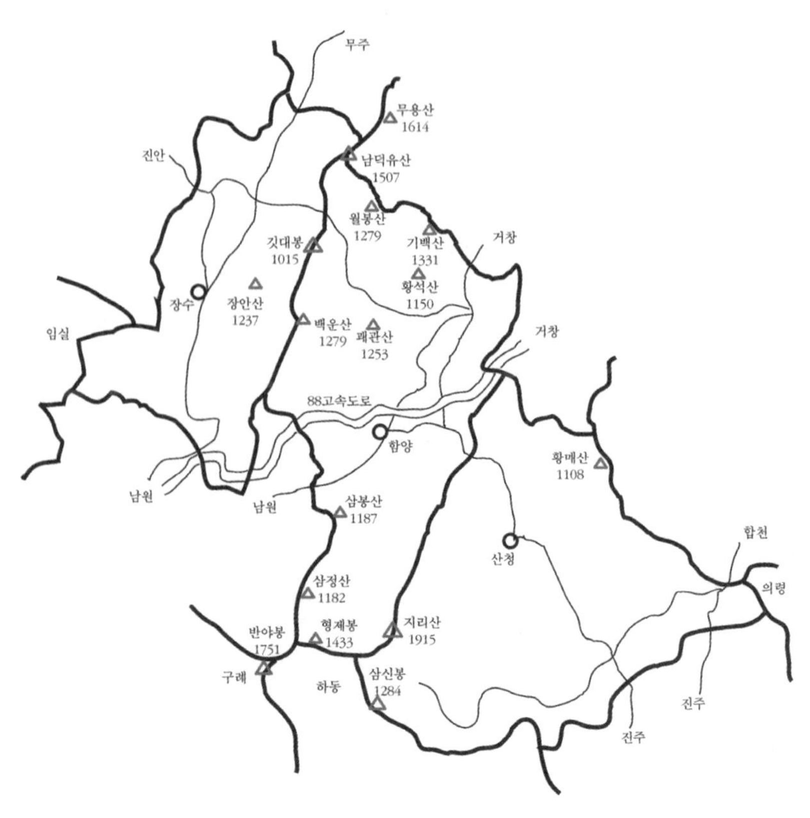

지도 10. 전라북도와 경상남도의 접경 지역

위 지도는 전라북도 장수, 경상남도 함양과 산청 및 그 인근 지역의 지형도다. 지도상으로 전라북도의 '무주↔장수'와 경상남도의 '거창↔산청' 사이에는 길이 나 있으나 '하동'에서 '함양'에 이르는 길은 나 있지 않다. 이는 함양 지역의 험준한 산세가 교통로 형성을 방해했기 때문이다. 따라서 사람의 왕래가 거의 없을 '하동→함양'의 길을 따라 개신파가 남쪽에서 북쪽으로 전파되었다고 보는 견해는 상대적으로 타당성이 떨어진다.

개신파는 사람들이 왕래하는 길을 따라 움직이므로 1,000m가 넘는 산들이 군 전체에 즐비한 함양 지역이 개신파의 이동 통로가 된다는 것은 생각하기 어렵다. 그것보다는 오히려 개신파가 무주를 거쳐 장수로, 또 거창에서 산청으로 남하하였으나 함양 쪽으로는 그 험한 지세에 눌려 개신파가 더 이상 남하하지 못했다고 보는 편이 좀 더 합리적이다. 이로써 언어 현상을 언어 외적 요소(여기서는 '교통')와 관련 지어 기술하는 방언분화론의 한 단면을 보게 된다.[19]

개신의 전파와 언어변화

하나의 개신파가 진원지에서 발생하여 인근의 어떤 방언에 전달되면 해당 방언에서는 그러한 개신을 받아들이려는 세력과 이를 저지하려는 세력 사이에 충돌이 일어난다. 일정한 기간이 지나 그 투쟁의 결과로서 유입된 언어 개신이 살아남으면 그러한 개신의 물결은 다시 그에 면해 있는 인접 방언으로 퍼져나간다. 그 과정에서 해당 언어 개신은, 언어 내적으로 적용 범주를 넓히거나 좁혀 가면서 또 지리적 · 사회적으로 영역을 확장해 가면서 다른 방언에 영향을 미치게 된다.

명사 어간말 'ㅌ〉ㅅ'의 변화를 예로 들어, 언어변화의 물결이 자신의 영역을 확장해 가는 모습을 구체화해 보이면 다음과 같다. 설명의 편의를 위해, '끝(末)'에서 'ㅌ〉ㅅ'의 개신이 처음 발생했다고 가정하고 이러한 변화가 언어 내적으로 확대되어 가는 과정을 몇 단계로 나누어 제시한다.

- 1단계 : 어느 지역에서 '끝을〉끗을(끝-을)'의 언어 개신이 발생하였다.
  ex. 끗을, 끝이[끄치], 끝에
- 2단계 : '끝〉끗'의 개신이 언어 내적으로 확대되어 처격조사 결합형[20]

---

19 물론 이러한 결론에 도달하기 위해서는 해당 자료가 정확한지, 또 개신파의 모든 굴곡에 대해서도 동일한 해석이 가능한지 등을 충분히 검토해야 한다.

20 처격 '-에'는 생략이 잘 안 되는 것으로 보아 "체언어간에 아주 밀착"된 조사라 할 수 있다. 이러한 특성 때문에 'ㅌ〉ㅅ'변화 규칙의 "적용에 차이를 보이는 것"(이병근

을 제외한 모든 곡용형에서 이러한 변화가 일어났다.

ex. 끗을, 끗이, …, 끝에

- 3단계 : '끝〉끗'의 개신이 언어 내적으로 확대되어 모든 'ㅌ'말음 명사가 이 변화를 경험하였다.

  ex. 끗을, 끗이, …, 끝에 / 밧을, 밧이, …, 밭에 / …

- 4단계 : 처격형에서 '끝에〉끗에, 밭에〉밧에' 등의 변화가 일어나, 어간말 'ㅌ〉ㅅ'의 변화는 모든 곡용형으로 확대되었다

  ex. 끗을, 끗이, 끗에 / 밧을, 밧이, 밧에 / …

1단계에 비해 4단계는 'ㅌ〉ㅅ' 변화의 적용 범주가 훨씬 넓어졌다. 개신파는 위의 모든 단계에서 발생할 수 있으므로 4단계에 이르러서는 적용 범주를 달리하는 개신파가 여럿 출현해 있는 셈이다.

시간이 흐르면서 각 단계에서 형성된 'ㅌ〉ㅅ'의 개신파가 공간적 · 사회적으로 퍼져나가는데 그 개신의 수용 정도(즉 어떤 단계의 개신파를 받아들였는지)에 따라 방언의 분화가 일어난다. 가령 어떤 지역은 1단계의 개신파만 수용하는 데 반해 또 다른 어떤 지역은 4단계의 개신파를 수용함으로써, 동일한 방언 특징을 가지던 두 지역이 언어적 상위相違를 보이게 된다는 것이다.

이때 개신의 중심지 또는 그 인근 지역에는 언어 내적으로 확장된 개신파의 영향을 받은 방언이 분포하며, 그 외곽 지역에는 확장 전前 단계 개신파의 영향을 받은 방언이 분포하는 것이 보통이다. 이러한 방언분포는 대체로, 적용 범주의 크기와 개신의 전파력이 반비례[21]하기 때문에 발생

1975/2020: 85)이다. 사실이 그러하다면 제4단계에 이른 지역어는 처격조사 '-에'의 생략이 비교적 자유로운 방언일 터이다.(ex. 어디 가? 집 가.)

21 예를 들어, 명사 어간말 'ㅌ〉ㅅ'의 개신에서는 1단계 개신파가 4단계 개신파보다 더 멀리 퍼진다는 말이다.

한다. 중심지에서 멀리 떨어진 지역일수록, 해당 언어변화와 관련된 단어가 수적으로 적게 전파되는 어휘 확산의 과정을 고려하면 이는 너무나 당연한 결과다.

| 깁고 더하기 | 이해어理解語

실제로 구사하지는 않으나 이해할 수는 있는 단어를 '이해어'라 부른다. 이해어는 언어변화 특히 어휘변화의 한 단계를 차지한다. 시간이 흘러도, 이해어를 다시 구사할 수 있는 환경이 조성되지 않는다면 해당 단어는 소실된다. 현재, 수많은 방언 어휘가 이해어의 단계에 도달하여 곧 사라질 운명에 처해 있다. 물론 어휘 확산이 이루어지는 경우에 이해어는 확산의 제1단계가 되기도 한다.

이러한 이해어도 하위 단계가 여럿이다. 예전에는 사용했었는데 지금은 쓰지 않는 단어에서부터 한번도 사용해 본 적은 없는데 들어 본 적이 있는 단어에 이르기까지 모두 이해어가 된다. 가령 서울 지역의 청소년들에게 '당숙(=아버지의 사촌형제)'은 거의 사어死語의 전前 단계에 다다른 이해어로 보이며 심지어 '큰아버지, 작은아버지'나 '증조·고조할아버지'와 같이 매우 가까운 관계의 친족명칭도 그들에게 현대사회의 극단적 핵가족화로 인해 이해어가 되어 가는 중이라고 할 수 있다.

한편 '이해어'를 단어 차원이 아니라 언어 차원에서도 언급할 수 있다. 이 경우에는 이해어가, 구사하지는 못하나 이해할 수 있는 '언어' 또는 '방언'으로 정의된다. 요즈음의 청장년층 방언화자 상당수에게 자신이 사는 지역의 방언은 이해어에 불과하다. 이때의 '이해어'는 소멸 위기의 언어(the endangered language) 또는 방언의 제1단계나 2단계에 해당한다고 할 수 있다.

4.1.3 방언분화와 방언분포

방언의 분화는 언어 개신의 수용과 밀접한 관련을 가진다. 대개의 경우, 지리적 · 사회적 접촉상 장애의 크기에 반비례하여 개신파의 수용 여부 및 정도가 결정된다.[22] 그리하여 동일한 개신을 수용한 방언들은 동일

---

22 이때 그러한 언어 개신의 수용 여부를 결정짓는 지리적 · 사회적 경계가 바로 방언분화에 관여하는 언어 외적 요인이다.

한 언어 특징을 공유하며 이로써 다른 방언들과 차이를 드러낸다. 그 결과, 해당 언어 특징에 따라 일정 수의 핵방언(=특정한 언어적 특징을 공유하는 방언)으로 나뉘는 방언분화가 이루어진다.

이러한 방언분화의 과정을 기술하는 데에 가장 중시되어야 하는 것은 현재의 방언분포에 대한 해명이다. 이때의 방언분포란 어떤 방언 특징의 지역적 분포를 가리킨다. 해당 방언분포가 언어 개신의 수용 여부와 정도를 반영하여 형성되었음을 감안하면 '방언분포'는 시간적 언어변화가 공간적으로 투영된 것이나 다름없다. 따라서 방언분포에 대한 해명으로부터 시간적인 방언분화의 과정을 추측해 내는 방언분화론이 가능해지는 것이다.

이와 같은 방언분화론은 해당 언어 특징의 지역적 분포를 살피고 그러한 분포가 어떠한 변화 과정을 거쳐 형성된 것인지를 설명하는 작업이다. 그러하기에 어떤 방언 특징이 외따로 떨어져 나타나는 고립분포나 동일한 언어 특징이 지리적으로 서로 떨어져 나타나는 이격離隔분포는 방언분화론에 기여하는 바가 매우 크다. 그러한 분포 속에 언어변화의 각 단계가 반영되어 방언분화의 과정을 짐작할 수 있다. 다음 예를 보자.

| 깁고 더하기 | 독점분포와 산발분포 그리고 분할분포

어떤 지역 전체가 동일한 방언 특징을 보인다면 이는 '독점獨占분포'라 할 만하다. 이에 가장 대척적인 것은, 해당 방언 특징들이 여기저기 산발적으로 나타나는 '산발散發분포'다. 이들 독점분포나 산발분포는 두말할 필요 없이, 방언분화의 과정에 대해 그다지 중요한 정보를 제공해 주지 못한다.

이와 달리 전체 지역이 몇 개의 구역으로 나뉘는 분할분포는 방언분화론에서 매우 중요하다. 균등 분할이든 비균등 분할이든 관계없이, 분할분포는 대체로 방언분화의 단계를 반영하기 때문이다. 그러기에 분할분포의 형성 과정을 해명하는 일은 곧 방언분화의 과정을 밝히는 작업이 된다.

현대 한국어에서 용언 어간의 말음 'ㄴ, ㅁ, ㄻ' 뒤에서의 경음화는 전국적으로 일어나는 현상으로 알려져 있다.

(1) ㄱ. 안-고 → 안꼬, 안-지 → 안찌
ㄴ. 감-고 → 감꼬, 감-지 → 감찌
ㄷ. 젊-고 → 점꼬, 젊-지 → 점찌

하지만 한국정신문화연구원(현재는 '한국학중앙연구원')에서 펴낸 ≪한국방언자료집≫(1987~1995)을 검토해 보면 특정 지역에서 이 현상이 일어나지 않는다는 사실을 확인하게 된다('신고'의 예만 든다).

(2) ㄱ. 신-고 → 신고
ㄴ. 신-고 → 신꼬

경음화를 겪지 않은 방언형 즉 '신고'가[23] 나타나는 곳은 제주도 지역과 경상도의 일부 지역이다. 또 함경북도에서도 이 현상이 일어나지 않는다는 보고가 있으므로 이를 감안하여 방언지도를 대략 그리면 다음과 같다.[24]

---

23 ≪한국방언조사질문지≫(1980)의 제Ⅰ편(어휘) 제719번 항목으로, 이를 조사하기 위한 질문문은 "맨발로 걸어 다니지 말고 신을 ___ 다녀라."이다.

24 **지도 11**에는 나타내지 못하였지만, 경상도 서부의 일부 지역에도 해당 경음화를 겪지 않는 곳들이 있다.

지도 11. 단일한 개신파에 의한 방언분화

위의 지도는 '신고/신꼬'의 방언지도다. 이 현상과 관련된 다른 항목의 경우에도 대체로 그 분포가 유사하므로 이는 용언 어간말 'ㄴ, ㅁ, ㄻ' 뒤에서 일어나는 경음화 현상의 방언지도라 해도 무방하다. 이를테면 **지도 11**은 해당 경음화 현상을 대상으로 한 단일 개신파에 의한 방언분화를 보여주는 지도가 되는 셈이다.

위 지도상으로 보아, 해당 환경에서 경음화를 보이지 않는 지역들은 지리적으로 주변적이면서 서로 떨어진 이격분포를 형성해 있다. 이로부터 다음과 같은 방언분화의 과정을 추측하게 된다.

㉠ 이전 시기에는 전국 대부분 지역에서 해당 경음화가 일어나지 않았

다.[25]

㉡ 어느 일정 시기에 어떤 지역에서 그러한 경음화가 발생하였다. 이러한 개신의 진원지 또는 전파의 중심지는 지도상의 중심에 위치한 '경기도 지역'일 가능성이 농후하다. 왜냐하면 그 잔재지역이 지도상으로 어느 한쪽에 치우쳐 있지 않기 때문이다.

㉢ 경음화가 전파의 중심지에서 사방으로 퍼져나갔다.

㉣ 시간의 흐름에 따라 점차 그 영향력이 확대되었으나 모든 지역을 잠식하지는 못하였다. 그리하여 일부 주변 지역에 해당 경음화가 일어나지 않는 잔재지역을 남겼다.

㉤ 결과적으로, '용언 어간말의 경음화'라는 단일한 개신파의 영향을 받은 중심지역과 그러한 영향을 받지 않은 잔재지역[26]으로 방언분화가 이루어졌다.

위 **지도 11**의 비경음화 지역에서처럼, 동일한 방언 특징을 보이던 지역들이 새로이 발생한 어떤 다른 개신파에 의해 관통되어 지리적으로 떨어져 있게 된 분포를 특별히 이름하여 '이별離別분포'라 부른다. 이에 따르면 **지도 11**은 주변적 이격분포이자 이별분포를 보여 주는 지도가 된다. 결국 앞선 진술 ㉠-㉤에서는, 잔재지역 세 곳이 주변에 형성되어 있는 이별분포를 바탕으로 해당 경음화와 관련한 방언분화의 과정을 상정하여 본 셈이다.

만일 'ㆍ'의 변화에서처럼 잔재지역[27]이 제주방언으로 한정된다면 여기서의 경음화보다 더 강력한 개신파의 영향을 짐작하게 한다. 해당 지도를

---

25 이 현상과 관련하여 이전 시기에 모든 방언이 동일한 모습을 보였으리라는 점이 전제된다.

26 이는 물론 이 지역에 사는 노년층에만 해당되는 얘기다. ≪한국방언자료집≫(1987~1995)은 적어도 1936년 이전에 출생한 제보자의 언어를 담고 있다.

27 제주방언의 'ㆍ'는 대체로 어두음절에 한해 유지되므로 제주 지역은 어두음절에서 일어난 최종 단계의 언어 개신(곧 '비음운화')에 대한 잔재지역이라 해야 더 정확하다.

따로 제시하지는 않지만 'ᄋᆞ'의 경우는, 단일 개신파가 영향을 미친 결과로서 제주방언만의 주변적 고립분포를 보여 준다.

한편 방언분화의 과정에 다수의 개신파가 관여하여 복잡한 양상을 띠는 일이 있다. 아니 오히려, 실제 세계에서는 이런 경우가 훨씬 더 흔하다.

지도 12. 다수의 개신파에 의한 방언분화

위의 **지도 12**는 '-습니다'류의 종결어미와 관련된 방언지도인데 특별히 '-니이더'와 '-이다'의 방언분포만을 지도상에 표시하였다(편의상 '-이다1'과 '-이다2'를 구별했다). 이 지도를 보면 '-니이더'는 경상북도 동부 지역에 분포하며, '-이다'형은 황해도 지역(경기도의 '강화' 포함)에[28] 그리고

28 '-이다1'의 정확한 사용 영역이 어디까지인지에 대해 아직까지 보고된 바는 없다.

전남과 경남의 접경 지역(전남 광양 · 여천, 경남 남해 · 하동)에 분포함을 알 수 있다.

| 깁고 더하기 | 어미 '-니이더'와 '-이다'

'-습니다'류 종결어미의 '-니이더'와 '-이다1, -이다2'는 다음과 같이 활용한다.

- -니이더 : 가니이더(=갑니다, 去), 묻니이더(=묻습니다, 埋)
- -이다1 : 가이다(=갑니다), 묻으이다(=묻습니다)
- -이다2 : 가이다(=갑니다), 묻어이다(=묻습니다)

위의 활용형을 고려하면 '-이다1'은 '-(으)이다'이며 '-이다2'는 '-아/어이다'이다. 다시 말해 전자는 이형태로 '-이다'와 '-으이다'를, 후자는 이형태로 '-아이다'와 '-어이다'를 가지는 종결어미라는 것이다. 이로써 보면 여기서는 **지도 12**의 '-이다1'과 '-이다2'에 대해, 형식이 완전히 동일하지는 않으나 그 기원이 같았으리라는 전제 아래 '-이다' 하나로 묶어 분화 과정을 설명하는 셈이다.

한편 '-이다1'과 '-이다2' 둘 사이의 관계는 명령형 종결어미 '-(으)라'와 '-아/어라'의 관계나 설명형 종결어미 '-(으)요'와 '-아/어요'의 관계와 평행하다고 할 수 있다. 이때의 명령형 '-(으)라'는 제주방언에 나타나는 어미이며, 설명형 '-(으)요'는 서남방언에 나타나는 어미다. 그 활용형을 제시하면 다음과 같다.

- -(으)라 : 가라(=가라), 묻으라(=묻어라)
- -(으)요 : 가요(=가요), 묻으요(=묻어요)

물론 명령형의 '가거라(去), 오너라(來)' 등을 감안할 때 '-아/어라'와 '-아/어요' 양자를 완전히 동일한 과정을 거쳐 형성된 어미로 보기는 어렵다. 하지만 위에 인용한 예들로부터 어느 시기엔가 특정 방언에서 '으'계 어미가 모음어미(즉 '아/어'계 어미)로 바뀌는 변화가 확산되었음을 추정해 볼 수 있다.

해당 부류에 대당하는 중세국어의 어형이 '-(ᄂᆞ)니이다'였음을 고려할 때 '-니이더'는[29] 지금보다 훨씬 더 넓은 분포를 보였을 것으로 짐작된다.

---

29 부수적으로 '-니이다〉-니이다〉-니이더'의 변화를 겪었다(정승철 2002).

아울러 '-이다'형은 형태상 '-니이더'보다 후대에 출현한 어형이며 이전 시기에는, 서부방언의 상당 지역 즉 황해 · 경기 · 충청 · 전라도에 이르는 지역에 분포해 있었음을 알 수 있다. 왜냐하면 '-이다'형들이, 서로 지리적으로 떨어져 있게 된 '이별분포'를 보여 주기 때문이다. 이로부터 다음과 같은 방언분화의 과정이 상정된다(정승철 2002).

㉠ 이전 시기에는 전국의 상당 지역에서 '-니이다'형이 사용되었다.

㉡ 어느 일정 시기에 '-이다'형('-니-'의 생략형)이 새로이 발생하여 세력을 확장함으로써 '-니이다'형을 동쪽으로 밀어내었다(특정 지역에서는 '-니이다〉니이더'의 변화를 겪었다). 그 결과, 서부방언의 상당 지역(평안북도 제외)에 '-(으)이다'형이 분포하게 되었다.

㉢ 남부 서부방언(아마도 전라북도 지역)의 일정 지역을 진원지로 하는 어떠한 개신파가 새로이 발생하였다. 이때 새로이 발생한 언어 개신은 '-(으)요'형의 출현이었다.

㉣ '-(으)요'형의 개신파는 사방으로 퍼지면서 서부방언에 분포해 있던 '-이다'형을 외곽으로 밀어냈다(동부방언의 '-니이더'도 동쪽으로 밀려남). 그 결과로서, '-이다'형(또는 '-니이더')이 물러난 지역에 '-(으)요'형이 분포하게 되었다.

㉤ 중부 서부방언(경기도 지역)의 일정 지역을 진원지로 하는 어떤 강력한 개신파가 발생하였다. 이때의 언어 개신은 '-(으)요〉-어(/아)요'의 변화를 겪은 '-어(/아)요'형의 출현이었다.

㉥ '-어(/아)요'형의 개신파는 '-(으)요'형을 대치하는 동시에 북진 및 동진하면서 서부방언 외곽에 분포해 있던 '-이다'형을 관통하고 더 나아가 동부방언의 '-니이더'를 경상북도의 동쪽 끝 지역으로 몰아넣었다. 그 결과로서, '-(으)요'형 및 '-이다'형과 '-니이더'가 물러난 지역에 '-어(/아)요'형이 분포하게 되었다.

㉦ 결과적으로, '-(으)요' 또는 '-어(/아)요'형 개신파의 영향을 받은 지역과 그러한 영향을 받지 않은 지역, 그리고 후자의 경우에는 '-이다'형 개신파의 영향을 받은 지역과 그 영향을 받지 않아 '-니이더'가 그대로 나타나는 잔재지역으로 방언분화가 이루어졌다.

이상에서 다수의 개신파가 관여된 복잡한 방언분포의 양상을 보게 되었다. 이로써 방언분포(특히 고립분포나 이격분포)가 방언분화의 과정에 대해 시사하는 바가 매우 많음을 확인하게 된 셈이다. 방언분화의 과정에 대한 기술에서 방언분포에 대한 해명이 필수적임을 알 수 있다 하겠다.

4.2 방언접촉론

방언접촉론은 분화된 방언들 사이에서 일어나는 언어 간섭 현상을 탐구하는 영역이다. 좀더 구체적으로는, 여러 방언들이 충돌하는 과정에서 발생하는 방언접촉 현상을 발견하고 이와 관련된 방언분포를 바탕으로 해당 현상의 원인과 결과를 합리적으로 해명하고자 한다. 이를테면 방언접촉론은 방언 상호 간의 간섭으로 인해 초래된 언어변화의 구조를 기술·설명하는 방언학의 하위 영역이 되는 셈이다.

이러한 방언접촉 과정에는 여러 가지 언어 외적 요소가 관여한다. 다시 말해 지리적 요소나 '교통, 교육, 통혼, 시장市場' 등의 사회문화적 요소가 때때로 상이한 언어변화를 야기하기도 한다는 것이다. 따라서 방언접촉론에서는 그러한 언어 외적 요소와 방언접촉의 양상이 어떠한 상관관계를 갖는지 반드시 검토해 보아야 하는 일이다.[30]

4.2.1 방언의 접촉과 경계

지리적으로 둘 이상의 방언이 인접하여 있을 때 그 경계 지역에서는 방언 상호 간의 간섭이 일어나게 마련이다. 이러한 간섭으로 인해 언어상의 변화가 초래되었을 경우, 이를 '방언접촉' 현상이라 부른다. 방언접촉은 사회적으로 구분되는 방언 사이에서도 일어나므로 반드시 지역방언에만 한정된 현상은 아니다.

이와 같은 방언접촉은 언어변화가 확산되어 가는 과정의 하나이기도 하다. 어느 한 지역(=진원지)에서 언어변화가 발생하여 그 변화의 물결

30 이 절에서 논의되는 자료는 특별한 언급이 없을 경우 대부분 ≪한국방언자료집≫(1987~1995)에서 가져온 것이다.

즉 개신파가 인접 지역으로 퍼져나갈 때, 특별한 경우가 아니라면 방언접촉이 일어난다. 이때 접촉 지역에 놓인 경계의 성격(완만한 경계와 급격한 경계)에 따라 해당 변화의 수용 여부와 그 정도가 달라지게 된다.

만일 어떤 두 지역이 지리적으로나 사회적으로 소통이 원활한 지역이라면 개신파는 전달에 거의 지장을 받지 않는다. 하지만 두 지역 사이에 지리적 또는 사회적 장애가 가로놓여 있으면 그 장애의 크기에 비례하여 개신의 전파 정도가 달라진다. 인접 방언의 언어체계 속에 확고히 자리잡는 것에서부터 약간의 흔적만 남기는 것에 이르기까지, 개신파가 끼치는 영향은 매우 다양하다.

핵방언과 접촉방언

하나의 언어적 특징을 공유하는 방언을 '핵방언'이라 하며 둘 이상의 핵방언이 가진 언어 특징이 어떠한 형태로든 공존하여 있는 방언을 '접촉방언'이라 한다. 하지만 그 지위가 항상 고정되어 있는 것은 아니다. '접촉방언'이라도 언어 내적 · 외적으로 일정한 세력을 확보하게 되면 인접 지역과의 방언접촉에서 하나의 핵방언으로서의 구실을 하기도 한다. 특히 그 인근에 지리적 · 사회적 중심지가 존재할 때, 접촉방언의 언어적 특징이 해당 지역에 수용되어 전국적으로 파급되는 수도 있다(언어변화의 진원지와 전파의 중심지가 다를 수 있다는 말이다).

다음의 **지도 1**은 [벼]의 방언지도다. 이를 통해 볼 때 [벼]의 방언권은 크게 '벼'계가 쓰이는 핵방언과 '나락'계가 쓰이는 핵방언, 그리고 두 방언 사이에서 전이를 보이는 접촉방언으로 삼분된다. 이러한 접촉방언 지역에서는 '벼'와 '나락'이 빈도수를 달리하며 병존하거나 '벼(식물)'와 '나락(열매)'으로 의미 영역의 분할이 이루어지기도 한다.

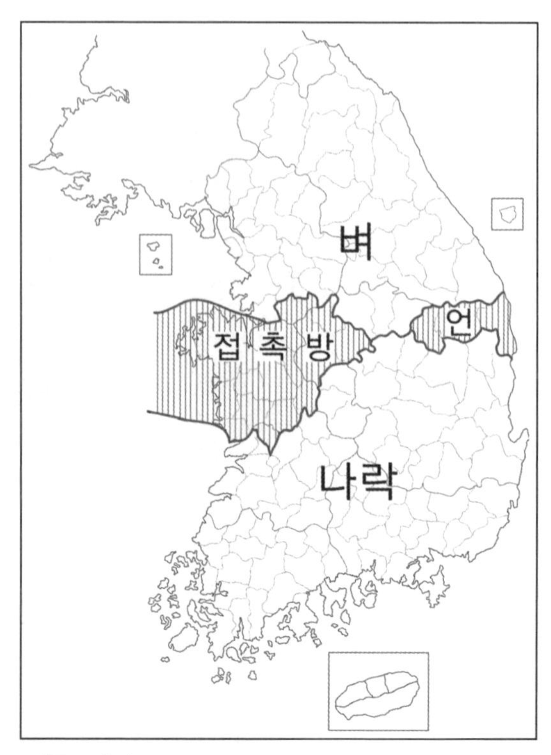

지도 1. '벼'의 방언지도

급격한 경계와 완만한 경계

지리적 · 사회적 경계의 크기와 관련하여 방언 사이의 경계는 급격한 것과 완만한 것으로 나뉜다. 다시 말해 두 지역 사이에 놓인 지리적 · 사회적 경계가 그 지역 사람들 사이의 소통을 얼마나 방해하는가에 따라 방언 경계가 급격하게도 나타나고 또 완만하게도 나타난다는 것이다. **지도 1**에서 보듯, 충청북도의 충주 · 제천 · 단양과 경상북도의 문경 · 예천 사이에는 매우 급격한 경계(굵은 단선單線으로 표시)가 존재하며 그 이외 지역에는 완만한 경계(넓은 면의 ▥로 표시)가 존재한다. 완만한 경계의 경우에도 산악 지역(동쪽)보다, 소통의 방해를 덜 받는 평야 지역(서쪽)에서 더 넓은 전이를 보인다.

| 깁고 더하기 | 조령鳥嶺과 죽령竹嶺

- 조령 : 경북 문경시 문경읍과 충북 괴산군 연풍면 사이에 있는 고개(642m). '문경새재'라는 이름이 더 많이 알려져 있다.
- 죽령 : 경북 영주시 풍기읍과 충북 단양군 대강면 사이에 있는 고개(689m). '죽령재' 또는 '대재'라고도 부른다.

4.2.2 방언접촉의 양상

언어 개신의 진원지(또는 개신파의 중심지)에서 전달되는 개신파에 대하여 이에 대응하는 방식도 여러 가지다(물론 이는 개신파의 전파력과 관련되어 있는 문제이기도 하다). 새로운 것(언어의 개신)을 받아들이되 이전의 것과 함께 살아가게 하는 경우도 있고, 새로운 것을 받아들이면서 이전의 것을 버리는 경우 그리고 새것과 옛것 사이의 절충을 꾀하는 경우[31]도 있다. 그 결과, 접촉 지역은 다음 세 가지 유형의 방언접촉 양상을 보여 준다.

㉠ 각 핵방언들의 언어 특징이 병존하는 경우
㉡ 한 핵방언의 언어 특징이 다른 핵방언의 언어 특징에 편입되는 경우
㉢ 각 핵방언들의 언어 특징이 융합하는 경우

---

31 특히 이 유형은, 새로운 언어변화의 출현이라는 면에서 주목을 끈다. 이러한 변화는 방언접촉에 의해 발생한 신형新形의 자극에서 촉발된다.

> **| 깁고 더하기 | 이전 방언 특징의 '유지維持'**
>
> 방언접촉의 양상 중에, 새로운 개신파가 전달되었음에도 불구하고 한 핵방언이 이전의 방언 특징을 그대로 간직하는 경우가 상정될 수 있다. '유행어'처럼 한 언어 체계 속에 일시적으로 존재하다가 별 영향을 미치지 못하고 사라지는 경우가 바로 이에 해당한다. 이러한 양상을 '유지'라 부를 수 있으나 언어상의 직접적인 변화가 초래되지는 않았으므로 방언접촉 현상이 일어났다고 하기는 어렵다.

4.2.2.1 병존

접촉 지역에서 인근의 핵방언들이 가진 언어 특징이 수의적으로 함께 출현하는 것을 '병존'이라 한다. 단어 차원으로 한정할 때, 병존방언에서는 이른바 이음동의異音同義 현상이 나타나는 셈이다.

방언접촉 초기에는 일시적으로 완전한 동의어同義語의 공존[32]이 이루어지기도 하나, 시간의 흐름에 따라 대체로 다른 방언에 편입되거나 아니면 공생共生하던 방언 특징들이 융합되기도 한다. 해당 지역에 병존하는 언어 특징들은 서로 대등한 지위를 가지는 경우도 있고, 어느 한쪽이 더 자주 쓰인다든지 하여 그 지위가 대등하지 않은 경우도 있다.

지도 2는 [볍씨]의 방언지도다. 위 지도에서 보듯, 이 항목의 방언형은 '볍씨'형과 '씻나락'형으로 나뉜다(지도에서는 각각, 문자형 기호 'ㅂ'과 'ㄴ'으로 표시되었다). **지도 2**에 보이는 대로 '볍씨'와 '씻나락'이 쓰이는 방언 사이에 두 언어 형식이 공존하는 병존방언이 존재한다. 그중에 'ㅂ(ㄴ)' 지역(충북 음성)은 '볍씨'를 더 많이 쓰고 'ㄴ(ㅂ)'지역(경기 안성)은 '씻나

32 이러한 병존이 일시적이지 않을 수 있다. 가령 표준어나 한 방언권의 중심이 되는 방언처럼 지속적으로 영향을 미치는 대상이 존재할 경우에는 일정 기간, 그러한 병존 상태가 유지되기도 한다.

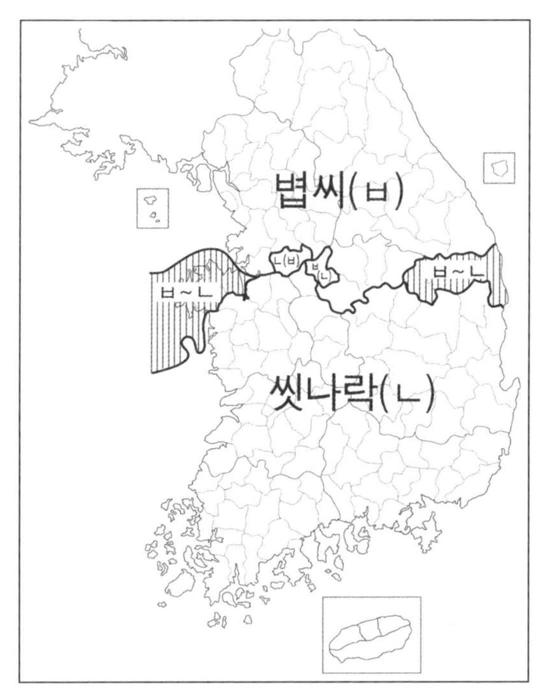

지도 2. '벱씨'의 방언지도

락'을 더 많이 쓰는 지역이다. 이로써 병존의 양상도 모두 동일하지만은 않다는 사실을 알 수 있다.

| 잡동사니 | 씻나락

통상적으로 국어사전에는 표준어가 표제어로 실린다. 그런데 어쩔 수 없이 일부 사투리를 표제어로 실어야 할 경우가 있다. '씻나락'이 바로 그러한 예다.

우리는 '이치에 닿지 않는 엉뚱하고 쓸데없는 말', 즉 '말도 안 되는 소리'를 비유적으로 일컬어 '귀신 씻나락 까먹는 소리'라 한다(의성어는 아니다). 중부 지역 출신의 사람들 대부분은 이때의 '씻나락'이 무엇을 뜻하는지 모른다(그것을 안다고 위 속담을 이해하는 데 도움이 되는 것도 아니다). 그렇지만 위 속담을 모르는 이는 거의 없다.

국어사전에 속담이 실렸는데 그 속담에 들어가 있는 단어가 실리지 않았다면 해당 국어사전은 완전한 사전이라 할 수 없다. 그러기에 ≪표준국어대사전≫(1999)에서는 '씻나락'을 표제어로 싣고 "일부 속담이나 관용구에 쓰여 '볍씨'를 이르는 말"로 정의했다(표준어만 쓰겠다고, 이 속담을 '귀신 볍씨 까먹는 소리'로 바꿀 순 없을 성싶다). 단어 구성상, '볍씨(벼+씨)'와 '씻나락(씨+나락)'에서 구성 요소의 도치가 이루어져 있다는 점도 흥미롭다.

지도 3은 [빨래]의 방언지도다. 다음 지도에서 보듯, 이 항목의 방언형은 '빨래'형과 '서답'형으로 나뉜다(지도에서는 각각 '○형'과 '△형'으로 표시되었다). 전자가 전국을 압도하고 있는 가운데 '서답'형이, 제한된 지역(남부 지역)에서 대체로 '빨래'형과 공존하는 양상을 보여 준다. 서북·동북방언에 '서답'이 쓰임을 고려하면 중부방언형('빨래'형)이 남쪽으로 세력을 확장한 것이라 하겠다.

그런데 '빨래'형과 '서답'형의 공존이 언제나 대등한 것만은 아니다. 지역에 따라 '빨래'형이 수의적이면서도 '서답'형보다 일반적으로 쓰이거나 좀 더 신형에 속하거나 하는 것이다. 일부 지역에서 '서답'형은 '여자들이 쓰는 말'(전북 옥구[33]·김제 등)이거나 '부인들이 아기 낳았을 때의 빨래'(전남 담양 등)만을 나타낸다. 공존하던 방언 특징들이 일종의 융합(후술)을 보인 셈이다.

33 1995년 1월부터 전라북도 옥구군은 군산시와 통합하였다.

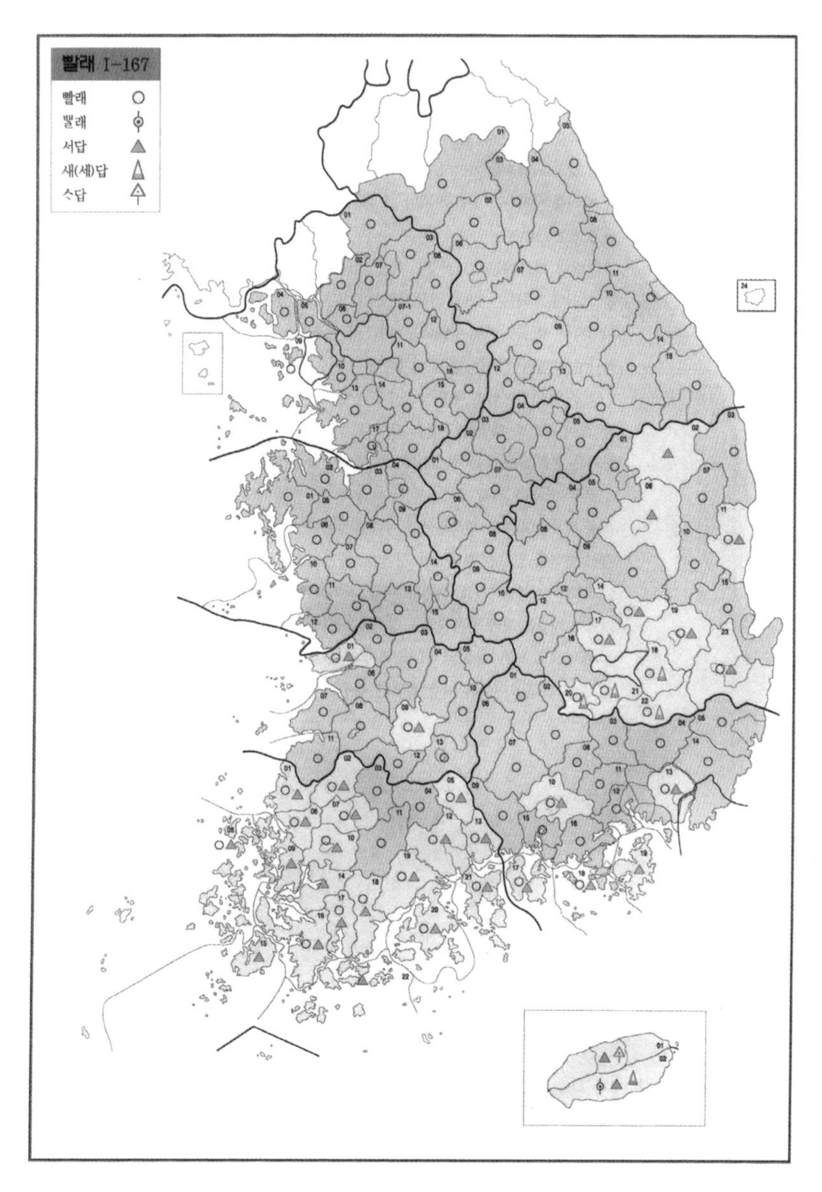

지도 3. '빨래'의 방언지도(≪한국언어지도≫ 124면)

4.2.2.2 편입

편입은 해당 지역에서 신형新形의 자극을 전격적으로 수용, 자신의 언어 특징을 버리고 다른 핵방언의 언어 특징을 도입하는 유형이다. 새로 들어오는 세력이 언어 내적 또는 외적으로 기존 세력을 압도하는 상황에서 언어 특징의 편입이 이루어진다. 다음 지도를 보자.

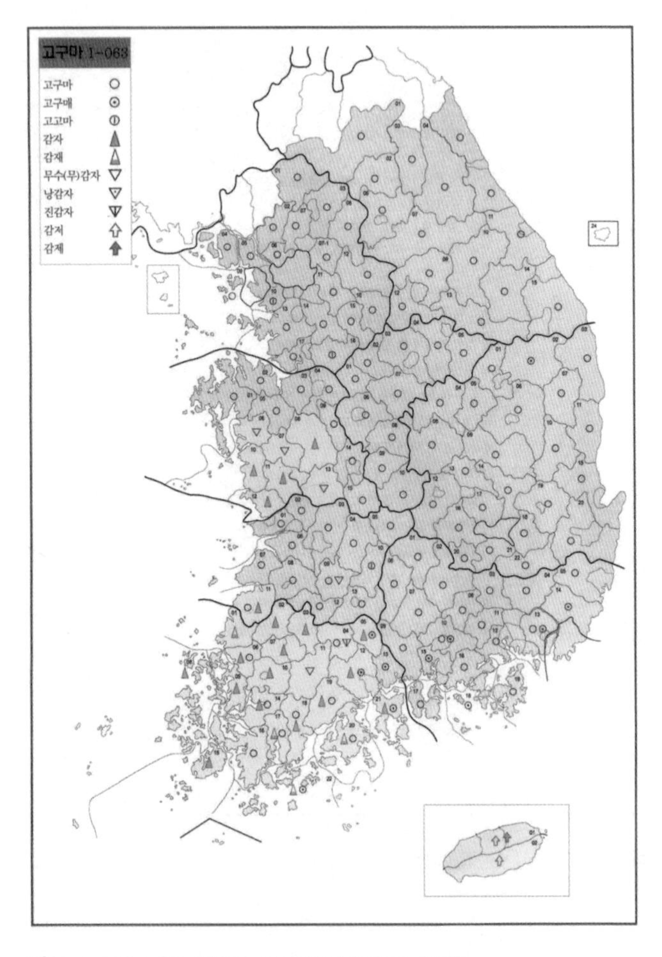

지도 4. '고구마'의 방언지도(≪한국언어지도≫ 56면)

지도 4는 [고구마]의 방언지도다. 이 항목의 방언형은 매우 단순하다. '고구마'형과 '감자'형이 그것인데(지도에서는 각각 '○형'과 '△형') 위 지도에 따르면, 후자가 충청남도의 남부와 전라남도 지역에서 쓰이고[34] 전자가 그 이외의 대부분 지역에서 쓰이고 있다(일부 지역은 병존).

이러한 분포를 통해 보면, 충청남도와 전라남도 사이의 전라북도 지역에서는 원래 '감자'형이 쓰였을 것으로 추정된다. 이전 시기에는, 적어도 충청남도에서 전라남도에 이르는 남서부 지역 전체가 '감자'형을 쓰는 지역이었으리라는 말이다. 그러다가 전라북도 지역에서 새로운 방언형('고구마'형)을 도입함으로써 '감자'형이 '이별분포(=지리적으로 떨어져 있게 된 분포)'를 보이게 된 것으로 여겨진다. 따라서 [고구마]에 한하여, 전라북도 지역에서는 비교적 늦은 시기에 다른 핵방언으로의 편입(즉 '감자'형 ⇒ '고구마'형)이 일어났다고 할 수 있다.

'고구마'형이 남서부 지역을 관통한 현재의 방언분포를 고려할 때 '고구마'형의 전파는 남동부 지역에서 시작되었을 가능성이 농후하다. 그리 상정해야만 남서부의 충남 남부와 전남 지역이 지리적으로 비연속적임에도 불구하고 공통성('감자'형의 출현)을 보이는 이유를 합리적으로 설명할 수 있다. 아울러 지리적으로 현격히 떨어져 있는 남서부 지역(충남·전남)과 북부 지역(평북·함북의 일부)에서 '감자'형이 사용되는 까닭을 설명하는 데에도 문제가 되지 않는다.

이전 시기에 [고구마]를 '감자'형으로 칭하던 지역[35]이 어디까지였는지 확인할 수는 없지만 아마도, '감자'형을 쓰던 상당 지역이 남동부에서 퍼져나간 '고구마'형의 개신파에 그대로 편입되었을 것[36]으로 생각된다. 이

---

34 제주도도 '감자'형이 쓰이는 지역이다. 제주도에서 진짜 [감자]는 '지실'이라 한다.

35 해당 지역에서, '고구마'형의 전파 이전에는 '감자'와 '고구마'가 용어상으로 혼동(관형어에 의해서만 구분)되었던 셈이다.

36 이러한 진술이 실물로서 '감자'가 '고구마'보다 먼저 도입되었음을 의미하는 것은 아니

러한 편입이 어휘 확산의 한 과정을 시현하는 것임은 틀림없는 사실이다.

| 잡동사니 | 감자와 고구마의 전래

우리나라에는 감자보다 고구마가 먼저 전래되었다고 한다. 이에 따르면 고구마는 중·남아메리카가 원산지로, 남유럽과 동남아시아를 거쳐 일본을 통해 18세기 후반에 한국에 들어왔다. 그리고 감자는 남아메리카의 안데스산맥이 원산지로, 북유럽을 거쳐 중국을 통해 19세기 후반에 한국에 들어왔다.

아마도 감자나 고구마의 도입 초기에는 이들을 모두 '감자'형으로 불렀던 듯하다. 그러다가 후에 '고구마'라는 말이 생기면서 명칭의 분화가 일어난 것으로 판단된다. 조선 후기에 고구마 시험 재배지가 한반도의 남동부에 위치한 부산 쪽에 있었다는 점을 고려하면, '고구마'란 말이 일본의 대마도 방언에서 기원했다는 오구라신페이小倉進平의 견해가 어느 정도 타당한 듯 보인다.

4.2.2.3 융합

융합은 접촉 지역에서 인근의 핵방언들이 가진 언어 특징이 섞이거나 바뀌어 새로운 언어 특징을 보이는 유형이다. 어휘 차원으로 한정할 때[37] 융합은 기존의 단어가 형태를 달리하는 경우(형태의 변경)와 의미 영역을 달리하는 경우(의미 구조의 변경)로 나뉜다. 여기서의 '융합'은, 형태의 길이가 줄어든 경우뿐 아니라 길이는 줄지 않았으면서 모습이 달라진 경우, 그리고 형태는 그대로이나 의미 구조가 바뀐 경우를 모두 포함한다.

① 형태의 변경

형태가 바뀌는 융합은 방언접촉의 과정에서 병존하던 방언형들이 하

다. 실물의 도입 선후와 관계없이 명칭으로서는, '감자'형이 '고구마'형보다 앞서 존재하였다는 말이다.

37 이와 비교하여, 음운 차원이나 통사 차원의 융합은 흔히 발견되는 현상이 아니다.

나로 통합되는 현상과 관련을 가진다. 시간이 흐름에 따라, 신형(새로 들어온 방언형)과 구형(기존 방언형) 사이에 단일화가 진행되면서 융합이 이루어지는 것이다. 대개의 경우에는 단일화의 결과로 어느 한쪽으로의 편입을 경험하게 되지만 신형과 구형 어느 쪽도 완전히 압도적이지 못한 상황에서는 융합이 일어나는 것이 보통이다.

이와 같은 융합은 그 결과의 구체적인 양상도 여러 가지다. 신형과 구형, 어느 한쪽에 치우치지 않은 상태로 융합이 이루어지기도 하며 한쪽 어형을 고수하되 다른 쪽 어형의 영향을 배제하지 않은 상태에서 융합이 이루어지기도 한다. 이러한 양상은 신형이 어느 정도의 영향력을 발휘하였는지와 관련되어 있다. 그에 따라 '병렬竝列, 절단切斷, 대체代替, 혼효混淆'에서 '변형變形'에 이르기까지 융합의 다양한 모습을 보게 되는 것이다.[38]

㉠ 병렬 : 공존하는 방언형을 거의 그대로 접속하여 새로운 어형을 만드는 것

㉡ 절단 : 공존하는 방언형의 공통적인 부분을 잘라내어 새로운 어형을 만드는 것

㉢ 대체 : 공존하는 방언형을 대신하여 전혀 다른 어형을 새로 만들거나 도입하는 것

㉣ 혼효 : 공존하는 방언형의 일부 형태를 잘라 접속하여 새로운 어형을 만드는 것

㉤ 변형 : 공존하는 방언형 중에 하나의 형태를 바꾸어 새로운 어형을 만드는 것

38 접촉에 의한 변화의 양상을 이와 같은 '결과'가 아니라 '동기(=어떤 일이나 행동을 일으키게 하는 계기)'나 '요인(=사물이나 사건이 성립하는 데 조건이 되는 요소)' 중심으로 구분할 수도 있다.

병렬

공존하는 방언형을 거의 그대로 접속하여 새로운 어형을 만드는 것을 '병렬'이라 한다. '병렬'은 신형과 구형이 대등한 자격으로 만나 단일화하는 경우에 나타난다. 이때 어느 어형이 앞쪽에 오는가 하는 접속 선후先後의 문제는 언어 외적인 면(즉 핵방언 세력의 크기 등)보다 언어 내적 구조가 우선적으로 작용하여 결정된다. '글피'의 경우를 예로 들어 보자.

[글피]의 방언형은 크게 '글피'형('글피, 글페' 등), '고페'형('고페, 구페' 등), '모레'형으로 나뉜다. 이 중에 '모레'형은 경상도 지역, '고페'형은 전라남도 지역에서 쓰이며 그 이외의 지역에서는 '글피'형이 쓰인다. 특히 경상남도 지역은 '글피'형을 쓰지 않을 뿐더러 방언접촉과 관련하여 다양한 어형의 실현을 보여 준다는 점에서 독특하다.

<table>
<tr><td></td><td>모레(경북 김천)</td><td></td><td></td></tr>
<tr><td>구페(함양)</td><td>모레구페(거창)</td><td rowspan="2">내모레
(합천·의령)</td><td>모리(창녕)</td></tr>
<tr><td rowspan="2">고페
(하동·남해)</td><td>저모레(산청)</td><td>그모레(함안)</td></tr>
<tr><td colspan="2">모레고페
(진양·사천·고성·통영·거제)</td><td>내모레(의창)</td></tr>
</table>

지도 5. '글피'의 방언지도

위의 약식 지도는 [글피]에 관한 경상남도 중서부 지역의 방언분포를 개략적으로 제시한 것이다. 이로부터 서쪽의 전라도 접경 지역에서는 '고페'형('고페, 구페')이 쓰이며 그 동쪽 지역에서는 '모레'형이 쓰임을 알 수 있다. '고페'형은 전라남도 전역全域에서 사용되므로 전남방언형, '모레'형은 경상북도 지역에서도 사용되므로 동남방언형이라 부를 만하다.

한편 전남방언형과 동남방언형이 사용되는 지역 사이에서는 두 방언형이 융합된 모습을 보여 준다. 즉 위의 지도에서 보듯 그 중간 지역으로 '거창'과 '진양[39] · 사천 · 고성 · 통영 · 거제'에서는 '모레'(동남방언형)와

'구페, 고페'(전남방언형)가 병렬되어 있는 '모레구페' 또는 '모레고페'가 사용되는 것이다. 물론 융합의 과정에서 '모레'형('내모레, 저모레' 등)의 접두어 '내-, 저-'는, 특별히 덧붙여야 할 필요가 없어졌으므로 생략되었다.

한 가지 흥미로운 것은, 방언형의 앞뒤 순서가 뒤바뀐 '고페모레, 구페모레'가 어느 곳에서도 발견되지 않는다는 점이다. 이는 한국어가 가진 어순상의 특징에 기인한다. '오늘내일, *내일오늘'이나 '어제오늘, *오늘어제' 그리고 '낼모레, *모레내일'과 '엊그제, *그제어제' 등에서 보듯, "기준 시점"이 있는 '시간'을 나타내는 단어가 병렬될 때에는 기준 시점(이 경우에는 '어제')에 가까운 시점時點을 나타내는 쪽이 앞서는 것(채완 1986: 135)이 보통이기 때문이다. 방언형의 융합에 언어 내적 구조가 우선적으로 관여함을 보여 주는 예라 할 수 있다.

이처럼 융합의 한 과정으로서의 '병렬'은 가장 단순하지만 흔히 나타나는 현상은 아니다. 이에 따르면 형태가 길어질 뿐 아니라, 동일한 의미를 가진 단어가 두 번 쓰여 잉여적이 되기 때문이다.[40] 이를테면 '병렬'은, 조어 방식의 비경제성에 기인하여 자주 출현하지는 않는 융합 현상인 셈이다.

| 깁고 더하기 | 일칭日稱 계열어

일칭 계열어 '그끄저께-그저께-어제-오늘-내일-모레-글피-그글피'에 대해 방언마다 차이를 보인다. 경상도에서는 '저아레(그아래)-아레-어제-오늘-내일-모레-저모레(그모레, 내모레)-∅'의 대응, 전라도에서는 '그그저께-그저께-어제-오늘-낼-모리-고페-고고페'의 대응, 제주도에서는 '그직아시날-그저끼-어제-오널-닐-모리-글페-제적날(적날)'의 대응을 보인다.

특히 [글피]에 대해 경상도에서는 '저모레, 그모레, 내모레'뿐 아니라 '모레/모래, 모리'등도 사용된다. 경상남도 지역에서 '명후일明後日'을 '모레/모래, 모리'라

39 1995년 1월부터 경상남도 진양군은 진주시와 통합하였다.

40 '모레구페, 모레고페'의 출현도, '낼모레'나 '엊그제'와 같은 시간 단어의 병렬이 기존의 어휘체계 속에 이미 존재하고 있다는 사실에서 비롯한다.

한다는 점을 고려하면 전자의 '저모레' 등에 보이는 접두어 '저-, 그-, 내-'는 [모레]와 [글피]의 구별을 위한 관형 표지라 할 수 있다. 물론 이 관형어는 구별의 필요가 사라졌을 경우에는 생략되는 것이 보통이다.

절단

공존하는 방언형의 일부 형태를 잘라내어 새로운 어형을 만드는 것을 '절단'이라 한다. 이러한 '절단'에서는 방언형들 사이의 이질적인 요소를 제거하고 공통적인 요소를 남기는 것이 보통이다. 이와 같은 '절단'에 의한 융합은 언제나 어형의 길이를 짧게 하므로 대개의 경우, 해당 형태에 접사를 부가하여 새로운 파생어를 만들어 내게 된다.

<table>
<tr><td colspan="5">창지(강원 원성·영월·삼척)</td></tr>
<tr><td>창시(제천)</td><td>쟁이(충북 단양)</td><td>창지(영풍)</td><td>쟁이(봉화)</td><td rowspan="3">창지
(울진·
영양·
청송·영덕)</td></tr>
<tr><td>창수(중원)</td><td colspan="2">쟁이(문경· 예천)</td><td>창지(안동)</td></tr>
<tr><td>창사(보은·옥천)</td><td>창사(상주)</td><td colspan="2">창지(의성)</td></tr>
</table>

지도 6. '창자'의 방언지도

지도 6은 다소 복잡하지만, [창자]에 대한 경상북도의 북부 및 그 접경지역의 방언분포를 제시한 것이다.[41] 위 지도에 보이는 '창시'(충북 제천)와 '창수'(충북 중원=충주)는 '창사'(충북 보은 · 옥천, 경북 상주)와 동일한 계통에 속하는 어형이므로 **지도** 6은 대체로, 중앙의 '쟁이'가 서쪽 면으로 '창사'에 접해 있으면서 '창지'에 의해 세 면이 둘러싸여 있는 형상을 보여주는 지도라 하겠다.

---

41 **지도** 6에 보이는 충청북도 중원군은 1995년 1월부터 충주시와 통합하였고, 같은 때에 강원도 원성군은 원주시 그리고 경상북도 영풍군은 영주시와 통합하였다.

이때의 '챙이'는 '창사'와 '창지'의 접촉 과정에서 절단을 겪어 생성된 방언형으로 판단된다. '창사'와 '창지'에서 공통적인 부분 '창'을 떼어낸 후, 해당 형태에 접미사 '-이'를 덧붙여 만든 어형이라는 것이다. 그러한 '창이'가, 움라우트에 의해 '챙이'로 바뀌었음은 두말할 필요가 없다. 이와 같은 '절단'은 공존하는 방언형들이 대등하게 만나 단일화하는 경우에 나타나지만 형태상 공통적인 요소를 포함한다는 점에서 그것의 출현이 제한적이라 할 수 있다.

대체

공존하는 방언형을 대신하여 전혀 다른 어형을 새로 만들거나 도입하는 것을 '대체'라 한다. 방언접촉 지역에 여러 어형이 출몰 · 공존하고 그러한 어형들 중 어느 한쪽이 압도하지 못하는 상황에서 종종, 방언형의 대체가 이루어진다. 이러한 대체에 의해 산출된 결과는 신형이나 구형 어느 쪽과도 같아지지 않으므로, '대체'는 융합 현상의 하나라 할 수 있다. 다음은 그러한 대체의 예이다.

북새(창녕)	노을/뿔새(밀양)	뿔새(울주)
북살(함안·의창)	뿔살(김해)	지내/지래(양산)
	북새(거제)	

지도 7. '노을'의 방언지도

지도 7은 [노을]에 대한 경상남도 동부 지역의 방언분포를 간략히 제시한 것이다.[42] 이를 통해 볼 때 '양산'은 매우 독특한 지역이다. 인근의 '북새, 뿔새, 북살, 뿔살'이나 '노을' 등과 형태상 전혀 다른 '지내, 지래'가 쓰이

42 1995년 1월부터 울주군은 울산시, 의창군은 창원군(→창원시)와 통합하였다.

고 있기 때문이다. 이는 아마도 이 지역의 대표 방언형이, 대체에 의해 출현한 새 어형 '지내, 지래'로 단일화하게 된 데에서[43] 기인한 것으로 여겨진다.

이와 같이 일부 지역에서 대체에 의한 융합 현상이 나타난 것은, 해당 지역에 여러 어형이 공존한 데에서 말미암는다. 여러 가지 이유로 어느 한쪽으로의 단일화가 딱히 어려운 상황에서 혼란[44]을 피할 목적으로 방언형의 대체가 이루어진다는 것이다. 말하자면 경남 양산 지역에서는, 다양한 방언형의 접촉 과정에서 드러나게 된 단일화의 어려움을 극복하기 위하여 '지내, 지래'로 어형의 대체가 이루어진 셈이다.

한편 양산 지역의 '지내'와 '지래'는 '진 해'와 '질 해'라는 통사적 구성에서 유래한 것으로 보인다. 이처럼 대체에 의해 생성된 형태는 통사 구성에서 기원한 경우가 많다. 대상을 표현할 적절한 단어의 부재로 인해 해당 지역에서, 대상을 풀이한 통사적 구성이 어휘화하는 일이 흔하다는 말이다.

| 깁고 더하기 | 제주방언의 '노을'

[노을]의 제주방언형은 '헤지기, 황온(←황혼)'이다. 이때의 '헤지기[←헤(〈해)–지–기]'는 통사적 구성에서 유래했다는 점에서, 양산 지역어에 나타나는 '지내, 지래'와 유사하다. 이로 미루어 보건대, '노을'의 제주방언형 '헤지기, 황온'은 '대체'에 의해 새로 만들어진 어형으로 판단된다.

---

43 양산 지역에서 '불살'이 사용되기는 하나 이는 '아침노을'만을 한정하여 가리키는 말이다.

44 이러한 혼란을 해소하기 위해 표준어(또는 어휘체계 상의 상위어)를 도입하는 수도 있다. **지도 7**에 보이는 경상남도 밀양의 '노을'이 바로 그러한 예인데 '표준어'를 도입함으로써 인근 지역에 출현하지 않는 어형을 사용하게 되었다.

혼효

공존하는 방언형의 일부 형태를 잘라 접속하여 새로운 어형을 만드는 것을 '혼효'라 한다. 혼효를 경험한 형태는, 한 어형의 앞쪽 요소와 다른 어형의 뒤쪽 요소가 순차적으로 결합되어 있는 것이 보통이다.

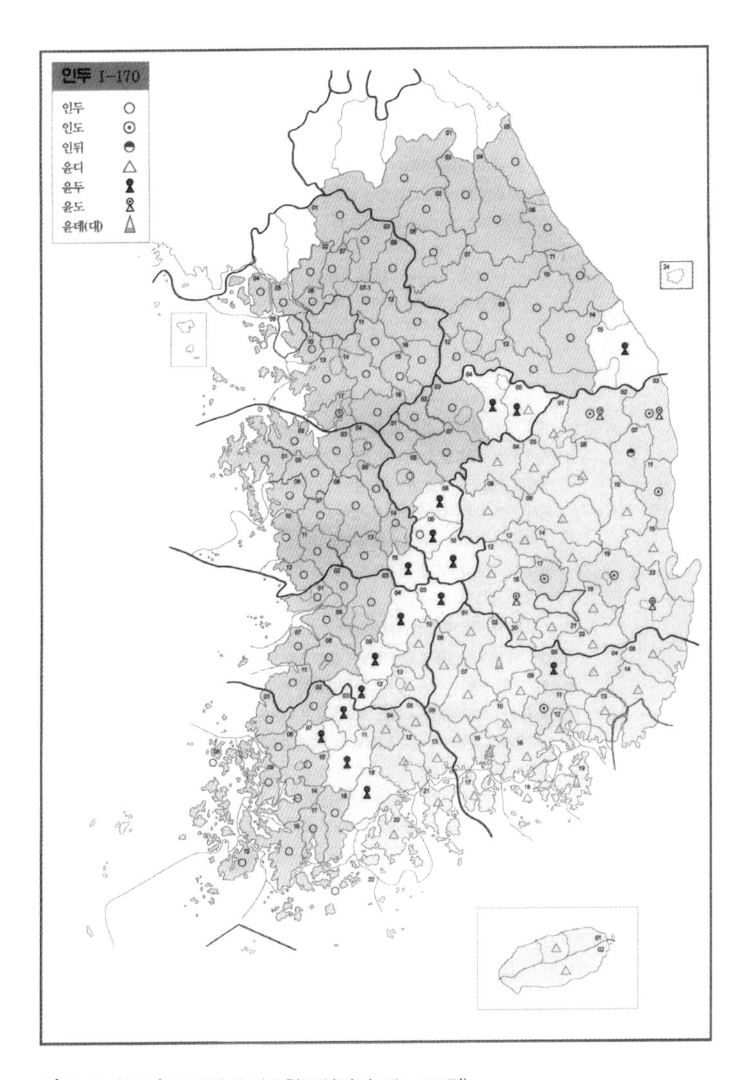

지도 8. '인두'의 방언지도(≪한국언어지도≫ 130면)

지도 8은 [인두]의 방언지도다. 이 항목의 방언형은 크게 '인두'형과 '윤디'형으로 나뉘는데(지도에서는 각각 '○형'과 '△형') 후자가 경상도를 중심으로 퍼져 있어 해당 항목의 방언분포는 대략 남한 전역을 비스듬히 양분하는 형상을 이룬다. 동북방언에 '윤디'가 분포하고 있음을 고려할 때 경기도방언형('인두')이 동쪽(강원도)과 남쪽(충청도 및 전라도 서부)으로 세력을 확대한 것임을 알 수 있다.

| 잡동사니 | '인두'와 '다리미'

≪표준국어대사전≫(1999)에는 '인두'와 '다리미'가 다음과 같이 정의되어 있다.

- 인두명 바느질할 때 불에 달구어 천의 구김살을 눌러 펴거나 솔기를 꺾어 누르는 데 쓰는 기구. 쇠로 만들며 바닥이 반반하고 긴 손잡이가 달려 있다. ¶인두로 옷을 다리다.
- 다리미명 옷이나 천 따위의 주름이나 구김을 펴고 줄을 세우는 데 쓰는 도구. 쇠붙이로 만들며 바닥이 판판하고 매끄럽게 되어 있는데, 숯불이나 전기 따위로 바닥을 뜨겁게 달구어 쓴다. ¶어머니는 깨끗하게 빤 옷들을 다시 다리미로 곱게 다렸다.

이에 따르면 인두는 "쇠"로 만들어 "천"의 "구김살"을 눌러 펴거나 "솔기"를 꺾어 누르는 데 쓰는 바닥이 "반반하고" 긴 손잡이가 달린 "기구"이며, 다리미는 "쇠붙이"로 만들어 "옷이나 천"의 "주름이나 구김"을 펴고 "줄"을 세우는 데 쓰는 바닥이 "판판하고" 매끄럽게 되어 있는 "도구"다('기구'와 '도구'의 차이는 무엇일지 생각해 보자). 뜻풀이로만 보면 둘은, 그 모양이나 기능에서 상당히 다른 물건이다.

하지만 인두와 다리미는, 그 모양이야 어떻든 기본적으로 옷을 다리는 데 쓰는 도구다(요즘의 학생들은 하나는 '고문' 도구, 다른 하나는 '살림' 도구로 구별하기도 한다). 둘 사이의 가장 근본적인 차이는 그것을 달구는 방식에 있다. 한마디로 그 차이를 일러 서술하면 인두는 직접 불에 달구어 쓰는 도구이며 다리미는 숯불을 위에 얹어 놓아 그 바닥을 달구어 쓰는 도구다. 물론 이는 전기다리미가 쓰이기 전의 얘기다.

흥미로운 점은 '인두'형과 '윤디'형의 접경지대에 '윤두'가 분포하여 있다는 사실이다. 그러한 '윤두'가, 이른바 '윤디'와 '인두'의 음절 혼효에 의해 생성된 형태라는 것은 너무나 명백하다. '윤디'와 '인두' 두 어형이 쓰이는 지역 사이에서, '윤디'의 앞쪽 요소와 '인두'의 뒤쪽 요소가 순서대로 결합해[45] 만들어진 '윤두'가 출현하게 되었다는 말이다. 이 새 어형이 신형이나 구형 어느 쪽과도 같다고는 할 수 없으므로 '혼효'가 융합 현상의 하나인 것은 분명하다.

일반적으로 '혼효'라 하면 형태상의 혼효를 가리킨다. 하지만 이러한 '혼효'가 형태로만 한정되는 것은 아니다. 곡용형이나 활용형에서도 그와 유사한 양상이 발견되기 때문이다.

가령, [밭]의 곡용형으로 '밧이, 밧을, 밭에'가 쓰인다고 하자(이러한 곡용 양상은 실제 세계에서 흔히 나타나는 유형이다). 이는 '밭이, 밭을, 밭에' 등으로 곡용하는 '밭'과 '밧이, 밧을, 밧에' 등으로 곡용하는 '밧'이 어떠한 이유로 동일 지역에서 같이 쓰이게 되면서 그 곡용형들이 혼효된 데에서 비롯한 결과다. 처격조사 '-에'가 보이는 보수성에 근거할 때 신형 '밧'이 구형 '밭'을 몰아내고 있는 형국으로 판단된다.

이러한 혼효는 활용형에서도 발견된다. [비비다]의 경우, '비비고, 비베, 비벴다' 등으로 활용하는 지역(A)과 '비비고, 비비, 비빘다' 등으로 활용하는 지역(B) 사이에 '비비고, 비베(비벼), 비빘다(비볐다)'의 활용을 보이는 지역(C)이 출현한다면[46] 이는 활용형의 혼효가 일어난 것이 분명하다. 그중 모음어미가 결합된 '비베(←비비-어)'와 '비빘다(←비비-었다)'는 서로 다른 계열(paradigm)에 속하는 활용형으로, 해당 C지역에서는 양쪽의 활용형을 하나씩 채택하여 활용 계열을 구성하게 된 셈이다. 이처럼 방

---

45 이때 접속 선후 위치의 문제는, 현재로선 분명히 밝혀 말하기 어렵지만 음소 연쇄의 자연성이나 핵방언 세력의 크기 등과 관련되어 있는 것으로 여겨진다.

46 충청북도 영동 지역어나 전라북도 무주 지역어가 그렇다고 한다(이혁화 2005).

언접촉에 의한 혼효는 둘 이상의 핵방언이 충돌하는 지점에서 주로 발생한다.

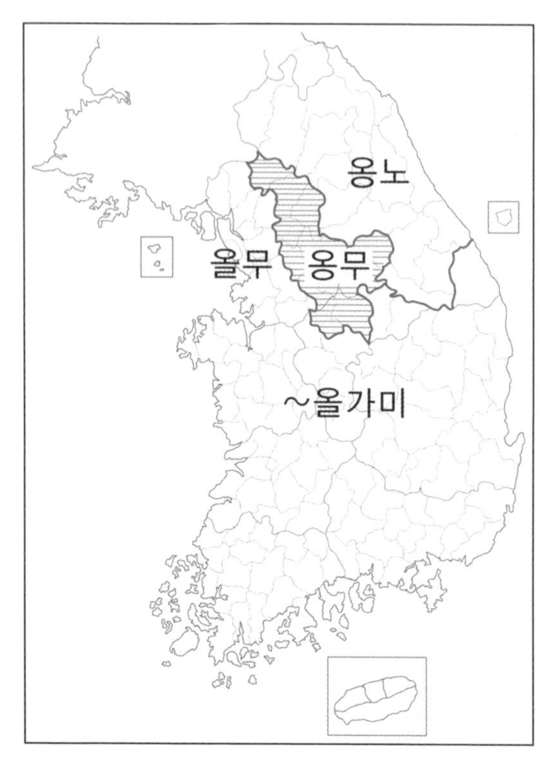

지도 9. '올가미'의 방언지도

지도 9는 [올가미]의 방언지도다. 경기도 서부 지역에 '올무'가 쓰이고 강원도에 '옹노'가 쓰인다. 이로 보아 두 지역 사이의 '옹무'는 '옹노'(강원도형)의 '옹'과 '올무'(경기도 서부형)의 '무'가 혼효된 형태라는 것은 분명하다.

| 잡동사니 | '덫'과 '올가미'

≪표준국어대사전≫(1999)에는 '덫'과 '올가미'가 다음과 같이 정의되어 있다.

- 덫명 짐승을 꾀어 잡는 기구 ¶덫에 걸리다/덫을 놓다
- 올가미명 새끼나 노 따위로 옭아서 고를 내어 짐승을 잡는 장치. ¶올가미를 놓다/올가미에 걸리다
- 올무명 새나 짐승을 잡기 위하여 만든 올가미 ¶올무에 걸리다/올무를 놓다

좀 복잡한 듯하지만 이에 따르면 일반적인 통칭은 '덫'이고, 고(=옷고름이나 노끈 따위의 매듭이 풀리지 않도록 한 가닥을 고리처럼 맨 것)를 내어 만든 덫이 '올가미' 또는 '올무'다(정의에 따르면 '올무'만 새를 잡을 수 있다). 아울러 올무는 올가미를 이용한 덫의 일종이 된다. 보통의 올무는, 막대기에 올가미를 달아서 새 또는 짐승의 발이나 목을 옭아매도록 만든 덫을 가리킨다.

변형

공존하는 방언형 중에 하나의 형태를 바꾸어 새로운 어형을 만드는 것을 '변형'이라 한다. 신형과 구형, 어느 한 쪽의 세력이 압도적이기는 하나 다른 쪽 어형의 영향을 완전히 배제하지 못하는 상황에서 변형이 이루어진다. 다음 예를 보자.

지도 10은 남한의 북부 지역(경기도 · 강원도와 충청도 서부 및 경상북도 북부)에는 '새우'형, 그 남부에는 '새뱅이'형이 분포함을 보여 준다('새우'형은 '우'로, '새뱅이'형은 'ㅂ'으로 표시하였다). 이 지도에서 보듯, '새우' 계통이 쓰이는 경기도 북부와 '새뱅이' 계통이 쓰이는 충청도 사이에 '새갱이'를 쓰는 지역(경기도 시흥 · 화성 · 평택 · 용인)[47]이 존재한다. 이때의 '새갱이'는 '새뱅이'의 'ㅂ'을 'ㄱ'으로 바꾸는 변형을 겪어 형성된 형태다.

---

47 경기도 시흥 · 화성 · 평택 · 용인 지역의 '새갱이'는 민물에서 사는 작은 새우만을 뜻한다. 이 지역에서도 통칭으로는 그냥 '새우'를 쓴다. 이로써 보면 **지도** 10은, '새우'와 관련된 모든 방언형을 종합한 지도인 셈이다.

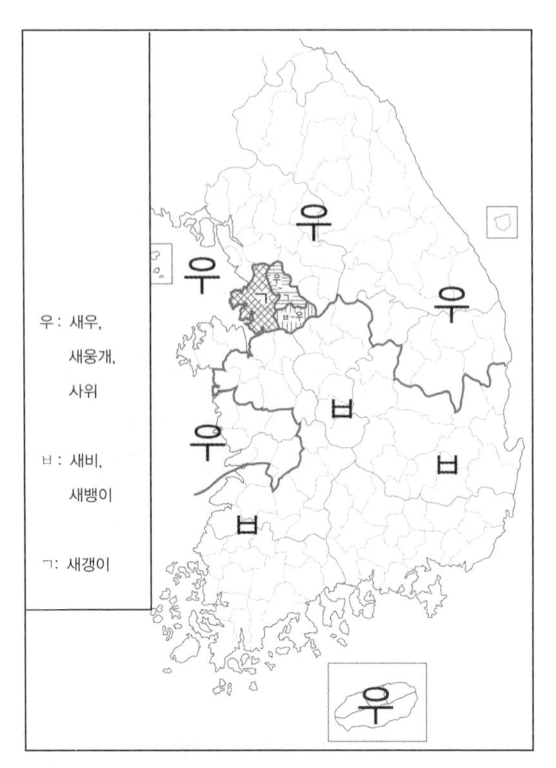

지도 10. '새우'의 방언지도

'새우'는 중세국어에서 'ㅸ'을 가졌던 단어다. 그런데 경기도는 중세국어의 'ㅸ'에 대해 일관되게 'ㅸ>w'의 변화를 보이는 지역이다. 따라서 경기도는, 중세국어의 '사ᄫᅵ'에 대해 '새우'형으로의 대응을 보여 주게 된다('ㅂ'계 방언인 남부 방언에서는 '새비'형을 쓴다). 이로써 보면 시흥 · 화성 · 평택 · 용인의 '새갱이'는, 'ㅂ'계가 아닌 방언(즉 'ㅸ'을 가졌던 방언)에서 'ㅂ'계의 방언(즉 'ㅸ'에 대해 'ㅂ'으로의 대응을 보이는 방언)의 어형을 쓰게 된바 이로부터 발생한 간섭 현상의 하나로 'ㅂ> ㄱ'의 변형[48]을 겪은 예가 되는 셈이다.

48 이를 전통적으로 'P-K 대응'이라 부른다.

| 깁고 더하기 | '새우'의 방언형

새우는 서식지와 크기에 따라 여러 가지 이름으로 달리 불린다. 이병근(1976)에 의지하여 경기도 용인과 충청북도 영동 지역에서 쓰이는 방언형들을 표로 정리해 보이면 다음과 같다.

크기 / 서식지	큰 것	작은 것
민물	징거새우(용인) 징기미(영동)	새갱이(용인) 새뱅이(영동)
바닷물	왕새우(용인) 대와(영동)	새우(용인, 영동)

어느 곳에서나 통칭으로는 '새우'라 한다. 바다에서 나는 작은 새우가 '새우'를 대표한다는 점도 흥미롭다.

이러한 변형은 해당 지역에서 한쪽 어형이 쓰이지만 그것이 대표성을 의심받을 때 나타난다. 즉 '새뱅이'('ㅂ'계 방언형)로 단일화하면서도 '새우'('ㅸ'계 방언형)의 영향을 완전히 배제하지는 못하였기에 '새갱이'로의 변형이 이루어지게 되었다는 것이다. 다음의 '울겡이'에서 이를 다시 한 번 확인해 보자(전국 지도는 앞서 69면에 **지도 3**으로 제공되었다).

우렝이(광주·양평)	울벵이(여주)	울벵이(강원 원성·영월)	골벵이(삼척)
우렁(용인·안성)	울겡이(경기 이천)	울벵이(중원·제천·단양)	골벵이(경북)
	울겡이(음성·진천)	울겡이(괴산·보은)	
우렁(충남)	우렝이(청원)		
	우렁(충남)	울벵이(옥천·영동)	

지도 11. '우렁이'의 방언지도

지도 11은 [우렁이]에 대한 충청북도 및 그 접경 지역의 방언분포를 제

시한 것이다. 크게 보아 이 항목의 방언형은 '우렁/우렝이, 울벵이, 울겡이, 골벵이' 등 네 부류로 나뉘는데 전체적으로 '우렁/우렝이'와 '골벵이'를 동서東西 양쪽에 두고[49] 그 사이에 '울벵이'와 '울겡이'가 자리하고 있는 형상이다. 지리적 분포를 고려할 때 적어도 '울벵이'는, '우렁/우렝이'와 '골벵이'의 혼효형이 분명하다.

그런데 '울벵이'의 방언분포는 지리적으로 단절되어 있다는 점에서 특징적이다. **지도 11**에서 보듯 '울벵이'가 분포하는 지역 사이에 '울겡이'가 나타나 있는 것이다. 이러한 분포를 통해 보면 '울겡이' 지역에서도 이전 시기에는 '울벵이'가 쓰였을 것으로 추정된다. 해당 지역에서 새로 출현한 '울겡이'가 '울벵이'를 대신한 데에서 연유하여 '울벵이'가 이별분포(=지리적으로 떨어져 있게 된 분포)를 보이게 되었으리라는 말이다.

이처럼 '울벵이' 지역을 관통한 '울겡이'는 '울벵이'의 통시적通時的 변이형으로 판단된다. 잘 살펴보면 '우렝이-울벵이-울겡이'의 관계는, '민물새우'를 뜻하는 '생이-새뱅이-새갱이'의 관계와 평행하다. 결국 '울겡이' 또한, 'ㅂ'계가 아닌 방언(즉 'ㅸ〉w'의 변화를 보인 방언)에서 'ㅂ'계의 방언(즉 'ㅸ'에 대해 'ㅂ'으로의 대응을 보이는 방언)의 어형을 쓰게 됨으로써 발생한 간섭 현상의 하나로 'ㅂ〉ㄱ'의 변형을 겪은 예가 된다.

이러한 변형은 한쪽 어형이 고수되면서도 어떠한 이유로든 그 어형의 대표성이 의심받는 상황에서 이루어진다. 가령 'ㅂ'계 방언형('새뱅이, 울벵이')으로 단일화해 가는 가운데 'ㅸ'계 방언형('새우, 우렁/우렝이')의 영향을 완전히 배제하지 못한 까닭에 변형에 의한 변이형('새갱이, 울겡이')이 출현하게 되었다는 것이다. 비록 어느 한쪽 방언형이 채택되었다손 치더라도 다른 쪽 어형의 영향에서 완전히 자유로워진 것은 아니므로 변형

49 '우렁/우렝이'형은 경기 · 충남 · 전북 · 전남으로 이어지는 "서부 지역"의 대표적인 방언형이며 '골벵이'형은 강원도의 영동과 경상북도 북부 지역, 그리고 '고동이'형은 경상북도 남부에서 경상남도에 이르는 지역의 대표 방언형이다.

또한 융합 현상의 하나임에는 틀림없다.

② 의미 구조의 변경[50]

하나의 단어가 여러 개의 기본 의미를 지니고 있을 때 이를 '다의어'라 한다. 이러한 다의어와 관련하여, 방언접촉에서 병존하는 방언형들이 하나로 통합되는 대신에 다의어의 의미 영역을 나누어 표상하는 수도 있다. 해당 형태들 사이에 일종의 기능(역할) 분담이 이루어지는 것이다. '고무래'의 예를 보자('고무래'의 전국 지도는 앞서 171면에 **지도 15**로 제공되었다).

거물개 (경기 이천·여주)
고물개(강원 원성)[51]
곰배(영월·삼척)
고물개 (음성·괴산)
곰배 / 고물개 (중원)
곰배 / 밀개 (제천·단양)
밀개 (경북 영풍·봉화)
밀개(문경)
밀개(예천·안동)

지도 12. '고무래'의 방언지도

지도 12는 [고무래]에 대한 충청북도 북부 및 그 인접 지역의 방언지도다. 이 항목의 방언형은 '고물개'('거물개' 포함)와 '곰배'와 '밀개'로 나뉘는데 위 지도를 통해 볼 때 '고물개'는 중부방언형, '곰배'는 강원도 영동방언형, '밀개'는 경북방언형임을 알 수 있다.

이러한 [고무래]의 방언분포에서 흥미로운 것은 충청북도의 중원(=충주)과 제천 · 단양 지역이다. 이들 지역에서 '곰배'와 '고물개' 그리고 '곰배'와 '밀개'가 각각 [고무래]의 의미 영역을 분할하며 분포해 있기 때문이다.

---

50 이는 대체로 Trudgill(1986)의 재분배(reallocation)에 대응한다(이상신 2020: 51).

51 강원도 원성군은 1989년에 원주군(→원주시)과 통합하였다.

구체적으로 말해 중원 지역에서는 '곰배'가 '재 고무래'를, '고물개'가 '곡식 고무래'를 가리키며 제천 · 단양 지역에서는 '곰배'가 '재 고무래'를, '밀개'가 '곡식 고무래'를 가리킨다.

| 잡동사니 | 고무래

≪표준국어대사전≫(1999)에 따르면 [고무래]는 '곡식을 그러모으고 펴거나, 밭의 흙을 고르거나 아궁이의 재를 긁어모으는 데에 쓰는 'T'자 모양의 기구'를 의미한다. '뜻풀이'상으로는 하나의 기본 의미만 가지므로 다의어라 할 수 없으나 용도에 따라 정의의 대상이 구분되므로 사실상 이는 다의어라 할 수 있다.

그런데 **지도 12**의 충청북도 중원·제천·단양 지역에서는 곡식을 펴는 데 쓰는 고무래와 재를 긁어모으는 데 쓰는 고무래가 용어상으로 구별되어 있다. 이로써 보면 이들 지역에서는 이와 같은 다의多義 현상이 어느 정도 해소되어 있는 셈이다. 방언에 나타나는 이러한 양상을 고려할 때 [고무래]는 사전에서 두 개의 갈래뜻을 가진 단어로 풀이되어야 마땅하다.

이들 지역의 방언분포를 고려할 때 적어도 이전 시기에 중원(=충주) 지역에서는 '곰배'와 '고물개'가, 제천 · 단양 지역에서는 '곰배'와 '밀개'가 병존 상태를 이루고 있었을 것으로 여겨진다. 그러다가 시간이 흐르면서 이들은 단일화의 길이 아니라 '기능 분담'의 길로 들어서게 되었다. 해당 지역에서 방언접촉이 이루어지는 가운데, 공존하던 형태들이 용도에 따라 세분된 의미 영역을 나누어 맡게 된 것이다.

물론 이를 의미 층위에서 살피면 신형과 구형이 단일화했다고도 할 수 있다. 가령 중원 지역에서는 결과적으로, 공존하던 '곰배'와 '고물개'가 [재 고무래]에 대해서는 '곰배'로 통합되었으며 [곡식 고무래]에 대해서는 '고물개'로 통합되었기 때문이다. 하지만 그렇더라도 어휘 차원에서 보면 한 단어의 의미 영역이 분할된 것이므로 이는 의미 구조의 변경을 초래한 융합 현상이 분명하다.

4.2.3 방언접촉과 언어변화

방언접촉은 언어 개신의 전파에서 말미암은 무질서한 세계를 질서화해 가는 과정이다. 새로 전달된 개신을 받아들여 일시적으로 형성된 무질서 속에서 어떤 언어 특징이 자신의 언어체계에 더 적절한지를 시험한다[병존]. 그러다가 일정한 시간이 흐르면 해당 언어 특징의 어느 한쪽을 채택하거나[편입 또는 유지] 양쪽을 혼합하여[융합] 자신의 언어체계를 재정립한다.

그러한 혼합의 양상도 가지가지다. 공존하는 언어 특징을 양쪽 다 거의 그대로 수용하거나[병렬] 부분 부분을 뽑아 서로 섞어 놓기도 하고[혼효] 공통점만을 추출하여 자신의 언어 특징으로 삼기도 한다[절단]. 심지어 접촉하는 방언과는 전혀 다른 언어 특징을 새로 채택하거나[대체], 하나의 언어 특징을 채택하되 다른 쪽을 의식하여 나름대로 약간 손질하는 일도 있다[변형]. 양쪽 언어 특징의 충돌을 의미 영역의 조정으로 해소하는 것도 흔히 일어나는 일 중의 하나다[의미 구조의 변경]. 크든 작든 이 모든 변화는 핵방언들의 접촉에서 촉발된다.

이들 접촉방언에서의 변화는, 충돌하는 핵방언의 크기와 직접적인 관련을 갖는다. 접촉하는 핵방언의 세력이 크면 클수록 변화의 출현 빈도나 그 폭이 커지리라는 말이다. 이제까지 살핀 변화의 대부분이 대방언권의 접촉 지점에서 발생했다는 점이 그러한 사실을 잘 보여 준다. 대방언권의 충돌에서 빚어진 언어상의 무질서를 해소하기 위해 더 자주 그리고 더 크게, 방언형의 변화가 초래된다는 것이다.

언어와 사회

인간은 언어를 통해 의사소통을 하며 사회를 유지해 나간다. 그러한 까닭에 언어에는 사회의 여러 속성들이 투영되어 있게 마련이다. 하나의 사회가 이질적인 성격의 여러 집단으로 구성되어 있는 만큼, 한 사회에서 쓰이는 언어도 하나의 결로만 이루어져 있지는 않다. 여러 개의 언어 변종들이 어울려 하나의 언어공동체를 구성하고 있는 것이다.

한 언어공동체 속에는 많은 지역적 말씨 그리고 여러 세대의 말씨와 다양한 계층의 말씨가 함께 공존하여 있다. 또 공식적인 자리에서 쓰는 말투와 그렇지 않은 자리에서 쓰는 말투 그리고 낯선 사람과의 대화 말투와 친한 사람과의 대화 말투, 나아가 문어에서의 말투와 구어에서의 말투도 조금씩 다 다르다.

그러한 변종 중에는 타고나는 것도 있으며, 해당 언어공동체 안에서 일정한 조건 아래 수시로 선택되는 것도 있다. 어떤 경우에는 그러한 선택이 언어변화로 귀결되기도 한다. 이와 같이 언어와 사회 사이에서 드러나는 다기多岐한 관계에 대하여 과학적 분석의 틀을 제공하는 것이 바로 사회언어학이다.

언어공동체

언어공동체란 "같은 언어를 사용하면서 공동생활을 하는 사회 집단"(≪표준국어대사전≫)을 가리킨다. 그런데 어떤 두 사람도 완전히 똑같은 말을 사용하지는 않으므로 이 정의는 사실상, 일정한 언어 특징과 담화 방식을 공유하는 사람들이 특정한 실재적 · 가상적 공간에 모여 서로 소통하며 살아가는 사회 집단을 뜻하는 말이 된다. 대체로 각각의 개별 화자는 하나가 아니라 다수의 언어공동체에 소속되어 살아간다.

이러한 언어공동체는 그것이 드러내는 동질성(또는 정체성)의 상대적 정도에 따라 그 크기가 다양하다. 일반적으로 말해 가장 큰 언어공동체는 '국가'다(가장 작은 것은 '가정'이다). 하지만 특별한 경우가 아니라면 국가가 그 자체로 하나의 단일한 언어공동체를 이루지는 않는다. 단적으로 미국(ex. 영어, 스페인어, 인디언어 등)이나 중국(ex. 한어, 조선어, 몽골어 등)처럼 여러 개의 언어가 함께 사용되는 나라에서는 적어도 해당 언어 숫자만큼의 언어공동체가 존재하는 것이다. 물론 언어뿐만 아니라 방언도 한 국가의 하위 언어공동체를 구분하는 요소가 된다.

그런데 아무리 작은 언어공동체라 하더라도 그 공동체를 구성하는 성원들 모두가 똑같은 언어 특징을 보유하지는 않는다. 가령 우리 주위만 둘러봐도 '바보상자(=텔레비전), 차장(=버스 안내양), 응접실(=거실), 국민학교(=초등학교), 삐삐(=무선 호출기)'를 아는 세대, '당근이지(=당연하지), 놀토(=등교하지 않는 토요일), 별다방/스벅(=스타벅스), 플렉스('돈을 많이 씀'을 좋은 뜻으로 이르는 말)'를 아는 세대가 한 언어공동체 안에 공존하여 있는 것이다. 그렇다고 해당 공동체 성원들 사이의 소통이 불가하지는 않다.

한 언어공동체의 구성원들은 언어적으로 구별되는 이웃 집단과의 지리적·사회적 경계를 의식하고 자기들끼리 내부적으로 결속하는 성향을 보인다. 그러한 사람들 사이의 소통은 언어차가 발견되면 일차적으로 문맥적 판단에 의존하며 이차적으로는 애정이 있으면 상대방의 언어 특징을 이해어(=실제로 구사하지는 않으나 이해할 수는 있는 말)로 저장해 놓음으로써 소통을 가능하게 한다. 이러한 사정은 상이한 언어공동체 구성원들 간에도 대체로 마찬가지다. 다만 언어차가 매우 클 경우에 한해 그 사이에 중간적 존재(ex. 중간방언, 통번역자)를 두거나 공용어를 내세워 소통하기도 한다.

5.1 사회언어학이란 무엇인가

사회언어학(sociolinguistics)은 언어 현상을, 그것이 사용되는 사회와 관련지어 연구하는 언어학의 하위 영역이다.[1] 그리하여 사회언어학은 한 사회 속에서 언어가 어떻게 분화되어 있는지, 또 그리 분화된 언어의 변종들이 어떠한 사회적 조건에 의해 선택되고 폐기되는지, 그리고 해당 사회에서의 어떠한 선택이 언어변화를 초래하고 그러한 선택이 왜 언어변화로 귀결되는지 등을 과학적으로 밝히는 데 목표를 둔다. 물론 언어 선택에 대한 사회적 조절의 문제가 사회언어학의 또 다른 목표로 규정되는 일도 있다.

사회언어학과 사회방언론

사회언어학과 사회방언론(social dialectology)은 말뜻 그대로, 연구 대상의 차이에 의해 구별된다. 사회언어학에서는 '방언'뿐 아니라 한 사회에 쓰이는 둘 이상의 언어가 연구의 대상이 될 수도 있는 것이다. 그리하여 미국 사회에서 영어와 스페인어의 공존이 야기하는 문제라든가 한 사회에서의 제2언어 습득의 문제 더 나아가 외국에서의 자국어 교육이나 보존의 문제 등도 모두 사회언어학의 연구 대상이 된다.

이러한 면에서 생각해 보면 한국의 경우에는 두 언어의 공존이 아직까지 사회적으로 크게 문제가 된 적이 거의 없으므로 '사회방언론' 또는 '사회방언학'이란 용어를 쓰는 것이 더 적절할는지도 모른다. 하지만 점차 국제화하고 있는 현 상황을 고려할 때 머지않아 한국 사회에서 중국어 또는 베트남어 등의 공존 문제나 중국이나 일본, 중앙아시아 등지의 한국어

1 언어는 사회와 필연적 관련을 맺고 있으므로 '사회언어학'을 '언어학'과 동일한 뜻으로 사용하는 연구자들도 존재한다.

(조선어나 고려말 포함)에 나타나는 언어 간섭 현상 등을 심도 있게 검토해야 할 때가 올 것으로 판단된다. 따라서 한국 사회와 관련된 이러한 모든 언어적 문제를 포함하기 위해 훨씬 더 포괄적인 개념어로서 사회언어학이란 용어를 사용하는 편이 더 유용하리라 여겨진다.

| 깁고 더하기 | 디아스포라(Diaspora)

본래 자신이 거주하던 지역을 떠나 다른 나라에서 살아가는 사회집단 또는 그런 사회집단의 이주를 뜻하는 말. 디아스포라의 존재는 반드시 언어의 공존 및 변화의 문제를 일으키므로 사회언어학의 대상이 된다. 물론 한 언어가 경험한 이주 전후前後의 변화나 그에 따른 방언분화의 양상을 관찰하는 것도 사회언어학의 연구 대상에 포함된다. 한국어의 경우, 중앙아시아의 고려인이나 중국 조선족의 언어 사용(곽충구 2009, 박경래 2018), 그리고 일본에 거주하는 제주방언 화자의 언어 사용(강정희 2002, 김보향 2020)의 문제가 언급된 바 있다.

한편 사회언어학과 언어사회학(linguistic sociology)은 학문 분야가 다르므로 용어를 구별하여 사용해야 한다. 내용상 양자를 엄격하게 구분하기는 어렵지만, 전자는 언어학에 속하며 후자는 사회학에 속하는 영역이다. 그러기에 둘 사이의 관계는, 학문 분야상 혼동의 여지가 거의 없는 '언어지리학(linguistic geography)'과 '지리언어학'의 관계와는 전혀 다르다.[2] 어순을 감안하더라도 '사회언어학'에 대응하는 용어로는 '언어지리학'보다 '지리언어학'이 더 적절하다.

5.1.1 사회언어학의 영역

사회언어학은 연구의 주된 초점이 언어에 놓이는지 아닌지에 따라 크

2 '지리학' 영역에 속하는 '언어지리학'이 존재할 리 없다는 말이다.

게 두 영역으로 나뉜다. 하나는 언어 내적 요소에 중점을 두는 '미시 사회언어학'이며, 다른 하나는 언어 내적 요소보다는 그 외적 조건이나 사회적 상황에 좀더 중점을 두는 '거시 사회언어학'이다.[3]

물론 '좀더'라는 상대적 표현에서 드러나듯, 양자 사이의 구분이 그리 선명한 것만은 아니다. 대체로 전자는 개별 언어 변종 하나 또는 여럿을 연구 대상으로 하며 후자는 여러 변종으로 구성된 언어사회 전체를 연구 대상으로 한다.

미시 사회언어학(micro-sociolinguistics)

개별적인 언어 변종 또는 변종과 변종 사이의 관계를 연구하는 분야다. 이 영역에서는 한 언어공동체 안에 존재하는 언어 변종을 확인하고 그러한 변종들이 어떠한 사회적 조건에 따라 선택되고 폐기되는지, 그리고 그러한 언어 변종 중에 어떠한 것이 살아남아 언어변화를 이끄는지 나아가 왜 그리되는지 등을 밝힌다. 통상적인 의미에서 사회언어학이라 하면 여기서의 미시 사회언어학을 가리킨다.

미시 사회언어학의 연구 대상은, 화자 고유의 특성에 따른 사회방언이나 상황에 따른 상황변이어를 모두 포괄한다. 이 영역에서 다루는 연구 주제를 크게 셋으로 구분하여 제시하면 다음과 같다.

㉠ 언어 자료 또는 민족지民族誌(=여러 민족의 사고방식이나 생활양식 전반 또는 그것을 기술한 자료)에 대한 분석을 통해, 해당 사회에 어떠한 언어변이나 변종이 나타나는지 그리고 그러한 언어변이나 변

3 통상적으로 '미시-'는 '개인'의 차원, '거시-'는 '사회'의 차원을 다루는 학문 영역을 구별하여 언급할 때 사용하는 용어다. 하지만 언어학에서 양자를 구별 · 기술하는 일이란 그리 쉬운 일이 아니다.

종을 특징짓는 사회적 조건이나 상황은 무엇인지를 관찰 · 기술한다.

ⓛ 해당 사회에서 경어법 등과 같이 사회적 조건과 밀접한 관련을 맺고 있는 언어적 요소를 찾아내고 그러한 요소의 선택에 어떠한 조건들이 관여하는지 나아가 그러한 사회에서 언어가 어떠한 기능을 담당하고 있는지를 조사 · 분석한다.

ⓒ 한 언어사회에 나타나는 언어변이가 어떠한 과정을 겪어 확산되고 또 언어변화로 귀결되는지를 검토한다.

거시 사회언어학(macro-sociolinguistics)

개별적인 언어 변종보다는 그 언어공동체 전체를 분석 대상으로 삼아서 언어 전체와 변종들 사이의 관계를 연구하는 분야다. 이 영역에서는 한 공동체 안의 언어 변종들이 보이는 기능상의 상위相違를 관찰하고 언어 변종의 선택이 어떠한 인식에 기반하고 있으며 그러한 언어 변종들의 선택과 보존을 공고히 하기 위해 어떠한 정책과 교육 방안이 마련되어야 하는지를 고찰한다.

이러한 거시 사회언어학은 이른바 응용 언어학 분야 전체를 포괄한다. 이 영역에서 다루는 연구 주제를 셋으로 크게 나누어 제시하면 다음과 같다.

㉠ 언어 정책의 수립을 위해 해당 사회의 언어 실태 및 구성원들의 언어 태도를 조사 · 분석한다.

ⓛ 자국어 보존과 외국어 습득에 있어 언어 정책 및 언어 교육이 어떠한 영향을 끼치는지를 검토한다.

ⓒ 다중언어 사회에서 또는 위세 언어(ex. 영어)나 방언(ex. 표준어)이 영향을 미치는 사회에서 특정 언어나 방언의 소멸 문제를 관찰 · 기술한다.

5.1.2 사회언어학의 조사 방법

사회언어학과 지역방언론은 연구의 목적이 다르므로 그 조사 방법 또한 근본적으로 성격을 달리한다. 양자 사이에 드러나는 조사 방법상의 중요한 차이를 간단히 요약하여 제시하면 다음과 같다.

먼저, 조사지점을 정할 때 사회언어학에서는 도시 지역을 택하는 것이 보통이다. 도시 지역은 언어 사용자의 대다수가 살고 있어 언어사회의 실상을 그대로 반영하며 또 사람들의 교류가 활발하여 다양한 언어변이를 쉽게 찾아낼 수 있게 해 준다. 반면에 지역방언론에서는 해당 지역 고유의 방언형을 조사하는 데 목적을 두므로 대부분, 전통 지역사회(주로 농촌)를 조사지점으로 택한다.

또 양자는 조사의 내용에서도 차이를 보인다. 지역방언론에서는 대체로 구어의 언어 형식이나 의미에 초점을 두고 조사를 진행하는 반면, 사회언어학에서는 언어 형식 그 자체보다는 해당 언어 요소의 사회적 기능이나 담화적 용법을 중심으로 조사한다(**그림** 1 참조). 그리하여 사회언어학은 조사 대상으로서 구어뿐 아니라 신문 · 방송 · 영화나 인터넷 등의 매체언어(문자언어 포함)[4]를 포괄하며 조사 내용으로서 언어적 요소의 출현 빈도 및 언어 태도나 전략 등도 포함하게 된다.

---

4 쌍방향 소통에 사용되는 매체언어(곧 '인터넷언어')는 기존에 '통신언어'로 언급되어 온 것이다.

<table>
<tr><td rowspan="2">담01</td><td colspan="2">음운 | 어휘 | 문법 | 담화 | 기타 :</td></tr>
<tr><td colspan="2">감사 표현에 대한 응답</td></tr>
<tr><td></td><td colspan="2">서로 알고는 지내지만 친하지는 않은 사람에게 작은 도움을 주었더니 당신에게 "감사합니다"라고 말할 때, 당신은 보통 뭐라고 응답을 하십니까?

다음 중 평소 가장 많이 사용하는 표현 하나에만 ∨표를 해 주세요. 답지에 없으면 직접 말씀해 주세요.
※미리 준비한 답지 카드 제시</td></tr>
<tr><td rowspan="11">표현</td><td>①</td><td>아니에요.</td></tr>
<tr><td>②</td><td>천만에요/천만의 말씀.</td></tr>
<tr><td>③</td><td>별말씀/별말씀을요.</td></tr>
<tr><td>④</td><td>별일 아닌걸요.</td></tr>
<tr><td>⑤</td><td>뭘요/뭐가요?</td></tr>
<tr><td>⑥</td><td>그런 말씀 마세요.</td></tr>
<tr><td>⑦</td><td>도움이 되어서 다행이네요/기쁘네요.</td></tr>
<tr><td>⑧</td><td>네/예.</td></tr>
<tr><td>⑨</td><td></td></tr>
<tr><td>⑩</td><td></td></tr>
<tr><td>기타</td><td></td></tr>
<tr><td>특이사항</td><td colspan="2"></td></tr>
</table>

그림 1. 국립국어원의 〈서울지역 사회방언 조사 질문지〉(2015)

나아가 사회언어학에서는, 적게는 몇십 명에서 많게는 몇백 명에 이르기까지 다수의 제보자를 조사한다. 이는 해당 언어변이가 어떠한 비율로 출현하는가에 관심을 두고 이를 통계적(또는 계량적)으로 분석 · 처리하기 위함이다. 이와 달리 지역방언론에서는 해당 지역에 어떠한 어형들이 나타나는가에 조사의 초점이 놓이므로 조사비용을 줄이기 위해 대체로 한두 명의 제보자만을 조사한다.

| 깁고 더하기 | 통계 분석 방법과 사례 분석 방법

- 통계 분석 방법 : 언어변이의 사회적 분포를 확인하기 위해, 해당 언어변이의 양적 출현 양상을 반영하는 통계 수치를 계량·분석하는 방법. 자료를 계량하여 분석 및 해석한다는 뜻에서 계량적 방법이라 부르기도 한다. 사회언어학에서 이 방법은 사회적으로 유의미한 언어변이를 찾아내는 데 일차적 관심을 둔다.
- 사례 분석 방법 : 언어가 수행하는 사회적 기능을 파악하기 위해, 해당 언어가 사용되는 실제 상황 속에서 연구자가 제보자들의 대화에 직접 참여하여 수집한 '말 사례(event)'를 관찰·분석하는 방법. 사회언어학에서 이 방법은 화자의 선택적 언어 사용에 작용하는 사회적 요인을 밝히는 데 일차적 관심을 둔다.

아울러 제보자를 선정할 때에도 사회언어학에서는 무작위 추출법이나 할당 추출법을 사용한다. 전자는 해당 지역에서 출생 · 성장한 모든 사람을 대상으로 일정 수의 제보자를 임의로 선택하여 조사하는 방법이며 후자는 해당 지역의 모든 사람을 대상으로 하되 모집단의 구성 비율을 어느 정도 반영하여 제보자를 선별 · 조사하는 방법이다. 이에 반해 지역방언론에서는 대개, 소수의 토박이만을 대상으로 하나의 조사지점에서 한두 명만을 뽑아 조사하는 선별 추출법을 사용한다.

5.2 미시 사회언어학

미시 사회언어학은 언어 내적 요소에 중점을 두면서 개별적인 언어 변종 또는 변종들 사이의 관계를 연구하는 분야다. 이 영역에서는 사회적 조건에 따른 언어 변종(linguistic variety)을 관찰 · 분석하고 이들 조건이 언어변화나 언어 변종의 선택에 어떠한 영향을 미치는지를 구명한다.

5.2.1 언어변이와 사회

하나의 언어사회 속에는 무수히 많은 언어변이가 존재한다. 가령, 현대 한국 사회에서는 '극락'과 '천당'이란 말이 동일한 뜻을 나타내는 말로 함께 사용된다. 또 어떤 특정한 사람들에게 있어서는 일상어로서의 '일요일'에 대해 '주일'이란 말이 더 자연스럽게 쓰인다.

이들 언어변이는 대체로 종교라는 조건과 관련된다. 이처럼 언어변이(linguistic variation)란 일정한 사회집단의 말 또는 동일한 화자의 말에서, 어떤 사물이나 개념을 가리키는 서로 다른 표현 방식이 특정한 사회적 조건에 따라 공시적으로 교체되어 쓰이고 있는 상태를 가리킨다.[5]

이와 같이 한 사회 속에 출현하는 언어변이에는 특정 조건이 관여하는 것이 보통이다. 대개의 화자들은 자기 자신이 지니고 있는 특성에 따라 상이한 말을 사용하며 동일한 화자라도 다른 사람과의 관계나 대화 상황을 고려하여 말을 바꾸어 사용한다. 이를테면 대화 참여자가 가진 개별적 특성이나 그들 사이의 관계에 따라 그리고 언어 사용에 영향을 주는 대화 상황에 따라 언어변이가 이루어지는 셈이다. 이때 전자를 '대화 참여자

---

5 해당 조건을 명시하지 못하는 언어변이에 대해 '자유 변이(free variation)'란 표현을 쓰기도 한다.

조건', 후자를 '상황 조건'이라 부른다.

대화 참여자 조건

화자 · 청자 등의 대화 참여자가 가지는 고유의 개별적 특성이나 화자 · 청자 · 제3자 사이에 나타나는 관계의 특성이 언어 사용에 영향을 미치는 경우가 있다. 이때의 제3자란 대화에 등장하는 인물을 가리킨다.

(1) ㄱ. 선생님께서 이 책을 주셨다네.(화자와 청자 : 성인)

ㄴ. 선생님께 이 책을 드렸습니다.(화자〈청자, 화자〈제3자)[6]

(1ㄱ)에서는 화자와 청자의 고유 특성에 따라 이른바 '하게'체의 종결형 '-다네'가 선택되었다. 그리고 (1ㄴ)에서는 화자와 제3자(여기서는 '선생님')의 관계에 따라 조사 '-한테'가 '-께'로 또 동사 '주-'가 '드리-'로 바뀌었으며 화자와 청자의 관계에 따라 종결형 '-습니다'가 사용되었다. 이처럼 대화 참여자와 관련하여, 언어 선택에 영향을 미치는 여러 조건을 '대화 참여자 조건'이라 한다.

이러한 대화 참여자 조건과 관련하여, 각 지역에서 사용되는 사투리 또는 앞서 언급한 '주일(=일요일)' 등의 단어는 화자 특성('특정 지역' 또는 '특정 사회'에 속한 화자에게서 나타나는 개별적 특성)에 따른 언어변이형의 예가 되며 '맘마, 까까'와 같은 유아어는 청자 특성에 따른 변이형의 예가 된다. 나아가 한국어의 경어법(호칭법 포함)은 화자 · 청자 특성은 물론 대화 참여자 사이의 관계 특성에 의해 영향을 받는 전형적인 언어 현상의 하나다. 다만 언어변이로서의 경어법은 전략적 용법(=특정한 목적을 달성하기 위해 채용하는 경어敬語 사용 방식)의 경우로 한정된다.

---

6 A〉B는 A가 B보다 사회적 지위가 높음을 의미한다.

상황 조건

대화 참여자뿐 아니라 대화의 상황 또한, 화자의 언어 사용에 직접적인 영향을 미치기도 한다. 이와 같이 대화가 이루어지는 상황에서 언어 사용에 관여하는 여러 가지 사회적 조건을 '상황 조건'이라 부른다. 다음 발화를 보자(B교수는 A교수의 제자다).

(2) ㄱ. 자네, 어디 가?(화자=A교수, 청자=B교수)
ㄴ. 김 선생, 어디 가요?(화자=A교수, 청자=B교수)

(2ㄱ)과 (2ㄴ)은 화자·청자가 동일하더라도 상황에 따라 교체되어 쓰일 수 있는 표현이다. 구체적으로 (2ㄴ)은 (2ㄱ)에 비해 매우 격식적인 상황에서 사용된다.

이러한 격식적 상황에는 '제3자의 현장성 여부'도 포함된다. 이때의 제3자는 대화에 참여하지는 않더라도 대화자 주변에 있는 인물을 가리킨다.

(3) ㄱ. 담임(선생)이 이 책을 줬어.
ㄴ. (담임)선생님께서 이 책을 주셨어.

제3자(이 경우에는 '담임선생님')가 대화 현장에 있을 때 (3ㄴ) 대신 (3ㄱ)의 표현을 쓸 가능성은 매우 희박하다(게다가 무서운 선생님이라면 더욱 그러하다). 즉 사회적 지위가 높은 제3자가 대화를 듣고 있을지 모르는 상황에서는 '-님, 께서, -시-' 등의 높임 표지를 더 많이 사용하리라는 말이다. 이는 '제3자의 현장성 여부'가 언어 사용에 영향을 미침을 단적으로 드러낸다.

이와 같은 '격식성'은 해당 발화가 산출되는 배경(또는 분위기)과 관련된다. 발표 또는 면접 상황에서 사용하는 말투('격식어')나 친한 친구들에게만 쓰는 말투('친밀어')는 배경 특성에 따라 교체되는 언어변이의 예가 된다. 그 이외에 주제 특성('전문어' 또는 '직업어')이나 매체 특성('문어' 또는 '매체언어')도 언어 사용에 영향을 미치는 상황 조건의 하나로 언급될 수 있다.

사회통념형(stereotype)과 실재형

언어변이를 정확히 이해하기 위해서는 사회통념형과 실재형 사이에 격차가 발생하기도 한다는 점에 유의해야 한다. 예를 들어 '에구머니, 어쩜' 등과 같은 감탄사나 '몰라몰라, 싫어싫어' 하는 중첩 표현은 여성들이 주로 쓰는 것으로 알려져 있지만 실제로 여성들은 이 말을 일상어에서 거의 사용하지 않는다. 또 어떤 요구나 물음에 대해 긍정적으로 대답할 때 여자들은 '네'를, 남자들은 '예'를 사용한다고 알고 있는 사람들도 제법 많다.[7]

이처럼 실제로 그러지는 않으나 일반인들의 인식에 특정인들이 사용하리라고 철석같이 믿고 있는 표현을, 실재형에 대비하여 사회통념형이라 부른다. 하지만 일반인의 인식 속에 이러한 표현들이 존재한다는 사실[8] 그리고 그러한 사회통념형들이 언어의 여러 부면에 걸쳐 의외로 널리 분포해 있다는 사실은 언어변이의 성격을 파악하는 데 매우 중요하다.

| 깁고 더하기 | 지역방언에서의 사회통념형

드물지만, 지역방언에도 사회통념형이 존재한다. 강원도에서 '왔어요'를 '왔드래요'라고 한다는 인식이 바로 그것이다. 하지만 강원도의 어떤 지역에서도 어미 연쇄 '-았어요/었어요'를 '-았드래요/었드래요'로 말하는 일이란 없다. 그럼에도 불구하고 버젓이 "난 어제 친구들하고 춘천에 댕겨왔드래요." 하고 강원도 사람 앞에

---

7 '네'와 '예'의 출현은 원래 지역적 차이를 보이던 것이다.

8 이러한 사회통념형을 학습하여 실제로 사용하는 화자들도 존재한다.

서 이 사회통념형을 흉내 내어 말하면 정작, 그들은 매우 불쾌하다고 한다. 요즘 남의 사투리를 흉내 내는 표현으로 경상도 의문문에 무작정 붙이는 '–노'(ex. 집에 갔노?)와 제주도 의문문에 붙이는 '–(수)꽈'(ex. 안녕하우꽈? 안녕하수꽈?)도 해당 방언 문법에 들어맞지 않는 사회통념형의 예라 할 수 있다.

전용형專用型과 선호형選好型

언어변이에 대한 이해에서 전용형과 선호형을 구분하는 일도 필요하다. 언어변이를 보이는 형태가 사회적 조건에 따라 배타적으로 출현하는 경우를 전용형이라 하며, 그러한 형태가 동시적으로 출현하기는 하나 사용 빈도상의 차이를 드러내는 경우를 선호형이라 한다.

가령, 성별에 따른 형태가 따로 분리되어 있는 전용형의 예로서 '오빠, 누나'를 들 수 있다. 보통의 경우, 남자가 '오빠'라는 호칭을 사용하거나 여자가 '누나'라는 호칭을 사용하는 일은 없다.[9] 한편 '감사하다'와 '고맙다'는 사용 빈도상의 차이를 보이는 선호형의 예다. 전자는 힘이나 권위를 가진 인물에게 더 많이 쓰이며 후자는 친밀한 인물에게 더 많이 쓰인다.

| 깁고 더하기 | 지역방언에서의 선호형

선호형은 지역방언에도 출현한다. 예를 들어 '졸리다'에 대해 전라도와 경상남도의 일부 지역에서는 '잠오다'가 선호되는 것이다. 다만 "아! 졸리다."처럼 형용사적 용법을 보이기도 하는 '졸리다'와 달리, '잠오다'는 "아! 잠온다."처럼 동사로서만 쓰인다.

'맛있다' 대신 '맛좋다'를 사용하는 경우도 지역에 따른 선호형에 해당한다고 할

9 '형, 언니'는 '오빠, 누나'와 다르다. 전자의 경우, 꼭 한 성별에서만 사용하는 말이라고 단정할 수 없기 때문이다. 실제 언어 현실 속에서 여성이 '형'(또는 '형님')이란 말을 쓰는 경우는 흔히 발견되며 상당히 드물긴 해도, 남성이 '언니'란 말을 쓰는 경우도 가끔 목격된다.

수 있다. 그리고 '발화의 단절, 부연, 강조'의 기능을 하는 담화표지로서 함경도방언에 '그저', 경상도방언에 '고마(=그만)', 경기도·충청도·전라도방언에 '그냥' 등이 선호되는 것(이기갑 2012)도 동일한 차원에서 이해된다.

5.2.2 언어분화와 사회언어학

사회언어학의 가장 기본적인 관심은 해당 사회에 존재하는 언어변수(linguistic variable)를 찾아내는 데 있다. 언어변수란 사회적으로 조건된 변이형을 가진 언어 항목을 가리키는데 괄호를 써서 그것이 언어변수임을 나타낸다. 가령 '머리(頭), 다리(脚)' 등에 대해 '머이, 다이' 등이 유아어幼兒語로서의 변이형이라면 'ㄹ'의 유무가 언어변수가 되고 이를 (ㄹ)로 표기하는 것이다.

이때의 언어변수는 어떤 언어 요소의 존재 여부뿐 아니라 해당 요소의 사용 빈도에 의한 것도 포괄한다. 이와 같은 언어변수는 대화 참여자 조건('사회계층, 성' 등) 또는 상황 조건(사회적 상황)에 따른 언어분화의 실상을 반영한다.

| 깁고 더하기 | 사회언어학에서의 통계적 방법

- 기술記述 통계 : 모집단(=관찰의 대상이 되는 집단 전체)의 특성을 쉽게 파악할 수 있도록 모집단 또는 표본집단(=특정 목적을 위해 모집단에서 추출한 일부 집단)에 대한 관찰·측정의 결과를 수치나 그래프 또는 표 등으로 기술하는 방법.
- 추론推論 통계 : 모집단 전체에 대한 조사가 대개 불가능하므로 표본집단에 대한 관찰·측정의 결과를 분석하여 가설을 검증하거나 모집단의 특성을 추론하는 방법. 대체로 사회언어학에서는 통계적 방법을 사용해 관련 요소들 사이의 상관성을 입증하고자 하므로 이를 위해 '카이제곱검정'을 실시하는 게 보통이다. 가상의 예를 통해 그 절차를 설명하면 다음과 같다.

① 가설 수립 ex. ○○마을 주민들은 성별에 따라 모음 '어'를 달리 발음한다.
② 조사하기 ex. 남자 : 13명[ə]/2명[ʌ], 여자 : 10명[ə]/5명[ʌ]
③ 통계치(카이제곱값과 p값) 구하기 ex. 카이제곱값 1.67, p값 0.195
- 기댓값 : 일반적 상황(ex. 성별의 따른 차이가 없음.)에서의 평균값
  ex. 남녀 각각 : 11.5명[ə]/3.5명[ʌ]
- 카이제곱값=(관측값−기댓값)^2÷기댓값 : 특이함의 정도를 표준점수화한 것
- p값 : 가설에서 벗어나는 사례 즉 예외가 나타날 확률(보통은 〈카이제곱분포표〉에서의 신뢰 구간으로 대신 측정함.)

④ p값을 유의수준과 비교하기 ex. 0.195(p값) 〉 0.05(유의수준)
- 유의수준 : 우연에 의해 예외가 발생할 확률. 사회언어학에서는 대체로 0.05(=5%)를 기준으로 삼는다.

⑤ 결론 : 가설 채택하기/기각하기
ex. p값(가설의 예외가 나타날 확률)이 유의수준을 넘어서므로 가설을 기각함.

이와 같이 복잡한 절차를 이용하기 쉽도록 일정한 프로그램으로 개발한 것이 SPSS(Statistical Package for the Social Sciences)다. 이 도구를 활용하면 통계에 대한 전문 지식이 없어도 통계분석이 가능하다.

사회계층

사회계층은 한 사회 안에서 경제적 · 신분적으로 구별되는 인간 집단을 말한다.[10] 그러기에 동일한 계층에 속하는 구성원들끼리 사회적으로 더 많이 접촉하며, 상이한 계층에 속하는 구성원들 사이에 그러한 접촉이 훨씬 더 적은 것은 매우 자연스러운 일이다.

그런데 한 사회를 구성하는 성원들 사이에 접촉이 적어지고 그러한 상태가 오래 지속되면 언어적으로 분화가 이루어진다. 이러한 사실을 고려할 때 사회계층의 구별이 엄격한 사회일수록 그에 따른 언어분화가 쉬 일

10 '사회계급'이란 말을 '사회계층'과 구별해서 사용하기도 한다. 이때의 사회계급은 태어나면서 결정되는 것, 사회계층은 사회생활을 하면서 형성해 나가는 것을 가리킨다.

어나리라는 점은 충분히 예상하고도 남는다. 반상班常의 구별이 있었던 한국의 전통 사회에서 양반과 평민(상민, 서얼 등)의 언어가 달랐다는 여럿의 보고가 이러한 사실을 뒷받침해 준다.

| 잡동사니 | 경북 안동 지역 양반집 아이들의 생활인사법

- 아침(새벽 5시)에 일어나 집안 어른들께 문안 인사 : 방이 안 추웠니껴?
- (학교 가는 등) 집을 나설 때 인사 : (학교) 갔다 올시더.
- 매일 뵙는 마을 어른들께 인사 : 아침/점심/저녁 자셌니껴?
- 오랜만에 뵙는 마을 어른께 큰절하고 인사 : 그간 펜안하셌니껴?
- 집에 돌아왔을 때 인사 : (학교) 댕겨왔니더.
- 저녁에 어른들의 이부자리를 펴드리고 문안 인사 : 펜히 주무시소.

현대 사회에서의 사회계층은 일반적으로 학력, 직업, 재산이나 수입 등의 요소를 기준으로 구분한다. 이에 따른 사회계층의 분화가 분명히 상정될 수 있을 때 그에 상응하여 언어분화의 존재도 인정될 터이지만 현대 한국 사회는 그처럼 계층 사이의 경계가 확연한 그런 사회가 아니다. 언어와 연관해서는 그저 특정 직업 또는 해당 지역의 주요 산업에 의거한 구분 정도가 제기될 수 있을 뿐이다. 한국의 사회언어학에서 그동안 심마니(=산삼 캐는 일을 업으로 삼는 사람), 군인, 해녀 등 특수 직업인의 말이나 어촌 방언이 관심의 대상이 되어 온 것도 그러한 까닭에서 연유한다.

그렇더라도 사회계층에 따른 언어의 변이를 확인하려는 시도가 전혀 없었던 것은 아니다. '잽히다(잡히다)' 등에 나타나는 움라우트의 실현율이 학력과 밀접히 관련된다는 보고(**표 1** 참조)는 바로 그러한 시도 중의 하나라 할 수 있다.

학력	무학	국졸	중졸	고졸	대졸
비율	54.2%	47.6%	47.2%	30.6%	25.0%

표 1. 충주 지역 50-60대 화자의 움라우트 실현율(박경래 2005)

위 표에 의하면 충주 지역의 5 · 60대 화자들은, 학력이 낮을수록 '잽히다' 등의 움라우트 실현형을 사용하는 비율이 높으며 학력이 높을수록 '잡히다' 등의 움라우트 비실현형을 사용하는 비율이 높다. 이로써 움라우트의 실현 비율을 통해, 학력에 따른 언어변이의 양상을 확인하게 된다.

이와 같은 보고들에서는 움라우트를 비롯한 몇몇 언어 현상에 '학력'만 강력한 영향을 미침을 지적한다. 다시 말해 한국의 경우에는, 사회계층에 따른 언어의 분화에 학력 요소만 분명한 역할을 담당하고 있다는 것이다. 물론 그것이 표준어 보급의 결과이고 그러한 결과가 학교 교육에 크게 의지하고 있었던 데 기인한 것임에는 틀림없다.[11]

성性

성별에 따른 언어분화를 언급하는 데에는 발화어와 대상어를 구별하는 일이 유용하다. 양자 사이에 드러나는 언어적 특성이 다르기 때문이다. 발화어는 여성 또는 남성이 구사하는 말, 대상어는 여성 또는 남성을 지칭하거나 묘사하는 말을 가리킨다.[12] 단적인 예를 들면, '오빠'는 여성

---

11 학교 교육을 통해 오랫동안 지속되어 온 표준어 보급의 결과, 전국 각 지역의 청소년층은 대부분 전통 방언의 시간적 변화형이 아니라 표준어의 지역적 변이형을 사용하게 되었다. 각 지역의 전통형들이 젊은이들에게 전수되지 못하고 지역 발음 습관에 따라 일부 조정된 표준어가 대신 쓰이게 되었다는 말이다. 현대 방언학에서는 이와 같은 표준어의 변이형을 '신방언'이라 부른다. 특정 지역에서 사용되는 '탈으실(=탈의실), 추리링(=추리닝)' 등이 바로 신방언의 예들인 셈이다. 한편 표준어의 시간적 변이형과 공간적 변이형을 구분하여 각각 "신방언(新方言)"과 "네오방언(neo-dialect)"으로 달리 부르는 일도 있다(김덕호 2018: 187-192).

12 이를 문법 범주로서의 성(gender)과는 구별해야 한다. 문법 범주로서의 성은 명사를

발화어이자 남성 대상어이고 '누나'는 남성 발화어이자 여성 대상어이다.

성별에 따른 언어 변종에 대한 연구에서는 대체로 '여성' 쪽의 말이 특수한 모습을 보이므로 여성어란 표현이 흔히 사용된다. 이러한 여성어 연구는 그러한 말들의 발생 배경을 이해하는 태도에 따라 크게 두 견해로 나뉜다.

하나는 여성어를 본질적 · 구조적 성차性差에서 비롯한 것으로 보는 견해다. 다시 말해 여성과 남성의 언어차가 인간 본연의 특성이나 사회 구조적 특성에서 비롯되었다는 것이다.

이 견해에 따르면, 여성들은 본질적으로 자신의 의사를 완곡하고 친밀하게 표현하려 들기 때문에 상대방의 동의를 구하는 의문 형식이나 부가 의문문('그렇죠?' 등) 그리고 부드러움으로 상징되는 여러 표현 즉 감탄사('어머, 어쩜' 등), 부사('정말' 등), 형용사('예뻐' 등)를 자주 쓰게 되었다. 또 다른 한편으로는 남녀의 불평등한 사회 구조 때문에 여성들은 주도적이지 못한 언어생활[13]을 하게 되었으며 그로 인해 여성들이 표준적이면서도 공손한 표현을 더 사용하고 말 가로채기를 자주 당하는 성향을 보이게 되었다고 말한다.

이와 달리 여성어를 단순히 말하기 방식의 차이로 보는 견해도 존재한다. 대화 상황마다 대화 참여자들이 맡는 역할이 다른데 여성어란 그러한 역할어의 하나에 불과하다는 것이다. 이 견해에서는 여자다운 말투와 남자다운 말투의 존재를 인정한다 해도 그것을 꼭 여자만 또는 남자만 사용하는 말투로 제한하여 이해하지는 않는다.

이러한 견해에 바탕을 둔 여러 연구자들의 조사 · 연구 결과에서, 이른

분류하는 특성인데 해당 명사가 여성인지 남성인지에 따라 그에 호응하는 대명사나 동사가 형태를 달리하게 된다.

13 '-쯤'이나 '아무거나' 등과 같이 단호하지 못한 표현을 자주 사용하는 태도가 이에 해당한다.

바 여성어의 상당수가 사회통념형에 지나지 않는다는 사실이 새로이 밝혀졌다. '어머, 어쩜' 등의 감탄사나 부사 · 형용사를 여성들이 많이 사용하는 것은 아니라는 통계에서부터, 말 가로채기 성향이 성차와 관련된 것이 아님을 입증해 주는 실험 결과에 이르기까지 기존에 언급되어 온 대다수의 여성어가 본질적 · 구조적 성차性差와 무관함이 드러나게 된 것이다.

이로써 보면 발화어에 나타나는 실재적인 성차는 엄청나게 줄어 '오빠/언니, 누나/형' 등에서 보듯 성별에 따라 사용하는 어형이 따로 분리되어 있는 경우 즉 전용형 정도로 한정된다. 물론 '여교수, 앵두 같은 입술' 등의 여성 대상어나 '남자간호사, 떡두꺼비 같은 아들' 등의 남성 대상어에서도 성차가 인정된다.[14] 그러므로 후자의 견해에 의지하면 성별에 따른 언어 분화는 대상어와 일부 발화어에서 부분적으로 확인될 수 있다고 하겠다.

사회적 상황

대화의 상황은 여러 부류[15]로 나뉘는데 그 부류들 중에 사회언어학에서 주된 연구 주제가 되어 온 것은 '격식성'이다. 이에 따라 크게 일상 말투(casual style)와 격식 말투(formal style)를 구분하는데 전자는 주의를 기울이지 않는 상황에서 쓰이며 후자는 면담같이 주의를 기울여야 하는 상황에서 쓰인다. 이 이외에도 구절 읽기 말투(reading passage style)와 단어 목록 읽기 말투(word list style) 등을 격식성에 따라 분화된 말투의 유형에 포함시키기도 한다.

14 요즘엔 '앵두 같은'이나 '떡두꺼비 같은' 등의 표현도 특정 성별에 한정되는 것 같지는 않다.

15 이때의 상황은 대개 '배경(또는 분위기), 주제(또는 화제), 매체'에 따라 구분된다. 이에 해당하는 구체적인 특성의 예를 각각 하나씩만 들어 순서대로 나열하면 '격식성, 전문성, 구술성'이 된다.

중부방언에서 '메칠(=며칠)' 등에 나타나는 언어변수 (여)[16]는 이러한 말투와 밀접한 대응을 보인다(**표 2** 참조). 일상 말투에 비해 격식 말투에서 비표준형 '에' 쪽으로 실현되는 비율이 20~30% 정도 낮다. 더욱이 '에' 쪽으로의 실현율이 상당히 높은 60대 화자들도 구절 읽기 말투와 단어 목록 읽기 말투에서는 '여'를 '에'로 발음하는 일이 거의 없다. 이로부터 언어 화자들이 하나의 말투만 사용하는 일은 없으며 주의를 기울이면 기울일수록 비표준형을 사용하지 않으려는 경향이 강해진다는 사실을 확인할 수 있다.

	60대	50대	40대	30대
일상 말투	81.0%	61.5%	56.8%	47.2%
격식 말투	63.6%	26.3%	25.0%	14.3%
구절 읽기 말투	0%	0%	3.1%	0%
단어 목록 읽기 말투	6.7%	0%	5.2%	0%

표 2. '여>에'의 말투별 실현율(박경래 1993)

이와 같은 말투는 그때그때의 발화 상황과 문맥에 따라 선택하여 사용하는 언어 형식과 관련된다. 가령 우리는 친한 친구들과 이야기할 때의 말투 그대로 학급회의 상황에서 말하지는 않는다. 또 친구에게 아쉬운 부탁을 하는 문맥에서 명령하듯 말하지도 않는다. 이러한 점에 사회언어학은 관심을 기울인다. 어떠한 상황과 문맥이 말투의 선택에 영향을 미치는지 그리고 해당 사회에서 그러한 말투가 몇 개로 분화되어 있고 또 어떠한 차이가 있는지를 밝히는 데 사회언어학의 목표가 두어지기도 한다는 말이다.

16 이 언어변수는 양순음 아래에서 이중모음 '여'가 '에'로 바뀌는 단모음화單母音化를 가리킨다.

5.2.3 언어 선택과 사회언어학

사회적 조건에 따라 언어 변종의 선택이 이루어짐을 가장 극명하게 잘 보여 주는 것은 경어법에서다. 경어법의 일상적 사용에서[17] 우리는 사회적 문맥에 맞추어 적절한 변종 또는 등급을 선택해 구사하는 것이다. 따라서 경어법에 관한 한, 사회언어학에서는 어떠한 조건에서 어떤 경어 등급이 선택되고 또 어떻게 조절되는지를 검토하는 데 주된 관심이 놓인다고 할 수 있다.

규범적 용법과 전략적 용법

경어법의 사용은 그 기능의 면에서 규범적 용법과 전략적 용법 둘로 나뉜다. 전자는 언어 예절의 관점에서 말하기 규범으로서의 어느 정도 추상적인 용법이며 후자는 상호 작용의 관점에서 특정 목적을 이루기 위한 실제적 · 의도적 용법이다.

규범적 용법은 대화 참여자 조건 또는 상황 조건에 따른 원칙적인 언어 선택이 근간을 이루고 전략적 용법은 사회적 상황에 따른 의도적인 언어 선택이 그 근간을 이루므로 양자는 사회언어학의 주요 관심사가 된다. 특히 규범적 용법에서 벗어난 경어법 사용 즉 전략적 용법은 사회언어학적 해석이 필수불가결한 영역이다.

예를 들어 "김 대리, 그 일 좀 잘 부탁해요."라고 말하는 부장의 경어 사용은 화자(=부장)와 청자(=김 대리) 사이의 상하관계만으로는 해명되지 않는다. 사회언어학에서는 이를, 잠재적 수혜자受惠者로서 부탁하는 사람(이 경우에는 상급자)이 부탁받는 사람(이 경우에는 하급자)에게 공손

17 경어법은 어떤 인물을 얼마나 또는 어떻게 대우할지를 언어적으로 표현하는 문법적 · 어휘적 체계를 말한다. 이러한 개념에 따르면 호칭법도 경어법에 포함된다.

한 말을 사용하는 '수혜자 공손 전략'(이정복 2001: 368)에 따라 경어 표현을 선택한 것으로 해석한다. 이와 같이 화자의 강한 의도에 의해 사회적 행동을 언어적으로 구현하는 것이 바로 경어법의 전략적 용법이다. 규범적 조건은 바뀐 게 없으니 전략적으로 이러한 말투를 채용했다 할 만하다.

| 깁고 더하기 | 전략적 용법의 경어법 사용

이정복(2001: 367~436)에 따르면 '수혜자 공손 전략' 이외에도 '거리 조정하기, 지위 불일치 해소하기, 지위 드러내기, 정체성 바꾸기' 등의 전략이 더 있다. 이들을 간단히 풀어 설명하면 다음과 같다.

- 거리 조정하기 : 화자가 일정한 경어법 형식을 사용하여 청자에 대한 대우 수준을 바꿈으로써 청자와의 심리적 거리를 조정하려고 하는 책략. 연인 또는 동료들이 처음에 존댓말을 쓰다가 일정 시기가 지나면 반말을 사용하는 경우가 이에 해당한다.
- 지위 불일치 해소하기 : 둘 이상의 지위에서 서열 관계가 충돌하는 화자와 청자가 상대방에 대한 대우 수준을 변화시킴으로써 상호간의 관계를 안정적인 상태로 바꾸려고 하는 책략. 나이 어린 직장 상사가 나이 많은 하위 직급 직원에게 존댓말을 쓰는 경우가 이에 해당한다.
- 지위 드러내기 : 상위자인 화자가 청자에 대한 대우 수준을 낮춤으로써 청자의 태도 또는 행위의 변화를 유도하려고 하는 책략. 화가 나거나 명령할 때 상위자가 하위자에게 단호한 표현 또는 막말을 사용하는 경우가 이에 해당한다.
- 정체성 바꾸기 : 둘 이상의 신분 질서에 소속된 화자가 청자에 대한 대우 수준을 변화시킴으로써 새로 바뀐 대화 상황을 유리하게 만들려고 하는 책략. 특정 상황에서, 선생이 된 자신의 제자에게 존댓말을 쓰는 경우가 이에 해당한다.

이처럼 경어법을 사용하는 한국어 화자들은 특별한 경우에, 경어 사용에서 규범적인 것과는 다른 용법을 연출하면서 그 결과로 청자에게 자신의 목적과 의도를 전달하게 된다. 화자가 특정한 목적을 달성하기 위해 채용하는 이러한 세부적인 경어 사용 방식이 곧 경어법의 전략적 용법이다. 그러기에 경어법의 이 용법에 대한 연구는 언어 사용에서 드러나는 언어의 사회적 기능 및 의사소통의 체계를 이해하는 데 매우 중요하다.

결국, 한국어의 경어법에 대한 연구는 언어와 사회의 관계를 구명하는 작업으로서 큰 의의를 갖는다고 할 수 있다.

5.2.4 언어변이와 언어변화

언어변이는 신형의 출현에서 촉발된다. 즉 이전의 표현 방식과 새로운 표현 방식이 공존하고 있는 상태에서 언어변이가 나타난다는 말이다. 이러한 언어변이에서 신형이 세력을 얻어 우위에 놓이게 되었을 때 언어변화가 종결되었다고 한다. 따라서 언어변이에 대한 연구는 진행 중인 언어변화에 대한 연구나 다름없다. 사회언어학은 이러한 언어변이 즉 진행 중인 언어변화에 대한 관찰을 통해 언어변화의 원인과 그 과정을 해명하고자 한다.

이와 같은 진행 중인 언어변화의 관찰은 다음 두 가지 시간 개념에 의존하여 진행된다.

- 실재시간(real time) : 특정 언어공동체의 상이한 시기에 사용된 언어 변종을 비교하여 언어변화를 관찰하려 할 때 두 변종 사이에 존재하는 시간적 거리. 물리적인 시간선상에서 과거와 현재의 언어 자료를 비교할 때 관여하는 시간 개념. 가령, 동일한 언어공동체를 30년 만에 다시 조사하면 실재시간에 따라 언어변화를 관찰한 것이 된다.
- 현장시간(apparent time) : 특정 언어공동체의 상이한 연령 집단이 사용하는 언어 변종을 직접 비교하여 언어변화를 관찰하려 할 때 두 변종 사이에 존재하는 시간적 거리. 같은 시기의 서로 다른 세대의 언어 자료를 비교할 때 관여하는 시간 개념. 가령, 동일한 언어공동체의 60대 화자와 30대 화자를 동시에 조사하면 현장시간에 따라 언어변화를 관찰한 것이 된다.

연령 단계(age-grading)와 세대차(generation difference)

어떤 언어변이는 언어 사용자의 나이와 밀접한 관련을 가진다. 이와 같은 언어변이는 크게, 연령 단계에 의한 것과 세대차에 의한 것으로 나뉜다. 전자는 일정한 나이에 도달하면 해당 연령 단계에 알맞은 어형을 사용하게 됨으로써 연령층별로 언어변이를 보이는 경우며, 후자는 젊은 시절에 익힌 언어 습관을 나이 들어서도 변함없이 유지하게 됨으로써 세대별로 언어변이를 보이는 경우다. 후자와 달리 전자는 언어변화로 귀결되지 않을 수 있으므로 두 유형의 언어변이는 구분되어야 한다.

예를 들어, 손아래의 특정 상대에게 만나자고 할 때 청소년층에서는 "야, 나 좀 봐." 하고 노년층에서는 "자네, 나 좀 보세." 하는 것은 연령 단계에 의한 언어변이라 할 수 있으며 '잔盞'을 셀 때 노년층 세대는 '석 잔, 넉 잔' 하고 청소년층 세대는 '세 잔, 네 잔' 하는 것은 세대차에 의한 언어변이라 할 수 있다. 전자의 경우, "야, 나 좀 봐." 하던 청소년들이 60대 이상의 어른이 되면 "자네, 나 좀 보세."라는 말을 쓸 가능성이 있으므로, 그럴 여지가 거의 없는 후자와 구별되는 것이다. 후자의 경우, '잔' 등을 세는 수관형사로 '석, 넉'이 사라져 감을 나타내는 진행 중인 언어변화의 한 예라 할 만하다.[18]

진행 중인 언어변화

진행 중인 언어변화에 대한 사회언어학적 연구에서 한국어의 음장音長은 흥미롭다. 음장 변이에 대한 계량적 조사·분석을 통해 음운에 관한 언어변화의 과정을 어느 정도 시사 받을 수 있기 때문이다.

---

18 물론 전자의 경우에, 청소년들이 나이 들어서도 호칭어 '자네'나 종결어미 '-세'를 사용하지 않게 된다면 진행 중인 언어변화의 예가 된다.

연령층	음장의 변별 정도	음장의 구별 정도
70대	94.4%	100.0%
60대	68.8%	89.6%
50대	19.3%	93.2%
40대	8.0%	77.3%
30대	6.9%	62.5%
20대	2.8%	58.3%

표 3. 연령층별 음장의 실현 양상(박경래 2005)

위의 **표 3**에서 보듯 음장은 현대 중부방언에서, 대체로 70대 이상의 화자들에게는 변별적이지만 50대 이하에서는 그 변별적 기능을 상실하였다. 이로써 보면 현대 한국어의 음장은 연령과 관련된 언어변이 현상임에 틀림없다.

그런데 음장의 구별 정도(제보자의 발음이 음성적으로 음장을 구별하고 있는지 여부)를 변별 정도와 함께 살펴볼 때 음장과 관련한 언어변화의 과정이 드러난다. 음장이 음운론적으로는 비변별적이지만 음성적으로는 존재하는 중간 단계가 상정되는 것이다(**표 3** 참조). 결국 한국어에서 음장의 변화는 음성 층위(곧 발화 단계)와 음운 층위(곧 인식 단계)에서 각기 기점을 달리하면서 일어난 현상이었다고 할 만하다.[19] 이에서 더 나아가 해당하는 시기의 사회 변화를 면밀히 추적해 보면 그 변화의 원인을 추정하는 일도 어느 정도 가능해진다.

언어 태도(=어떤 언어에 대해 갖게 되는 화자들의 심리적인 상태) 또한 언어변화의 과정을 시사한다. 진행 중인 언어변화의 사회적 확산 과정이 해당 화자들의 언어 태도와 매우 밀접하게 관련되어 있기 때문이다.

19 음성 층위와 음운 층위에서 언어변화가 달리 일어날 수 있음은 꼭 '음장'에만 한정되는 것은 아니다.

	10대-20대 여성의 서울말투	10대-20대 남성의 서울말투	30대-40대 여성의 서울말투	30대-40대 남성의 서울말투
귀엽고 애교스러워 보임.	39.2%	3.9%	13.7%	4.1%
거부감이 듦.	4%	13.2%	8.2%	33.8%

표 4. 세대별로 사용되는 서울말에 대한 언어 태도(김규남 2000)

위 표는 전주 지역에서, ‘하고’를 ‘하구’로 그리고 ‘저도’를 ‘저두’로 발음하는 서울 말투에 대한 언어 태도를 조사하여 그 결과를 보인 것이다. **표 4**에 따르면, 전주 지역 화자들은 10대-20대 여성들이 쓰는 서울 말투에 대해 매우 호의적인 태도를 가지고 있다.

그러한 까닭에 전주 지역에서, ‘하구(하고)’와 ‘저두(저도)’ 등의 ‘오〉우’ 변화형은 젊은 여성들에게 확산될 여지가 농후하다.[20] 왜냐하면 이 지역의 젊은 여성 화자들에게는, 서울 여성과의 “동일시 효과”가 기대될 것이기 때문이다. 실제로 이러한 ‘오〉우’ 변화형은 전주 지역의 젊은 여성들이 보이는 “정체성 표지”로 받아들여지고 있다고 한다(김규남 2000: 560).

이와 같이 사회언어학에서는 언어변화가 어떠한 과정을 통해 확산되고 또 왜 그렇게 되는지를 탐구한다. 화자가 처한 사회적 조건에 따라 언어변이가 어떻게 선택되고 어떻게 조절되는지를 관찰함으로써 언어변화가 왜 일어나며 어떻게 진행되어 가는지를 설명하고자 하는 것이다. 화자의 사회적 행동에 주목하여 언어변화의 과정을 해명하려는 시도[21] 또한 사회언어학의 중요한 성과물 중의 하나라 할 수 있다.

---

20 ‘오〉우’ 변화형이 이미 확산되어 있기 때문에 그러한 언어 태도를 갖게 된 것일 수도 있다.

21 언어변화의 주도층이 해당 사회에서 두 번째 높은 지위를 가진 사회집단이라는 서양의 연구 결과가 이에 해당한다. 이 연구에서는 이 집단이 사회적 위신을 안정적으로 확보하려는 욕구가 가장 강하기에 언어변화의 첨병 역할을 하게 된다고 한다. (Chambers & Trudgill 1980: 96-97)

5.3 거시 사회언어학

일반적으로 거시 사회언어학은 여러 언어가 공존하는 사회를 대상으로 한다. 그리하여 언어 태도와 언어 선택의 관계, 언어의 접촉과 전환 및 언어 생멸의 과정, 그리고 언어 계획과 언어 교육 등 사회 전반에 걸쳐 언어 변종들이 야기하는 문제들을 탐구한다.

하지만 우리나라의 경우에는 비교적 최근에 이르러서야 언어 공존의 문제가 제한적으로나마 사회문제화하기 시작했으므로[22] 거시 사회언어학은 그동안 한국사회에서 그리 큰 주목을 받지 못해 왔다고 할 수 있다. 거시 사회언어학이란 명칭도 쓰이지 않았지만 이전 시기에는 주로, 외래어 수용의 문제나 표준어 정립 및 보급의 문제 정도가 그 관심의 대상이 되었을 뿐이다.

5.3.1 언어 태도와 사회

인간은 의사소통의 도구로서의 언어를 접하면서 그 형식과 내용만을 취하는 것이 아니라 어떤 느낌도 함께 느끼고 간직하게 된다. 이처럼 언어에 대해 갖게 되는 어떤 심리적 상태를 언어 태도(language attitude)라 한다. 가령, 경상도방언은 무뚝뚝하다거나 서울말은 애교스럽다는 반응이 바로 그러한 것들에 해당한다.

이와 같은 언어 태도는 언어 현상과 밀접한 관련을 갖는다. 해당 사회의 구성원들이 지닌 언어 태도에 의해 언어변화의 여부나 방향이 좌우되

---

22 영어 공용화 문제, 그리고 한국에 사는 이주 외국인들의 한국어 수용 문제 또는 외국 현지에서 한국어를 접하는 외국인들에 대한 한국어 교육의 문제 정도가 이에 해당한다고 하겠다. 하지만 어느 경우에나 한국어가 중심이 되어 있으므로 이를 언어 공존과 관련된 문제라고 단정 지어 말하기는 어렵다.

기도 하며 심지어 언어 태도로부터 언어의 보존과 사멸이 결정되는 일도 있다. 가령 어떤 언어변이에 대해 화자들이 긍정적으로 인식하고 있다든지, 또는 자신들이 쓰는 지역방언을 촌스러워한다든지 하는 언어 태도에서 해당 언어변이의 진행 방향이나 해당 방언의 운명이 좌우될 수도 있는 것이다.

이러한 언어 태도는 언어 정책을 수립하고 언어 교육 방안을 마련하는 데 기초가 된다. 언어 태도에 대한 분석이 언어 상태의 변화 방향을 어느 정도 예측할 수 있게 해 주기 때문이다. 해당 사회의 언어 실태와 구성원들의 언어 태도를 면밀히 조사 · 분석한 뒤에야 비로소 바람직한 언어 계획의 수립이 가능해지리라는 말이다. 이전 시기에 우리나라에서 외래어 및 표준어에 대한 언어 태도를 강조하면서 이를 지속적으로 관찰해 왔던 것도 국어의 정립을 제일의 과제로 삼은 국어 정책에서 비롯된 결과였다고 할 수 있다.

한국 방언에 대한 언어 태도

언어 태도와 관련하여 다음의 신문 기사(**사진** 1 참조)는 매우 흥미롭다. 100여 년 전, 한국의 각 방언에 대한 당대인들의 언어 태도가 명시되어 있기 때문이다.

다음의 **사진** 1은 「황성신문」(1900.10.9)의 논설論說 '말을 잘 다듬어 쓰자(言語可整)'를 보인 것이다. 해당 기사에서 언어 태도와 관련된 부분만을 뽑아 현대적으로 다시 풀어 기술하면 다음과 같다.

> (4) 기내圻內(=경기도) 말씨[23]는 천속淺俗하고 관동關東(=강원도) 말씨는 순박淳朴하며 영남嶺南(=경상도) 말씨는 항직亢直(=강직)하다.

23 해당 기사에서는 '어품語品'이란 말이 사용되었는데 이를 '말씨'로 번역하였다.

사진 1. 「황성신문」(1900.10.9.)[24]

또 호서湖西(=충청도) 말씨는 외식外飾이 많고 호남湖南(=전라도) 말씨는 내교內巧가 많다. 그리고 해서海西(=황해도) 말씨는 소화少華하고(=조금 화려하고) 관서關西(=평안도) 말씨는 강한剛悍하며 관북關北(=함경도) 말씨는 과실過實하다(=지나치게 무겁다). 이처럼 각각 말이 다른 것이 풍토나 기운의 차이에서 비롯되었다 하니 아마도 그런 것 같다.

이 기사에는 당시 사람들이 공유하였던 것으로 보이는 8개 각 방언권에 대한 언어 태도가 밝혀져 있다. (4)에서 '천속하다, 외식이 많다, 내교가 많다, 소화하다, 과실하다'가 무엇을 뜻하는지 모호한 바가 없지 않으나[25]

---

24 「황성신문皇城新聞」은 1898년 남궁억(1863~1939) 등이 창간한 일간신문이다.

25 현대적 감각으로 이해할 때 '천속하다'는 '새침하다(=예쁘게 쌀쌀맞다)' 또는 '새초롬

현대 방언을 생각해 볼 때 어느 정도 상통하는 면을 보이기도 한다. 물론 이 기사에는, 방언에 대한 차별적인 태도가 거의 드러나 있지 않다.

(5) 전라도 어조는 정서情緖의 미감이 있고 경기도 어조는 사교社交의 미감이 있고 평안도 어조는 활발活潑의 미감이 있다. 함경도 어조는 강의剛毅의 미감이 있고 경상도 어조는 순직純直의 미감이 있다.

위의 진술은 이극로(1932)에 서술되어 있는 각 방언의 특색特色으로, 사실상 언어 태도를 언급한 것이다. 언어 태도의 면에서 (4)와 (5)를 비교할 때 두 진술 사이에서 약간의 차이가 발견된다는 점은 흥미롭다. 하지만 언어 태도가 심리적 요소에 좌우되므로 지역에 대한 언어 태도에서 여러 상이한 견해를 보일 수 있음은 어쩌면 너무나 당연한 일이다.

5.3.2 언어 변종의 보존과 사멸

비교적 단일한 언어 상태가 지속되어 온 한국과 달리, 인도나 스위스 같은 국가에서는 한 나라 구성원이면서도 각기 다른 언어를 배워 그것을 모어로 삼는 현상이 나타난다. 중국 연변 조선족의 경우에는 대부분의 개인이 둘 이상의 언어(이 경우에는 조선어와 중국 한어)를 모어로 습득한다.

이처럼 한 언어공동체 안에 둘 이상의 언어가 공존하여 있는 현상을 다중언어 현상(multi-lingualism)이라 하며 그러한 현상이 잔존해 있는 사회를 다중언어 사회[26]라 부른다. 경우에 따라 '영어'와 같은 특정 위세 언어

하다(=조금 쌀쌀맞게 시치미를 떼는 태도가 있다)', '외식이 많다'는 '우회적이며 정중하다', '내교가 많다'는 '구성지며 맛깔스럽다', '소화하다'는 '재치 있다', '과실하다'는 '묵직하다'를 나타낸 것이라 할 수 있다(정승철 2018a: 35-36).

26 언어의 문제에 초점을 두지 않을 때에는 '다문화 사회'라 한다.

가 영향을 미쳐서 다중언어 사회가 형성되기도 한다. 이와 같은 다중언어 사회에서는 언제나, 그런 위세(prestige)를 가지지 않은 언어의 소멸 문제가 사회문화적으로 주목을 받게 된다.

| 깁고 더하기 | 언어 제국주의

언어의 면에서 작용하는 제국주의(=무력으로 다른 국가를 제압하여 정치적·경제적 지배권을 확대해 가는 국가주의 정책). 언어적으로 특정한 위세 언어가 세력을 확장하여 다른 언어들을 위축시키거나 사멸에 이르게 하면 언어 제국주의가 작동한 결과로 해석한다.

이러한 언어 제국주의는 '언어 진화론'과 '언어 도구론'을 전제로 한다.(이연숙·고영진·조태린 옮김 2005: 9–31) 그리하여 언어 제국주의에서는 우월한 문명어가 그렇지 않은 언어를 몰아내고 그 역할을 대신하게 하는 일이 인간사회의 자연스러운 발전 과정으로 규정된다. 그러한 까닭에 과거에 제국주의의 침탈을 받았던 피식민 국가에서는 '언어 도구론'에 맞서 '언어·사상 일체론'을 주창하고 문명어로의 진화를 추구하였다. 그런데 언어란 우열·열등의 구분이 없는 존재이므로 사실상 '언어 진화론' 자체가 성립되지 않는 것이었다.

- 언어 진화론 : 인간의 언어는 미개사회未開社會의 열등한 언어에서 문명사회의 우월한 언어로 진화해 간다고 보는 견해
- 언어 도구론 : 언어를 의사소통의 도구로만 보는 견해. 이를 따르면 필요에 의해 자신이 쓰던 언어를 다른 언어로 바꿀 수 있게 된다.
- 언어·사상 일체론 : 언어는 민족의 사상을 표현하는 정신적 산물로 보는 견해. 이를 따르면 민족이 없어지지 않으려면 언어를 유지해야 한다.

그런데 이러한 다중언어 사회 속에 두 종류의 변종이 각각 그 역할을 달리하면서 공존하는 경우가 발견된다. 이 경우에는 대개, 하나가 일상적으로 쓰이는 언어라면 다른 하나는 공식적인 자리에서 특수하게 쓰이는 언어다. 한 언어공동체 안에 격식적인 상위어와 일상적인 하위어가 공존하고 있는 셈이다. 이와 같은 현상을 다이글로시아(diglossia) 즉 양층兩層 언어 현상이라 부른다. 하지만 시간이 흘러 어느 한쪽의 언어 변종이 소멸

하거나 양쪽을 혼합한 새로운 변종이 탄생함으로써 이 현상에 의해 야기된 의사소통 상의 혼란이 해소되기도 한다.

| 깁고 더하기 | 피진(pidgin)과 코이네(koine)

- 피진 : 이중언어 사회에서 두 언어의 혼합으로 형성된 언어 변종. 다른 언어 화자와의 의사소통을 위해 두 언어의 특정 요소들을 선별적으로 섞어 일시적으로 만든 언어를 가리킨다. 한 언어(주로 하위어)를 단순화 또는 규칙화하고 거기에 다른 언어(대개는 상위어)의 일부 필요 요소를 혼합하므로 음운·문법·어휘 모든 면에서 구조가 단순한 것이 특징이다. 이 피진이 모어로 습득되어 완전한 언어의 지위를 획득하게 되면 그것을 크리올(creole)이라 부른다.
- 코이네 : 여러 지역의 방언 화자들이 이주하여 한데 모여 사는 곳에서 상이한 방언 화자와의 의사소통을 위해 해당 방언들의 혼합으로 형성된 언어 변종을 가리킨다. 캐나다, 호주, 뉴질랜드 등지에서 사용되는 영어나 중앙아시아의 독립국가연합에서 사용되는 고려말 등이 그 예에 해당한다. 통상적으로 피진과는 언어들 사이의 혼성인지, 방언들 사이의 혼성인지로 구분한다.

한국과 같이 단일언어 사회에서 양층 언어 현상은 표준어와 방언이 공존하는 데서 나타난다. 표준어는 학교에서 배우는 상위어이며, 태어나 자라면서 습득하는 해당 지역의 방언은 일상어가 된다. 거시 사회언어학은 궁극적으로, 이러한 양층 언어 현상의 결과로 초래되는 언어의 선택과 보존에 대해 언어 정책 및 언어 교육이 어떠한 영향을 미칠 수 있는지를 관심 있게 검토하고 바람직한 보존 방안을 마련하는 데 그 목표를 두고 있다고 할 만하다.

| 깁고 더하기 | 한국의 표준어

우리나라의 경우, '서울말'을 중심으로 한 표준어 개념은 조선총독부의 「보통학교용 언문철자법」(1912)을 통해 처음으로 도입되었다. 그 이후 조선어학회에서는 73명으로 구성된 '조선어 표준어 사정위원회'(1933년)를 조직하고 여러 차례의 회의를 거쳐 표준어 단어를 사정査定(심사한 단어 수는 총 9,412개, 표준어로 선정된 단어는 모두 6,111개), 1936년에 ≪사정한 조선어 표준말 모음≫을 간행하였다. 비록 단어 차원에 불과했지만, 이때부터 한국의 표준어가 모든 영역에 걸쳐 공식적인 지위를 획득하게 되었다.(정승철 2018a: 51~82)

홍기문(1903~1992)의 공통어론

홍기문은 「조선일보」(1935년 1월 15일~23일, 총 7회)에 '표준어 제정에 대하여'란 글을 발표하였다. 그는 이 논설에서 서울 중심의 표준어론에서부터 표준어 불가능론 또는 불필요론에 이르기까지 각 종류의 표준어론을 검토하였다. 아울러, 매우 서둘러 진행되고 있던 당시의 표준어 제정 작업을 신랄하게 비판하였다.

그는 "언어의 통일統一"을 목적으로 한 바람직한 표준어 제정을 위해서는 우선 "각 방언과 각 계급어階級語"에 대한 조사 연구가 "절대로" 필요하다고 주장하였다. 그가 상정한 표준어는 각 방언과 계급어의 "융합融合"을 전제로 한 것이었다. 이를 다시 잘 살펴보면 홍기문의 표준어론은 오늘날의 '공통어론共通語論'과 유사하다고 할 수 있다.

| 깁고 더하기 | 한국방언학회와 한국사회언어학회

한국방언학회는 방언을 학술적으로 조사·연구하고 그 연구 결과물을 보급함으로써 언어·문화 발전에 기여함을 목적으로 하여 2004년 9월 11일에 창립되었다. ≪방언학≫이란 학술지를 연 2회 발행하며 현재 제35호(2022.6.)까지 출간하였다.

한편 한국사회언어학회는 1990년 12월 8일에 발족하였다. ≪사회언어학≫ 학술지를 연 4회 발행하며 현재 제30-1호(2022.3.)까지 출간하였다.

참고문헌

강신항(1976), 경북 안동 · 봉화 · 영해지역의 이중언어생활, ≪논문집≫(성균관대) 22, 33－50.

강신항(1978), 안동방언의 서술법과 의문법, ≪언어학≫ 3, 9－27.

강정희(1988), ≪제주방언연구≫, 한남대 출판부.

강정희(1991), 규칙적용과 방언차에 대하여, ≪국어학≫ 21, 163－183.

강정희(2002), 언어 접촉과 언어 변화－오사카 거주 제주방언 화자 사회의 방언 보존에 대한 조사, ≪국어학≫ 40, 139－170.

강현석 · 강희숙 · 박경래 · 박용한 · 백경숙 · 서경희 · 양명희 · 이정복 · 조태린 · 허재영(2014), ≪언어와 사회, 그리고 문화≫, 글로벌 콘텐츠.

강희숙(2006), 사회방언 조사 방법, ≪방언학≫ 3, 97－123.

강희숙(2007), '자네'의 용법에 대한 사회언어학적 분석, ≪한국언어문학≫ 63, 5－28.

곽충구(1984), 충청 · 경기방언의 현지조사 과정과 반성, ≪방언≫ 7, 한국정신문화연구원, 81－104.

곽충구(1994), ≪함북 육진방언의 음운론≫, 태학사.

곽충구(1997), 중부방언의 특징과 그 성격, ≪한국어문≫ 4, 1－39.

곽충구(1998), 감각용언 파생의 방언분화, ≪진단학보≫ 86, 1－26.

곽충구(2001a), 남북한 언어 이질화와 그에 관련된 몇 문제, ≪새국어생활≫ 11-1, 국립국어연구원, 5－27.

곽충구(2001b), 방언 조사(방언 지리학), ≪방언학 사전≫, 태학사, 133－145.

곽충구(2005), 어휘 조사 질문지의 내용과 형식, ≪방언학≫ 2, 81－118.

곽충구(2009), 중앙아시아 고려말 소멸 과정의 한 양상, ≪방언학≫ 10, 57－92.

곽충구(2011), 일제 강점기의 방언 의식과 작품 속의 북부 방언, ≪영주어문≫(제주대) 21, 25－54.

곽충구(2019), 북부 방언의 어제와 오늘, ≪방언학≫ 30, 295－340.
국립국어연구원 편(1999), ≪표준국어대사전≫, 두산동아.
국립국어원 편(2007), ≪방언 이야기≫, 태학사.
권루시안 옮김(2005), ≪언어의 죽음≫(데이비드 크리스털 지음), 이론과 실천.
김규남(2000), 변항 (－Xo)의 개신에 대한 전주시 화자들의 언어태도와 비제도적 규범, ≪한국언어문학≫ 44, 543－566.
김덕호(2018), 방언 분포의 변화에 대한 사회방언학적 연구, ≪방언학≫ 27, 181－209.
김병제(1988), ≪조선언어지리학시고≫, 평양: 과학백과사전종합출판사.
김보향(2020), 오사카 지역 제주방언 화자의 언어접촉과 언어변화, ≪방언학≫ 32, 7－33.
김봉국(2001), 강원도 방언, ≪방언학 사전≫(방언연구회 편), 태학사, 29－38.
김봉국(2005), 음운 조사 질문지, ≪방언학≫ 2, 139－169.
김봉국(2007), 강원, ≪방언 이야기≫(국립국어원 편), 태학사, 271－279.
김성규 · 정승철(2013), ≪소리와 발음≫(개정판), 한국방송통신대 출판부.
김수영(2022), ≪한국어 자음 말음 어간의 형태음운론적 변화에 대한 연구≫, 태학사.
김영규(2019), 한국어 방언접촉 양상에 관한 연구, 석사논문(서울대).
김영배(1992), 평안방언의 연구 현황과 과제, ≪남북한의 방언 연구≫(김영배 편저), 경운출판사, 329－363.
김영배(1998), 서북 방언, ≪새국어생활≫ 8-4, 국립국어연구원, 51－73.
김옥영(2019), 남북 강원지역의 방언구획, ≪국어학≫ 92, 국어학회, 203－239.
김옥영(2020), 남북 강원지역 방언분화의 언어 외적 요인, ≪방언학≫ 32, 221－252.
김정대(2005), 공통어 정책－표준어 정책의 새로운 모색, ≪2006 언어정책 토론회 자료집≫, 국립국어원, 27－38.
김창섭(1997), 『한국방언자료집』에 따른 서남방언의 특징, ≪한국어문≫ 4, 61

—99.
김태균(1986), ≪함북방언사전≫, 경기대 출판부.
김택구(2000), ≪경상남도의 언어지리≫, 박이정.
김 현(2007), 비원순모음화와 'ㅗ'의 저설화, ≪진단학보≫ 103, 143—165.
김형주(1980), 남해방언의 연구, ≪국어국문학≫ 17, 문창어문학회, 53—94.
김희수 · 서상준(1983), 광양지역의 방언에 대하여, ≪호남문화연구≫ 13, 115—170.
도수희(1987), 충청도 방언의 특징과 그 연구, ≪국어생활≫ 9, 88—101.
박경래(1993), 충주방언의 음운에 대한 사회언어학적 연구, 박사논문(서울대).
박경래(2005), 사회언어학, ≪방언학≫ 1, 125—171.
박경래(2007), 구술발화의 조사와 정리, ≪방언학≫ 6, 73—116.
박경래(2018), 중국 지린성 조선족의 언어 정체성 변화와 언어 사용 양상, ≪사회언어학≫ 26-4, 58—90.
박양규(1980), 서남방언 경어법의 한 문제 — 이른바 주체존대법에 나타나는 '—게—'의 경우, ≪방언≫ 3, 27—45.
박용후(1960/1988), ≪제주방언연구≫, 고려대 민족문화연구소 출판부.
박진호(2012), 의미지도를 이용한 한국어 어휘요소와 문법요소의 의미 기술, ≪국어학≫ 63, 459—519.
방언연구회 편(2001), ≪방언학 사전≫, 태학사.
배주채(1998), ≪고흥방언 음운론≫, 태학사.
백낙청 · 임형택 · 정승철 · 최경봉(2020), ≪한국어, 그 파란의 역사와 생명력≫, 창비.
변지원(2010), 중국 방언 연구의 전통과 현황, ≪방언학≫ 11, 37—57.
소강춘(1989), ≪방언분화의 음운론적 연구≫, 한신문화사.
소신애(2021), 함남 방언의 모음체계와 그 변화, ≪국어학≫ 97, 177—214.
오선화(2015), ≪연변 방언 연구≫, 박문사.
왕한석(2005), 한국의 아기말, ≪사회언어학≫ 13-1, 151—189.

왕한석(2009), ≪한국의 언어민속지≫ 1(서편), 교문사.
왕한석(2010), ≪한국의 언어민속지≫(전라남북도 편), 서울대 출판문화원.
유필재(2002), 서울지역어의 음운변화 몇 가지, ≪서울말연구≫ 2, 69－98.
이극로(1932), 조선말의 사투리, ≪동광≫ 29, 9－12.
이기갑(1986), ≪전라남도의 언어지리≫, 탑출판사.
이기갑(2003), ≪국어 방언 문법≫, 태학사.
이기갑(2012), 담화, 빈도 그리고 방언, ≪제39회 국어학회 전국학술대회 발표자료집≫, 113－154.
이기문(1961), ≪국어사개설≫, 민중서관.
이기문 · 김완진 · 최명옥 · 곽충구 · 이승재 · 김영배(1993), ≪한국 언어 지도집(Language Atlas of Korea)≫, 성지출판사.
이병근(1969a), 방언 경계에 대하여, ≪한국문화인류학≫ 2, 47－56.
이병근(1969b), 황간 지역어의 음운, ≪논문집≫(인문사회과학편) 1, 서울대 교양과정부, 27－54.
이병근(1970), 모음체계와 비원순모음화, ≪동아문화≫(서울대) 9, 149－167.
이병근(1975), 음운규칙과 비음운론적 제약, ≪국어학≫ 3.[재수록 : ≪음운과 방언≫ 1(음운 연구를 위하여), 태학사, 2020, 55－93.]
이병근(1976), '새갱이'(土蝦)의 통시음운론, ≪어학≫(전북대) 3, 1－5.
이병근(1979), 방언연구의 흐름과 반성, ≪방언≫ 1, 한국정신문화연구원, 12－31.
이병근(1983), 경기도의 말, ≪한국의 발견≫, 뿌리깊은나무.
이병근(1998), 표준어, ≪새국어생활≫ 8-2, 161－170.
이병근(2001), 방언과 방언학, ≪방언학 사전≫(방언연구회 편), 태학사, 19－27.
이병근(2004), ≪어휘사≫, 태학사.
이병근(2005), 1910－20년대 일본인에 의한 한국어 연구의 과제와 방향, ≪방언학≫ 2, 태학사, 23－61.
이병근 · 박경래(1992), 경기방언에 대하여, ≪남북한의 방언 연구≫(김영배 편저), 경운출판사, 15－40.
이병근 · 정인호(2003), 중국 심양 조선어의 특징, ≪한반도와 만주의 역사 문화≫, 서울대 출판부.
이상규(1991), 경북 방언의 경어법, ≪새국어생활≫ 1-3, 59－72.
이상규 편(2000), ≪경북방언사전≫, 태학사.
이상신(2020), 언어 및 방언의 접촉과 이에 따른 변화, ≪방언학≫ 32, 35－64.
이숭녕(1957), 제주도 방언의 형태론적 연구, ≪동방학지≫ 3, 277－392.
이승재(1987), 전북방언의 연구와 특징에 대하여, ≪국어생활≫ 8, 80－88.
이연숙 · 고영진 · 조태린 옮김(2005), ≪언어제국주의란 무엇인가≫(미우라 노부타카 · 가스야 게이스케 편), 돌베개.
이연주(2012), 양웅 『방언』의 통어와 공통어, ≪중국어문학≫ 59, 247－269, 영남중국어문학회.
이익섭(1970), 전라북도 동북부 지역의 언어분화, ≪어학연구≫ 6－1, 57－83.
이익섭(1981), ≪영동영서의 언어분화≫, 서울대출판부.
이익섭(1994), ≪사회언어학≫, 민음사.
이익섭(2006), ≪방언학≫(개정증보), 민음사.
이익섭 · 전광현 · 이광호 · 이병근 · 최명옥(2008), ≪한국언어지도≫, 태학사.
이정민(1981), 한국어의 표준어 및 방언들 사이의 상호 접촉과 태도, ≪한글≫ 173 · 174 어우름, 559－584.
이정복(1992), 경어법 사용에 대한 사회언어학적 연구－하동 지역의 한 언어공동체를 대상으로, 석사논문(서울대).
이정복(2001a), ≪국어 경어법 사용의 전략적 특성≫, 태학사.
이정복(2001b), 방언 조사(사회언어학), ≪방언학 사전≫, 태학사, 145－152.
이정복(2008), ≪한국어 경어법, 힘과 거리의 미학≫, 소통.
이지양(1998), ≪국어의 융합현상≫, 태학사.
이혁화(2005), 무주 · 영동 · 김천 방언의 음운론적 대비 연구, 박사논문(서울대).
이혁화(2008), 방언 형태론의 연구 방법－통시론을 중심으로, ≪방언학≫ 7, 35

－55.
임석규(2012), '－세요', '－이에요'에 대한 음운론적 고찰, ≪우리말글≫ 56, 191－212.
임영철(1994), 일본 사회언어학의 연구동향, ≪사회언어학≫ 2－1, 55－78.
임재해 · 정진영 · 한양명 · 배영동 · 권삼문 · 김미영(2000), ≪안동양반의 생활문화≫, 안동대학교 민속학연구소.
임홍빈(1993), 국어의 여성어, ≪국어사 자료와 국어학의 연구≫, 문학과 지성사, 819－829.
전광진 · 이연주 공역(2005), ≪방언과 중국문화≫(周振鶴 · 游汝杰 공저), 영남대 출판부.
전광현(1986), 현대 국어의 방언권, ≪국어생활≫ 5, 38－55.
정승철(1991), 음소연쇄와 비음운론적 경계－제주도방언을 중심으로, ≪국어학의 새로운 인식과 전개≫(김완진선생 회갑기념논총), 민음사, 360－372.
정승철(1995a), ≪제주도 방언의 통시음운론≫, 태학사.
정승철(1995b), 제주도 방언의 파생접미사, ≪대동문화연구≫ 30, 359－374.
정승철(1997), 제주도 방언 어미의 형태음소론, ≪애산학보≫ 20, 67－107.
정승철(1998a), 제주 방언의 특징에 대하여, ≪새국어생활≫ 8-4, 국립국어연구원, 133－152.
정승철(1998b), 제주방언, ≪문법연구와 자료≫, 태학사, 955－984.
정승철(2001), 제주 방언, ≪방언학 사전≫(방언연구회 편), 태학사, 305－314.
정승철(2002), 국어 활용어미의 방언분화, ≪국어학≫ 39, 201－220.
정승철(2005), 지역방언론: 음운, ≪방언학≫ 1, 173－191.
정승철(2006), 음운 연구와 방언 조사 방법, ≪방언학≫ 3, 75－95.
정승철(2007), 피동사와 피동접미사, ≪진단학보≫ 104, 127－146.
정승철(2008a), (서평) 말의 추억, 추억의 말－이익섭 외 『한국언어지도』(태학사, 2008), ≪창작과 비평≫ 36권 3호, 407－411.
정승철(2008b), 방언 표기법의 이상과 현실, ≪영주어문≫ 15, 33－51.

정승철(2008c), 방언형의 분포와 개신파, ≪어문연구≫ 138, 7－24.
정승철(2009), 어문민족주의와 표준어의 정립, ≪인문논총≫(경남대) 23, 159－180.
정승철(2010a), 방언접촉과 언어 변화, ≪국어학논총≫(최명옥 선생 정년기념 논총), 태학사, 369－387.
정승철(2010b), 소창진평의 생애와 학문, ≪방언학≫ 11, 155－184.
정승철(2010c), 제주도언어자료, ≪한국어연구≫ 7, 225－386.
정승철(2011), 방언의 개념사, ≪방언학≫ 13, 61－84.
정승철(2012a), 사회언어학, ≪한국어 교육의 이론과 실제≫ 1(서울대 한국어문학연구소 · 국어교육연구소 · 언어교육원 공편), 아카넷, 393－410.
정승철(2012b), 자산 안확의 생애와 국어 연구, ≪진단학보≫ 116, 241－265.
정승철(2013), '고무래'의 방언 분포와 방언형의 분화, ≪국어학≫ 67, 35－61.
정승철(2014), 한국 방언자료집 편찬의 역사, ≪방언학≫ 20, 7－35.
정승철(2018a), ≪방언의 발견≫, 창비.
정승철(2018b), '빠가사리' 어명고, ≪국어학논총≫(송철의 선생 퇴임 기념), 태학사, 483－505.
정승철 · 김보향(2013), 제주방언의 설명의문과 판정의문, ≪방언학≫ 17, 79－103.
정승철 · 정인호 편(2010), ≪이중모음≫, 태학사.
정인호(2011), 의문형 종결어미의 방언분화, ≪방언학≫ 14, 85－111.
주지연(2008), 한국어 여성 발화어 연구 방법론 재검토, ≪방언학≫ 8, 197－216.
채 완(1986), ≪국어 어순의 연구－반복 및 병렬을 중심으로≫, 탑출판사.
최명옥(1980), ≪경북 동해안 방언연구≫, 영남대출판부.
최명옥(1982), 친족명칭과 경어법－경북 북부지역의 반촌어를 중심으로, ≪방언≫ 6, 1－26.
최명옥(1986), 동남방언의 연구와 특징에 대하여, ≪국어생활≫ 7, 국어연구소, 103－115.

최명옥(1990), 방언, ≪국어연구 어디까지 왔나≫, 동아출판사, 667－675.
최명옥(1992), 경상남북도간의 방언분화 연구, ≪애산학보≫ 13, 53－103.
최명옥(1994), 경상도의 방언구획 시론, ≪우리말의 연구≫(외골 권재선박사 회갑기념논문집), 우골탑, 861－892.
최명옥(1998a), 방언, ≪새국어생활≫ 8-3, 192－202.
최명옥(1998b), 국어의 방언구획, ≪새국어생활≫ 8-4, 국립국어연구원, 5－29.
최명옥(1998c), ≪한국어 방언연구의 실제≫, 태학사.
최명옥(2004), 지역어의 조사 원칙과 조사 방법, ≪제3차 남북국제학술회의 논문집≫, 국립국어원, 38－56.
최명옥(2005a), 국어방언학의 체계, ≪방언학≫ 1, 35－72.
최명옥(2005b), 지역어 연구를 위한 조사항목의 작성에 대해서, ≪방언학≫ 2, 66－79.
최명옥(2007), 구술발화 자료와 개별방언론, ≪방언학≫ 6, 7－47.
최명옥(2010), 평안북도 운전지역어의 서법에 대하여, ≪방언학≫ 11, 207－250.
최용선(2001), 언어와 성에 관한 연구의 비평적 개관, ≪사회언어학≫ 9-2, 157－186.
최전승(2004), 『한국방언자료집』의 성격과 한국어 지역방언의 실상, ≪한국어 방언의 공시적 구조와 통시적 변화≫, 역락, 623－644.
최전승(2009), ≪국어사와 국어방언사와의 만남≫, 역락.
최전승 · 김흥수 · 김창섭 · 김중진 · 이태영(1992), 전북방언의 특징과 변화의 방향, ≪어학≫ 19, 전북대 어학연구소, 49－96.
최현배(1934), 중등 조선말본 길잡이－대중말(標準語), ≪한글≫ 2-3.
한국정신문화연구원 편(1987－1995), ≪한국방언자료집≫ Ⅰ－Ⅸ, 한국정신문화연구원.
허 웅(1954), 경상도 방언의 성조, ≪최현배선생환갑기념논문집≫, 사상계사, 477－519.
현평효(1985), ≪제주도방언연구≫(논고편), 이우출판사.
홍윤표 · 김희자 역(1982), 방언지도 제작법[원문 : W. Veith, Dialekt Kartographie],

≪방언≫ 6, 111−174.
홍종림(1993), ≪제주방언의 양태와 상≫, 한신문화사.

德川宗賢(1981), ≪言葉・西と東≫(日本語の世界 8), 中央公論社.
德川宗賢(1993), ≪方言地理學の展開≫, ひつじ書房.
都染直也(1991), 言語接觸と方言, ≪新・方言學を學ぶ人のために≫(德川宗賢・眞田信治 編), 世界思想社, 68−91.
馬瀨良雄(1992), ≪言語地理學研究≫, 櫻楓社.
小倉進平(1940), *The Outline of the Korean Dialects*, Memoirs of the Research Department of Toyo Bunko 12, Tokyo.
小倉進平(1944), ≪朝鮮語方言の研究≫, 岩波書店.[영인본; 아세아문화사, 1973]
佐藤亮一(1986), 方言の語彙, ≪方言概說≫(講座方言學 1), 國書刊行會, 149−179.
眞田信治(1987), ≪標準語の成立事情≫(二十一世紀圖書館 84), PHP研究所.
平山輝男(1986), 方言の概念, ≪方言概說≫(講座方言學 1), 國書刊行會, 1−20.
河野六郎(1945), ≪朝鮮方言學試攷−'鋏'語攷≫, 京城: 東都書籍.
Anttila, R.(1972), *An Introduction to Historical and Comparative Linguistics*, New York: Macmillan.
Asher, R. & J. Simpson(1994), *The Encyclopedia of Language & Linguistics*, Pergamon Press Korea.
Auer, P. & Frans Hinskens and Paul Kerswill(2005), *Dialect Change*, Cambridge University Press.
Bloomfield, L.(1933/1979), *Language*, Allen and Unwin.
Chambers, J.K. & P. Trudgill(1980), *Dialectology*, Cambridge University Press.
Francis, W.N.(1983), *Dialectology; An Introduction*, London: Longman.
Kibrik, A.E.(1977), *The Methodology of Field Investigations in Linguistics*, The Hague: Mouton.

Koerner, E.F.K(2003), Myths in the History of Linguistics : the Case of the Goals of Georg Wenker's Dialectology, *Folia Linguistica Historica* 24, 113－133.

Labov, W.(1972), *Sociolinguistic Patterns*, University of Pennsylvania Press.

Samarin, W.J.(1967), *Field Linguistics*, New York: Holt, Rinehart and Winston.

Saussure, F. de(1916/1959), *Course in General Linguistics*(Trans. by W. Baskin), New York : Philosophical Library.

Tida S., Ko Young－Jin & Kim Sunmi(2012), Morphological system of tense aspect and modality in the Jeju dialect of Korean, 한일방언대조와 언어기술에 관한 국제심포지엄 2012, 교토대학.(발표문)

Trudgill, P.(1974), S*ociolinguistics: an introduction*, Penguin

Trudgill, P.(1986), *Dialects in Contact*, New York: Basil Blackwell.

Weinreich, U.(1953), *Languages in Contact,* Hague · Paris · New York: Mouton.

Weinreich, U.(1954), Is a Structural Dialectology Possible?, *Word* 10.

찾아보기

ㄴ

ㄷ

ㄹ

ㅅ

ㅇ

ㅈ

ㅊ

ㅋ